广告学系列教材
高等教育新闻传播学类“十二五”规划教材

传媒经营与管理

CHUANMEI JINGYING YU GUANLI

（第二版）

周鹍鹏 主编

郑州大学出版社
郑 州

图书在版编目(CIP)数据

传媒经营与管理/周鸥鹏主编.—2版.—郑州:郑州大学出版社,2012.9(2014.6重印)
(高等教育新闻传播类"十二五"规划教材)
ISBN 978-7-5645-0797-8

Ⅰ.①传… Ⅱ.①周… Ⅲ.①传播媒介-经营管理-高等学校-教材 Ⅳ.①G206.2

中国版本图书馆CIP数据核字(2012)第087657号

郑州大学出版社出版发行
郑州市大学路40号　　邮政编码:450052
出版人:王　锋　　发行部电话:0371-66966070
全国新华书店经销
郑州诚丰印刷有限公司印制
开本:787 mm×1 092 mm　1/16
印张:15
字数:337千字
版次:2012年9月第2版　　印次:2014年6月第3次印刷

书号:ISBN 978-7-5645-0797-8　　定价:29.00元

专家指导委员会名单

● **主　任**　童　兵　罗以澄

● **副主任**　董广安　白　贵　陈培爱　张　昆

● **委　员**　**（以姓氏笔画为序）**

方晓红　白润生　刘卫东　李建伟　吴　建

吴文虎　吴予敏　吴高福　杨尚鸿　姜智彬

笱必峰　商娜红　董天策　樊传果

作者名单

● **主　编**　周鹍鹏

● **副主编**　秦　伟　窦小忱

● **编　委**　李婷婷　张　来　周鹍鹏
秦　伟　窦小忱　潘亚楠

前言

2011 年 8 月，国家新闻出版总署正式出台了非时政类报刊、出版单位转企改制的最后时间表——2012 年 9 月份之前，完成转企改制。2011 年 10 月，中共中央七届六中全会的决议拉开了中国文化大发展、大繁荣的序幕，这标志着中国传媒业改革进入深水区。中国传媒业从来没有像今天这样充满生机和活力，也从来没有像今天这样充满挑战和焦虑：大量传媒企业将以市场主体身份平等参与市场竞争，优胜劣汰的压力必然要求传媒企业改进管理方式、提高管理效率、提升管理水平。传媒企业之间的竞争虽然表面上看是战略的竞争、产品的竞争、营销的竞争，但最终还是人才的竞争。传媒企业要立于不败之地，不但需要能采、会编、善写的传统新闻人才，更需要懂经营会管理的复合型人才。

近些年来，传媒经营与管理越来越受到重视，国内专家开始尝试编写相关教材：暨南大学支庭荣编写了《媒介经营管理》，浙江大学的詹成大编写了《媒介经营管理》，中国传媒大学的潘可武编写了《媒介经营管理的理念与实践》，华东师范大学的严三九编写了《媒介经营与管理》，南京师范大学的季宗绍编写了《传媒经营与管理》，等等。以上作者编写的著作名称虽然不一样，但其内容是大体一致的。面对传媒业的快速发展，传媒经营管理人才极度紧缺且良莠不齐，传媒经营管理教学和研究也存在一些问题。作者在借鉴前人经验的基础上，结合自己的教学经验，组织编写了这本教材，期望能对学生起到一个很好的引导作用，使学生能系统掌握传媒经营管理理论知识，并将其运用于实践。

本书围绕有关传媒经营管理的理论与实践，系统介绍了传媒经营管理的主要知识框架和知识体系。全书由三个部分构成，即传媒经营管理的基础理论部分、传媒管理部分和传媒经营部分。基础理论部分包括传媒经营与管理概论；传媒管理部分包括传媒环境分析、传媒组织结构、传媒人力资源管理、传媒财务管理、传媒资产管理、传媒生产管理等；传媒经营部分包括传媒市场营销、传媒品牌营销、传媒广告经营管理、传媒集团化经营、传媒资本经营、网络新媒体经营等。

本书适合高等院校广告学、传播学、新闻学、编辑出版等专业作为教材使用。

本书主要有以下几个特点：

1. 框架清晰，体系完整。本书共分十三章，框架清晰，内在逻辑性强，表述力求深入浅出，对概念进行对比分析，便于读者全面理解和掌握。

2. 案例经典，突出实践。传媒经营管理是一门实践性很强的课程，为此，本书在一些章节后面配有经典案例，以便于读者拓宽视野，并提高其实践应用能力。

3. 重点突出，可读性强。本书每章都安排有导言、学习目标、重点、难点，便于引导读者学习；语言力求严谨而生动，避免晦涩难懂、枯燥无味。

4. 紧扣教学，便于使用。本书借鉴了国内外优秀教材的优点，扬长避短，紧扣教学大纲，课时分配比较合理。

伴随本书的出版，还将提供电子教学课件和思考题答案，方便广大师生使用。

编　者

2012 年 6 月

1 传媒经营与管理概论

导言

本章学习目标

1. 了解什么是大众传媒。

2. 掌握传媒经营与管理的概念。

3. 熟悉传媒经营与管理的性质。

本章重点

1. 传媒经营与管理的概念。

2. 传媒经营与管理的内在要求。

本章难点

1. 全面认识媒介、媒体和传媒。

2. 掌握经营与管理的区别与联系。

1.1 大众传媒概述

传播媒介是社会的中介,是社会各阶级、阶层、团体和个人之间相互沟通的桥梁。作为文化产业重要的组成部分,大众传媒不仅充当信息传播的载体,还具有强大的经济功能。经营管理传媒,发挥好传媒经济效益和社会效益是传媒产业化的追求目标。此节主要介绍大众传媒的概念、性质和功能。

1.1.1 媒介、媒体和传媒

传媒既指技术,又指企业或机构。法国《拉鲁斯词典》对传媒这样解释:传媒是一种承载着书面和音像信息的信号的传播、分发或传输方式。这一定义表明传媒是信息的所有传播手段,既是表达的方式,也是向某一群体传送信息的中介。

国内外学者对传媒这一概念理解的侧重点并不一致,有的将传媒当做手段或传送渠道,有的将传媒视为意义的生产者与使用者。前者以弗朗西斯·巴勒为代表,他认为"一种媒介首先是一种手段,即一种工具、一种技术或一种中介,它能让人表达,并将表达的内容与他人传通,而无论其对象与形式。但媒介也可定义为使用,即既定的作用或功能及其发挥的最佳方式。"他的观点侧重于表达的传播者及其许可的方式,同时也侧重于使用。他将传媒分为自主媒介(报纸、唱片等)、传媒媒介(广播、电视等)和传通媒介(电话、互联网等)。后者以法国国家科研中心传播研究院院长多米尼克·吴尔敦为代表,他认为"一种媒介的生存总是离不开一个族群的存在,离不开个人与集体关系的视角,离不开各阶层公众的描述"。他的观点强调了传媒所必须承载的传播现象的价值观、倾向性和观念。

从总体上分析,传媒的定义应该分为两层:一层含义是借助于某一渠道、某一方式(新闻纸、电缆)向一个终端(如接收器、手机)生产和传送信息的技术总体,同时也是这种技术自身的产品(如报纸、书籍、节目);另一层含义应是某个经济、社会和象征性的组织,承担上述信息的处理,并提供给各种各样的使用者。因而,传媒包括技术(设备)和社会(再现方式)两个层面。

我们经常看到媒介、媒体和传媒等词汇,但很少进行概念区分,以至经常混淆使用。事实上,这三个词对应的英文单词是"media"。英文"media"一词的含义比较广泛,它既可以是报刊、电影、广播、电视、视频、网络、书籍等承载文字、声音、视觉讯息的符号之发送、分配或传递的技术手段,也可以是经济门类或体制,如传媒产业、传媒事业、传媒行业等;既可以是具体的机构、组织,如"传媒企业"(报社、电台、电视台、网站、出版社、广告公司等),还可以是具体的传播内容和设备。

媒体与媒介有时可以通用,都是指介于传播者与受传者之间,用以负载、扩大、延伸、传递特定符号的物质实体,既包括信息传递的载体、渠道、中介物、工具或技术手段,又包括信息的采集、加工制作和传播的社会组织,而具体来讲,两者又有区别:媒介是一个基本称谓,是指信息传播和沟通的载体,强调不同的传播技术特征,强调其物质性,如电子媒介、数字媒介、纸质媒介，常见的有杂志、报刊、广播、电视、网络与新媒体等，不同的媒介相互联系，相互影响，形成媒介融合；媒体侧重于媒体组织机构，突出传媒活动的主体性和体制性，常常是新闻事业的代名词，如中央媒体（人民网、中央电视台、新华网、人民日报等）、区域媒体（东方卫视、南方周末等）、国外媒体（纽约时报、华盛顿邮报、BBC、VOA等）。

传媒是信息的所有传播手段，它既是表达的方式，也是向某一群体传送讯息的中介，是信息传播的载体、手段、途径、体制等的通称。传媒是大众传播媒介的简称，包括媒体（传播机构、传播组织）与媒介（载体、手段、渠道）。

1.1.2 传媒的功能

1.1.2.1 信息传递功能

传媒最基本的功能就是获取信息和传递信息，其所具有的各种功能都取决于媒介传播信息的本质。如果媒介不负载任何信息，则其所有的其他功能都缺乏实现条件。传媒从产生的那一天起，就承担起满足人类信息需要的使命，从过去的口语、肢体语言传播，到今天的书籍、报刊、广播、电影、电视等，人们借助这些媒介，能够突破时间和空间的限制，将信息迅速传递到目标地点。现代传媒大大提高了信息传递的速度、容量和范围，实现了信息在社会生活各个领域的四通八达。今天的人们很难想象，离开了大众传媒，自己的生活将是什么状态。

1.1.2.2 文化传承功能

传媒具有文化传承功能。它传播前人的知识与经验，记录同代人的探索与创新，引领社会时尚与风气，倡导一定的价值观念。正确运用传媒，可以分享人类的智慧，丰富人们的精神世界。

1.1.2.3 监督功能

大众传媒还具有监督功能。它及时报道和评论社会生活中发生的重大事件，揭露社会上一些假恶丑现象，并对其形成强大的压力；维护社会公正，促进社会健康发展。

1.1.2.4 娱乐功能

传媒具有娱乐功能，它提供了大量文学、艺术、休闲方面的内容，大大丰富了我们的日常生活，陶冶了我们的情操。我们能随时随地收听到美妙的音乐，观赏到丰富多彩的电视节目，还可以在网上下载喜爱的游戏和音像资料。

1.1.3 传媒的性质

在日常生活中，我们经常见到公益性广告、公益性电视节目、公益性报纸，还有商业性广告、商业性报纸、商业性电视节目，这是对大众传媒的形象描述。传媒一方面从事公益活动，提供知识信息，引导社会潮流，推动历史进步；另一方面通过对传媒产品的设计、生产、包装和营销，从事商业活动，获取最大化利润。传媒的双重任务决定了传媒的双重属性。

1.1.3.1 传媒的文化产业属性

根据国家统计局、文化部、广电总局、新闻出版总署等部门制定的《文化及相关产业指标体系框架》，文化产业被界定为“为社会公众提供文化、娱乐产品和服务的活动，以及与这些活动有关联的活动的集合”。文化产业及相关产业的范围包括:提供文化产品,文化传播服务,与文化休闲娱乐活动有关的用品、设备的生产和销售活动以及相关文化产品的生产和销售活动。

根据我国现行《国民经济行业分类指标》(GB/T4754—2002),文化产业包括9大类:①新闻服务;②出版发行和版权服务;③广播、电视、电影服务;④文化艺术服务;⑤网络文化服务;⑥文化休闲娱乐服务;⑦其他文化服务;⑧文化用品、设备及相关文化产品的生产;⑨文化用品、设备及相关文化产品的销售。从以上9类内容来看,前7类属于传媒产业,可见传媒产业是文化产业的核心部分:

2004年至今,中国传媒产业发展迅速:一方面,产业规模快速扩大;另一方面,传媒形态不断变化,传统的传媒包括图书、报纸、期刊、广播、电视、电话、广告,现在又涌现出新的传媒形式,主要有网站、博客、播客、网游、微博、社交网站、数字电视、手机电视等。

2012年2月,中共中央办公厅、国务院办公厅发布《国家“十二五”时期文化改革发展规划纲要》(以下简称《纲要》),将文化产业提升到国家战略性产业的高度,提出通过提升文化软实力,实现文化强国的战略目标。《纲要》在多处对传媒产业进行了详细描述,并提出了具体要求:

第一,加快转变文化产业发展方式,促进其从粗放型向集约型、质量效益型转变,增强文化产业整体实力和竞争力。实施一批重大项目,推进文化产业结构调整,发展壮大出版发行、影视制作、印刷、广告、演艺、娱乐、会展等传统文化产业,加快发展文化创意、数字出版、移动多媒体、动漫游戏等新兴文化产业。

第二,加快发展文化装备制造业,以先进技术支撑文化装备、软件、系统研制和自主发展,加快科技创新成果转化,提高我国出版、印刷、传媒、影视、演艺、网络、动漫游戏等领域技术装备水平,增强文化产业核心竞争力。

第三,重点发展图书报刊、电子音像制品、演出娱乐、影视剧、动漫游戏等产品市场,进一步完善中国国际文化产业博览交易会等综合交易平台。健全文化经纪代理、评估鉴定、投资、保险、担保、拍卖等中介服务机构,引导行业组织更好地履行协调、监督、服务、维权等职能。

第四,以党报党刊、通讯社、电台电视台为主,整合都市类媒体、网络媒体等宣传资源,调整和完善媒体的布局和结构,构建统筹协调、责任明确、功能互补、覆盖广泛、富有效率的舆论引导格局,不断壮大主流舆论,提高舆论引导的及时性、权威性和公信力、影响力。推进重点媒体扩大信息采集和产品营销网络。

第五,整合社会科学、文学艺术、新闻、广播电视、电影、出版、版权、民族、侨务、体育、旅游等资源,充分利用多边和双边机制,开展国家文化年、中国文化节、“感知中国”等品牌活动,推广中华春节文化,打造“欢乐春节”等文化交流新品牌。

第六,扩大版权贸易,保持图书、报纸、期刊、音像制品、电子出版物等出口持续快速增长,支持电影、电视剧、纪录片、动画片等出口,扩大印刷外贸加工规模。扶持优秀国产影片进入国外主流院线,国产游戏进入国际主流市场,数字出版拓展海外市场,开发一批在境外长期驻场或巡回演出的演艺产品,逐步改变主要文化产品进出口严重逆差的局面。积极扩大文化产品和服务出口规模,推动开拓国际市场。

第七，鼓励具有竞争优势和经营管理能力的文化企业对外投资，兴办文化企业，经营影院、出版社、剧场、书店和报刊、广播电台和电视台等。鼓励从事具有中国特色的影视作品、出版物、音乐舞蹈、戏曲曲艺、武术杂技和演出展览等领域的文化企业采用多种形式开拓海外市场。

第八，建设涵盖文学艺术、广播影视、新闻出版等领域的版权公共服务平台和版权交易平台，扶持版权代理、版权价值评估、版权质押登记、版权投融资活动，推动版权贸易常态化。加强版权行政执法和司法保护的有效衔接，严厉打击各类侵权盗版行为，增强全社会的版权保护意识。发展版权相关产业。

1.1.3.2　传媒的意识形态属性

大众传媒作为产业，是经济基础的重要组成部分，但作为意识形态产品的生产者，它又是上层建筑的组成部分，是社会再造的工具之一。

意识形态又称意识型态，是指一种观念的集合，可以被理解为一种具有理解性的想象、一种观看事物的方法（如世界观），存在于共识与一些哲学趋势中，或者是指由社会中的统治阶级对所有社会成员提出的一组观念。意识形态具有导向功能、辩护功能、凝聚功能、动员功能和约束功能。

媒介本身就具有双重身份和双重功能，即作为物质本体的工具与它传播的内容同时发生。麦克卢汉认为媒介即信息，媒介作为人体的延伸，不仅指工具功能性的扩展，同时也是传播符号的扩张。大众传媒的发展虽然是社会经济总体发展和科技进步的结果，但更多的则是政党把媒介作为舆论工具而推动其快速发展的，他们把媒介看做是行政权、立法权和司法权之外的第四种权力。执政党为了巩固主流意识形态，通常利用媒介组织、制造和控制舆论，引导社会舆论。

媒介本身也是意识形态产品的生产者。新闻产品的生产者不仅能够通过新闻评论直接干预社会舆论，而且可以通过议程设置挑选事实，间接引导社会舆论，甚至可以通过编造“事实”来制造舆论。有学者说，没有广播，希特勒不可能上台，如果有了电视，希特勒也不可能上台。这说明主流意识心态注定要靠大众传播工具才可能形成。

1.2　传媒经营管理

1.2.1　经营与管理的概念

经营与管理两个概念，经常在一起使用，但也有区别。经营的本质在于“做什么”，做正确的事；管理在于“怎么做”，怎么把事情做正确。经营体现的层次更高、更广，而管理相对来说层次较低、较窄。

1.2.1.1　经营

经营活动是各种社会组织的基本内容，大到国家经营，中到企业经营，小到家庭及个人经营，可以说时时处处都在开展经营活动，只是经营目标、规模、方式有差别。

经营有广义和狭义之分。广义的经营是指企业为实现某一目标所进行的有组织的活动。狭义的经营是根据企业的资源状况和所处的市场竞争环境对企业中长期发展进行战略性规划和部署、制订企业的远景和方针的战略层次活动。它解决的是企业的发展方向、发展战略问题,具有全局性和长远性特征。

企业经营的关键在于实现经营目标。企业经营目标是指在既定的条件下,企业作为独立行使民事权利和承担民事义务的法人主体,在其全部经营活动中所追求的,并在客观上制约着企业行为的目的。企业长期经营目标是企业发展战略的具体体现,不仅包括产品发展目标、市场竞争目标、总体赢利目标,更包括社会贡献目标、职工福利待遇目标、人力资源开发与发展目标等。

1.2.1.2 管理

管理学的诞生以泰罗的里程碑式名著《科学管理原理》(1911 年)为标志,至今已有百余年。在这百余年历程中,管理学不断发展和完善,管理学家从不同视角对管理进行了定义,尽管其内涵相近,但并不统一。

管理学之父泰罗认为,管理就是确切地指导你要别人去干什么,并使他们用最好的方法去干。

法约尔在其名著《工业管理和一般管理》中,对管理进行了这样的描述:管理是所有的人类组织都有的一种活动。这种活动由五项要素组成——计划、组织、指挥、协调和控制。

诺贝尔经济学奖获得者西蒙认为,管理就是决策。管理者所做的一切工作归根到底是面对现实和未来、面对环境和员工时不断地作出各种决策,使组织的一切都可以不断地运行下去,直到获取满意的结果,实现令人满意的目标要求。

美国多数教科书是这样定义管理的:“管理就是由一个或更多的人协调他人的活动,以便收到个人单独活动所收不到的效果而进行的各种活动。”

以上关于管理的定义尽管表述各不相同,但其本质内涵还是一致的,管理主要包括以下几个方面:

首先,管理是一个动态的过程,是一个组织在动态化环境中,不断调整自身以适应内外环境需要,这个过程包括计划、组织、领导和控制。

其次,管理活动是有目的的,管理所有活动都直接或间接围绕目的展开,所有管理活动都是实现目标的手段。

再次,完成管理目标必须以资源做支撑,这些资源包括人、财、物、信息等。这些资源的有限性,要求管理必须充分利用资源,做到效益最大化,或者效益既定,资源投入最小化。

根据以上分析,我们可以给管理下一个相对统一的定义:管理是对组织的资源进行有效整合以达成组织既定目标与责任的动态创造性活动。计划、组织、领导、控制等行为活动是有效整合资源所必需的活动,因此它们可以归入管理的范畴之内,但它们又仅仅是帮助有效整合资源的部分手段和方式,因此它们本身并不等于管理。管理的核心在于实现资源的有效整合,管理的目的在于实现既定目标。

1.2.1.3 经营与管理的关系

在英文中,“管理”与“经营”均可用“management”一词表示,它们含义接近,但也有细微的差别。与“管理”对应的英文词汇有:management,administration,administer,regulate;与“经营”相对应的则有:manage,run,business,operation,engage in,management。从对应的英文词汇来看,两者关系密切,相互交叉,互相包容,各有侧重。

一般来说,经营者是企业组织的所有者。作为私有企业,经营者为个人;作为股份制企业,经营者为公司董事会;作为国有企业,经营者是国家或者政府。经营者同时又是企业的监管者,对企业的运营状况进行最高层级的监督与管理。

管理者通常是由经营者任命或者聘用擅长管理的人员或团队组成。在小型私有企业,产品单一,管理简单,经营者多数同时也是管理者;在大中型企业组织中,由于员工众多,产品结构复杂,管理层级较多,所有者精力有限或者不擅长管理,因此需要专门职业管理者担负管理责任,这类管理者通常称为首席执行官(CEO)。在首席执行官下面,又有多个层级的管理者执行生产经营活动的管理,其中包括职能部门的管理和事业部门的管理。

在企业管理活动中,经营者是企业的领导者和企业战略的决策者,他或他们根据自己的经营理念为企业制订战略目标,设定基本方向,确定实现步骤。在经营与管理分置的企业中,经营者一般不干预具体管理活动,而管理者是企业组织理念和战略目标的贯彻者,战略任务和具体实施步骤的执行者。在有些大型股份制企业组织中,管理者同时是董事会的董事,但大多数企业是采取两权分置的,管理者对董事会负责(见表1-1)。

表1-1 经营与管理的区别和联系

	经营	管理
身份	所有者、委托人	管理者、受托人
理念	创造者	执行者
责任	对股东负责	对董事会负责
战略	决策者	参与者
战术	审核者、监督者	制订者、执行者
方法	选择做什么事	选择如何做事
管理	多数人管理少数人	少数人管理多数人

从上表可以看出,经营者与管理者身份不同,导致两者的职责不同,对经营和管理的卷入程度不同,在管理方式方法上也不相同。正是有了这些区别,才使组织管理部门成为专门的科学。所有者和管理者职权分置的最大好处是将企业的战略管理与战术管理分开,就像战争时期的统帅部和总参谋部一样。在宏观把握上,由经营者管理,在中观和微观方面,由管理者执行,有利于各自把事情做得更好。

1.2.2 经营与管理的内容

正如上面分析的那样,经营与管理在身份、理念、责任、战略、战术、方法等方面不一样,所以其包含的内容也不一样。

1.2.2.1 经营要素

经营要素是指企业所拥有的经营资源和经营手段。经营资源包括人力、物质、金融、信息及关系等资源。

(1)人力资源

人力资源是指组织拥有的成员的技能、能力、知识以及他们的潜力和协作力。人力资源是任何一个组织都必需的资源,而且是最重要的资源。对于媒体这种精神文化产品的生产者来说,人力资源是媒体战略目标实现的基本出发点。世界著名传媒公司都是人才会聚的大本营,而且是人才培养的"黄埔军校"。比如《华盛顿邮报》《纽约时报》年年都有普利策奖的得主,从我国的中国青年报走出去的记者都能胜任一般媒体的管理者角色。

(2)物质资源

物质资源是指组织存续所需要的诸如土地、厂房、办公室、机器设备、教学设施、各种物质材料等。对一个组织而言,物质资源的多寡也可表现为其拥有的财富的多少。物质资源是媒体企业进行生产经营的物质保障,比如印刷机、演播厅、转播车、办公室、电脑等。

(3)金融资源

金融资源是指货币资本和现金。在现实的社会中,由于货币资本和现金可以用来购买物质资源和开发人力资源等,所以一个组织拥有的金融资源多少实际上反映了组织拥有资源的多少。此外,货币资本和现金还可以迅速流通以捕捉商业机会,获得收益。

(4)信息资源

信息可以分为两类:一类是知识性信息,另一类是非知识性信息。看一本科学书籍,我们所获得的是知识性信息;看艺术图片,所获得的是有关美的信息。信息资源对组织的存续至关重要,一个组织没有一定的信息资源等于一个瞎子,会有盲人骑瞎马、半夜临深池的危险。

(5)关系资源

关系资源是指组织与其他各方如政府、银行、企业、学校、团体、名人、群众等方面的合作及亲善程度与广度。组织的存续不是孤立的,它必须与其他组织保持密切的关系,而这种关系有时会非常有助于组织目标的实现。

以上所说的组织存续所需要的五种资源是一般组织共同拥有的资源类型,现实中的特别组织除了需要这些资源之外,还需要其他特别资源,比如技术水平、组织能力等。组织发展的关键不在于利用好一种资源,而在于整合以上各种资源,达到效益最大化。

1.2.2.2 管理要素

管理就是决策。管理就是对人的管理,即对人的领导、激励和协调。管理就是通过他人的工作达到自己组织的目标。管理就是通过计划、组织、控制等来协调组织内外部资源,实现既定的目标。管理要达到资源利用的高效率和组织目标实现的高效益的有机统一。任何一种管理活动都由管理主体、管理客体、组织目的、组织环境条件四个基本要素构成,即"四W"或"四何"要素。

(1)管理主体(who,何人)

管理主体即媒介组织一切活动的管理者。这个管理者正如前面回答的那样,主要是由董事会聘任的或上级组织任命的。比如英国广播公司,在"皇家约章"统领下,由社会公众代表、政府代表和媒介代表组成的委员会是决策机构;委员会任命公司的总经理,这位总经理就是管理者。在中国,媒介的社长、台长是由上级党委提名和政府任命的受托人,是媒介的管理者。

组织的最高管理者的管理团队有助手，其下各层职能部门和业务部门、技术部门、营销部门也有主管。最基层的管理者是诸如制片人等项目主管。

(2)管理客体(what,何事)

管理客体包括管理的人和事。在媒介组织中，可以看到，根据媒介组织规模大小，被管理的人除了最底层的员工，还有各级主管。各级主管在本部门是管理者，但是在整个组织内又是被管理者，比如CEO管理各子媒体，子媒体的社长、总编管理部门经理等。

所有的组织都是因事设岗，这些“事”既是全体员工的工作客体，更是各级管理者的管理客体。管理的目标与经营目标相一致，就是以最恰当的方法和最低廉的成本达到最好的效益。

(3)组织目的(why,为何)

组织管理的目的是什么？为什么要进行这种而不是那种管理方式？这对于管理者来说是核心问题。在各管理岗位上，各级管理者不但要自己明白而且也要使下级员工明白企业总体战略目标和方向，明白当下的任务和完成这些任务的方法步骤，明白员工各自的岗位职责及其权利和义务。

(4)组织环境或条件(how,如何)

组织环境是媒介生产经营活动中的内外影响因素，主要包括社会环境、生产环境、文化环境、经济环境、技术环境、政治环境以及内部管理环境。

组织条件与组织环境相关联，主要指组织实施战略目标过程中所具备的人力、物力、财力等硬件和组织文化等软件。这些硬性的和软性的条件综合起来就是媒介的实力。

管理者在管理活动中既应受组织环境和条件的制约，更需要重视改变不利于媒体战略目标实现的环境和条件，创造和开拓新的有利于公司发展的新局面。

1.2.3 传媒经营管理的概念

1.2.3.1 传媒经营管理

传媒经营管理，实质上是传媒组织的经营管理。传媒组织与一般企业类似，也要通过生产、交换、消费等环节，来满足消费者的需要，只是传媒组织生产和交换的产品以信息的形式表现出来。如果将传媒组织视为企业的话，它也需要“经营”和“管理”。简单地说，传媒经营管理就是运用传媒组织的人、财、物、信息等资源，以期实现传媒组织所设定的目标。具体来说，传媒经营管理是指传媒的经营管理者运用决策、组织、领导、控制等方式，借助传媒手段、传媒的功能价值和公众的认知度及社会影响度，在有效整合内外部资源的基础上，将传播职能与经营策略有机结合起来，实现传媒组织的经济效益和社会效益。

传媒经营管理是一个系统过程，由一系列的活动组成，是传媒管理者根据外部环境和内部环境变化，根据自身实际条件作出决策，设定目标，然后进行组织机构设置和人员配置，通过采取措施，激发、协调、领导员工完成组织的任务。简言之，传媒经营管理就是利用最少的资源投入获得最大化的经济效益和社会效益的活动过程，或者是在获得既定的经济效益和社会效益条件下，使投入资源最小化的过程。

广义的传媒管理包含传媒经营。狭义的传媒管理主要指传媒组织内部的管理。我们日常所说的传媒管理主要是指广义的,包括传媒经营部分。

传媒经营管理与一般的企业经营管理相比,在本质上是一样的,都是以追求经济效益和赢利为中心目标。不过,传媒经营管理也体现出鲜明的特点,具体表现为三个方面:第一,传媒作为社会的守望者,应该自觉承担更崇高的使命和责任,在追求经济效益的同时,必须强调社会效益的重要性;第二,传媒企业不仅强调"3M"管理,即人(man)、财(money)、物(material)的管理,还要强调信息的管理,信息是传媒企业的核心资源,媒介是信息的载体,传媒企业主要通过信息传递来满足消费者需求;第三,传媒企业的意识形态性要求传媒企业的管理者必须具有政治敏锐性和洞察力,在经营过程中,需要更多地关注国家的政治导向和大政方针的变化。

1.2.3.2 传媒管理与新闻事业管理

新闻事业是新闻机构及各项业务的总称,既包括新闻业务,又包括经营业务。新闻事业是发达国家市场经济的产物,发达国家的报纸、杂志、广播、电视的出现、成长、发展及壮大都遵循着市场规律,除了极少数政党、团体所属媒体之外,绝大部分主流的私营和公营媒体都重视经营活动,具有明显的企业化特征。

长期以来,我国的新闻事业仅局限于新闻业务,谈不上经营业务。新闻传媒结构在资金上靠财政拨款,在管理人才上靠行政任命,生产设备、办公场所靠政府来保障,所谓新闻事业管理,实际上是宏观的行政管理和宣传管理,不是真正意义上的微观经营管理。随着文化体制改革的深入,我国新闻传媒逐步走上"事业单位、企业化经营"的道路,出现了真正意义上的传媒经营管理。继2010年底我国完成了图书出版单位体制改革以后,2011年5月,《中共中央、国务院办公厅关于深化非时政类报刊出版单位体制改革的意见》出台,根据非时政类报刊的不同性质和功能,分期分批进行转制。截至2011年3月,除新疆、西藏以外,全国29个省市区已有512家非时政类报刊出版单位转企改制,加上中央部门和单位已转制的和创刊时就登记为企业法人的,全国共有1300多家企业性质的非时政类报刊法人实体。

1.2.3.3 传媒管理的中心目标

通过文化体制改革,传统的新闻事业单位转制为独立的市场法人实体——企业。在市场经济条件下,企业的中心目标就是赢利,赢利是传媒企业生死存亡的基础,无赢利不生存,无赢利不发展。传媒企业赢利是其承担社会责任及履行职能的前提,除了承担意识形态使命或实施公共体制的媒体外,大部分市场型传媒企业必须追求利润,并以利润率作为评判管理绩效和管理水平高低的重要标准。当然,承担社会责任、从事公益活动也是传媒企业的内在要求。

1.2.4 传媒经营管理的意义

在复杂的社会系统中,媒介是一个活跃的、开放的并具有发散性影响力的系统。媒介的运营及发展,在很大程度上受到外部环境的影响。社会政治、经济、科技、文化等方面发生变动都可能对媒介产业的发展造成冲击。可以说,媒介是站在时代前沿的行业。这一方面对媒介经营管理者提出了更高的要求,另一方面也凸显了媒介经营管理的重要意义。总体而言,对媒介进行科学管理,能够使媒介内部处于良性运转的状态,并使之适应外部环境,从而取得更有效、更长远和可持续的发展。

具体来说，媒介经营管理有以下几个方面的意义：

1）有利于媒介对资源进行合理的配置和协调，从而协同发展。

正如所有的经营管理活动一样，媒介经营管理的核心也在于协调媒介的人力、财力、物力、信息、时间这五个方面的资源，使其达到最佳配置，发挥最佳效用。

2）有利于媒介实现社会效益与经济效益的协调和“双赢”。

媒介的组织目标有两方面：一是宣传目标，二是经营目标。媒介是一种社会上层建筑，又处于市场之中，受市场机制的支配和调节，这就需要有能够适应其特征的经营管理，以保障媒介的组织目标得以实现。

3）有利于媒介提高自身品质，从而应对时代的挑战和激烈的市场竞争。

在知识经济时代，作为信息和文化产业的媒介产业，必须做好充分的应对：一方面提高自身品质和经济实力，打造更为出色的媒介品牌；另一方面时时注意社会各界，尤其是媒介市场的动向，知己知彼。这一切都不能离开高效、科学的经营管理。

实践证明，在不同的媒介之间，经济效益好、发展势头强劲的往往是那些在微观管理上有成效、有创新的媒体。就单个媒介而言，在不重视经营管理，或者经营管理比较松懈、脱离实际的时候，往往会陷入停滞不前的困顿阶段，甚至危及媒介的生存；而在摸准社会发展及市场变动的脉络时，在经营管理科学、高效地展开时，其发展速度则会迅速得多。例如，在媒介竞争日益激烈、以网络为代表的新媒体发展迅猛的当前，美国的商业广播却能在传媒市场中立于不败之地，其原因就在于美国商业广播的经营管理能够把握自己的媒介特色，找准定位，推出“适位广播”。他们非常清醒地知道，随着媒介日益多元化，受众呈现出加速分化的趋势，其信息需求愈加多样，因此，媒介在关注广大受众的普遍需求的同时，更要满足日益细分的受众的个性需求。美国商业广播制订了“专业化”和“本地化”的发展方针，不以综合节目吸引受众，而是面向特定受众，办出专业特色；以面向中心市场，特别是本地听众作为自己的服务宗旨，成为区域化、本地化和社区化的传媒机构。

1.3 传媒经营管理的内在要求

1.3.1 传媒经营管理的职能

传媒经营管理的职能是指传媒经营管理者在经营管理过程中应该完成的任务、承担的职责和必须具有的功能。管理的职能除了包括决策、计划、组织、领导、协调、激励、控制之外，还包括人事、预算、报告、合作、授权、变革、评估等工作内容。著名传媒管理学者雪曼（B. L. Sherman）在《远程传播管理：广播、电缆和新技术》一书中曾引用几个英文词的首字母合成的“POSDCORB”来说明传媒经营管理的职能，即 P 代表计划（planning），O 代表组织（organizing），S 代表人事（staffing），D 代表指挥（directing），CO 代表协调（coordinating），R 代表报告（reporting），B 代表预算（budgeting）。雪曼提出的这些职能也适用于传媒管理。从传媒实践来看，传媒经营管理的职能可以概括为决策、计划、组织、领导、控制、创新六个方面。

1.3.1.1 决策职能

经济学诺贝尔奖获得者西蒙认为,管理就是决策。对于传媒企业决策者来说,决策意味着做正确的事情。传媒经营管理决策是指传媒管理者充分利用机会,识别并解决问题的过程。决策的主体是传媒管理者。决策的本质是一个过程,这个过程包括识别问题、拟订及评价备选方案、选择满意方案、实施方案、评价方案实施效果五个步骤。决策的目的在于更好地解决问题。决策要遵循满意原则而不是追求最优决策,这是因为最优决策必须符合三个条件:一是要获得与决策相关的全部信息;二是对信息真实了解,并对每个方案都能客观评价;三是准确预测每个方案的结果,而同时满足这三个条件几乎不太可能,所以决策要遵循满意原则。

1.3.1.2 计划职能

计划职能是传媒经营管理中最基本的职能,它是准确地确定传媒企业需要完成什么样的工作并如何将工作做得最好的过程。计划为整个管理过程创造一个坚实的平台,为以后的管理活动提供了一个舞台。计划是对目标的预见和设想,是贯彻宏观传播和决策、实现微观传播和目标的重要手段。计划的过程就是制订绩效目标并确定如何实现该目标的一个系统工程。

在竞争日益激烈的环境中,计划的制订不是管理者随心所欲、照章办事、闭门造车的结果,而是管理者每天工作的一部分,是在忙乱和高标准要求的工作环境中持续不断的一项工作。计划不但要确立目标,更重要的是要企业全员积极参与,共同为实现目标努力工作。计划为决策服务,是决策的具体化,计划的好坏直接影响传媒经营的成败。

1.3.1.3 组织职能

组织是人们为实现某一目的而形成的群体,是确保人们社会活动正常协调进行、顺利达到预期目标的体系。一个组织确定目标、制订计划以后,一个重要的问题就是如何执行计划和实现目标。这就要求管理者按照组织目标和计划所提出的要求,设计出合理、高效、顺利实现组织目标的结构和体制,合理配置组织的各种资源,以保证计划和组织目标的顺利实现。组织是发挥传媒经营管理的重要保障,是完成传媒企业使命、计划目标和任务的重要手段。传媒的组织职能主要包括职务设计与分析、部门划分、结构形成及工作检查四个方面。组织结构的设置必须反映市场的需要,以实现目标为导向,因岗设人,而不是为了行政需要,因人设岗,并且传媒组织结构要随着内外部环境的变化和目标的改变进行适时调整,变革组织结构。

1.3.1.4 领导职能

领导是传媒经营管理的高层次动态行为过程。领导者通过法定权力和领导艺术对被领导者产生影响力,从而引导组织成员提高行为效率,共同实现组织目标。在领导活动的全过程中,主要有五个构成要素:领导者、被领导者、职权、客观环境和领导行为,其中起决定作用的是职权,领导是这些要素构成的综合体。

媒介的经营管理者必须能够指挥、协调、引导、激励其员工为实现媒介使命和目标而努力。领导工作对保证媒介目标的实现起着关键作用。为了确保媒介目标的实现,领导要发挥三个方面的作用:一是指挥作用,通过指挥激发员工积极性,使员工人尽其才;合理安排事务，达到事事顺利；合理利用时间，保持高效；积极沟通内外，灵活应对环境变化。二是协调作用，协调是传媒经营管理中的“润滑剂”，是避免矛盾激化的“减压阀”，是增加传媒组织向心力的“凝结剂”。协调使组织的政策与目标一致，使员工正确认识形势和任务，保持行动一致。三是激励作用，通过物质激励、精神激励，激发员工的创造性和积极性，鼓舞员工的斗志，让员工保持工作热忱。

1.3.1.5 控制职能

传媒组织在实现目标和既定的计划时，由于内外部各种因素的影响，组织计划的完成并不一帆风顺，这就需要控制这一职能进行修正。控制的目的是保证组织的各项活动按照既定的计划或目标顺利进行，控制具有很强的目的性，控制与计划密不可分。控制是通过“监督”和“纠偏”来实现的，这就要求控制系统具有良好的信息系统，一方面可以预警，另一方面可以探查出“偏差”产生的原因。控制是一个过程，控制的前提是组织有良好的沟通。控制与计划关系密切，计划为控制提供依据，控制是计划实现的保证。

控制过程包括四个步骤：首先是制订控制标准，标准可以是定量的，比如利润、成本等，也可以是定性的，比如工作作风、道德标准、企业价值等。在制订标准时，尽量定量化，这样容易理解和控制，实在不能量化的也要尽量客观，以便核实。其次是衡量实际绩效，把实际工作表现和工作绩效与控制标准相比较，找出问题与偏差。再次是分析偏差原因，系统分析出现偏差的主观原因和客观原因。最后是采取行动，纠正偏差。针对分析的原因，采取措施，及时纠正，进一步改进工作。

有效的控制必须从四个方面着手：一要适时，及时对偏差加以纠正；二要适度，控制的范围、程度和频度要恰到好处；三要客观，符合媒介生产经营活动的实际情况；四要有弹性，能够灵活应对突发情况。

适时有效的控制有利于引导正确的舆论，有利于维持传媒组织的高速、全面、均衡的运作，有利于传媒组织目标和计划的顺利实现。

1.3.1.6 创新职能

创新是一种思想及在这种思想指导下的实践，是一种原则及在这种原则指导下的具体活动。创新是传媒经营管理的重要职能。目前在传媒行业，新媒体蓬勃发展。新媒体以计算机技术和互联网为基础，计算机技术发展遵循“摩尔定律”，即在价格不变时，集成电路上的晶体管数目，约每隔 18 个月便会增加 1 倍，性能也将提升 1 倍。新媒体企业必须跟上计算机和网络发展的速度，在技术上不断创新。传媒经营管理者不但要做好一般的管理职能，还要肩负创新的职能。除了技术创新外，管理者的创新职能还包括：①目标创新，修订媒体发展计划，确定新的目标；②制度创新，探索新的经营管理制度，制订新的控制标准；③组织创新，重新设置组织机构，对人力资源进行重新配置；④营销创新，开拓新市场，吸引新观众，管理新客户，增加新服务。

1.3.2 传媒管理的原则

传媒经营管理者在经营管理过程中，必须遵循一定的指导原则，从而对管理活动与结果起到规范、导向、促进和保证作用。传媒经营管理原则是指对传媒经营管理者及其所从事的活动提出来的必须遵循的基本要求。传媒经营管理原则既要符合一般经营管理活动的规律，又要具有媒介行业的特殊性。结合我国传媒业的特点，可以归纳为以下几个原则。

1.3.2.1 坚持党性原则

党性原则是传媒行业必须始终遵守和支持的，这是由我国传媒的发展历史、性质、目的和任务决定的，同时，也是社会政治、经济文化的客观现实及规律的反映。对于我国传播媒介来说，讲政治、讲党性是办好电台、电视台的根本前提和保证，是否坚持党性原则也是衡量一个媒介是否合格的首要标准。

我国大众传播媒介受党的领导，是党和政府的耳目喉舌，反映广大人民群众的根本利益，因此，不管是传播活动，还是经营管理活动，都必须代表先进文化的前进方向，坚持维护国家形象和人民利益，都必须坚持贯彻社会主义传播方针，坚持加强党的领导，遵循传播规律和职业道德。

坚持党性原则不是靠假、大、空的传播方式，也不是简单的说教，而是通过走基层、改文风、改作风，脚踏实地，深入群众，把党性自觉地贯彻到感人的行动中。可以说，传媒经营管理者对党性理解得越深刻、越清晰、越全面，其经营管理活动中党性的体现越明确、越自觉，贯彻的方式越灵活、越生动、越活泼，经营管理活动就越能有效地开展，社会效益也就越明显。

1.3.2.2 市场与效益原则

在市场经济条件下，任何企业的经营管理都应积极面对市场，传媒企业同样要树立市场观念，增强市场竞争意识。

传媒企业也要树立效益意识，这里的效益既包括经济效益，又包括社会效益。传媒不同于其他行业，它必须把社会效益放在第一位，在必要的情况下，要牺牲经济效益来确保社会效益。社会效益强调正确的舆论导向，以正面宣传为主，弘扬主旋律，肩负社会责任。不过，传媒企业也要遵循价值规律，讲究经济效益。所谓经济效益，就是通过商品和劳动的对外交换所取得的社会劳动节约，即以尽量少的劳动耗费取得尽量多的经营成果，或者以同等的劳动耗费取得更多的经营成果。强调经济效益，这是传媒业生存的前提，也反映了社会主义市场经济的基本要求。

1.3.2.3 整体与互动原则

传媒系统的整体中包含着各种各样的因素，而整体并不是这些因素的简单叠加，而是“1+1>2”的组合。如果能把这些因素进行科学、合理的整合，就能使整体释放出的能量远远超过各部分的能量之和。传媒经营管理者必须总揽全局，从整体目标出发，合理整合各种因素，实现管理最优化。

互动原则要求经营管理者将经营管理中的各因素看做相互联系、相互作用、相互制约、相互依存、相互影响的有机整体，协调各种力量，经营管理好媒体。互动原则主要体现在两个方面，即媒体内部之间的互动以及媒体内部与外部之间的互动。内部互动包括各部门、层次间的沟通与交流，人、财、物等资源的合理配置和科学互动，责、权、利之间的有机结合和良性互动，特别是采、编、播、控工作与经营管理之间的互相配合。外部互动主要是媒体与其他经济、政治、文化、科技社会组织的联系配合、相互合作等。

1.3.2.4 民主法治原则

媒介管理者必须充分发挥民主作风,接受群众监督,调动广大员工的积极性与创造性,激发员工的主人翁意识,共同参与传媒经营管理工作,并依靠集体的智慧和力量经营管理好传媒。

要做到民主,就要充分认识并承认员工的主体地位。传媒企业的每一位员工既是管理对象,又是管理主体。他们一方面接受管理,另一方面也有权参与管理。传媒经营管理者要切实关怀和体谅员工,要培养员工、发展员工、凝聚员工、尊重员工,以充分调动员工的工作积极性,使员工工作潜力最大限度地激发出来,并保障员工在企业中当家做主的地位。

在发扬民主、尊重员工的同时,还要坚持法治原则。市场经济是法治经济,传媒经营管理必须置于法治的范围内行事。法治原则要求在传媒经营管理过程中,必须建立和健全严格的法律和规章制度,使管理规范化、标准化、程序化。坚持法治原则,可使传媒经营管理遵守法律法规,使内部结构设置、管理行为、人事财务、信息传播等各方面制度化、规范化,从而使传媒系统成为一个协调有序、分工合理、管理科学的整体系统。

★思考题

1. 媒介、媒体和传媒的内涵是什么?
2. 传媒经营与管理的概念实质是什么?
3. 传媒经营与管理的内在要求是什么?
4. 传媒经营管理的职能有哪些?
5. 传媒管理的原则是什么?

2 传媒环境分析

导言

本章学习目标

1. 明确传媒环境分析的重要性。

2. 把握传媒环境的外部和内部两方面所涉及的因素。

3. 学会用一定的分析方法对具体的传媒环境作出科学分析。

本章重点

1. 传媒外部环境构成因素。

2. 传媒内部环境构成因素。

本章难点

传媒 SWOT 分析

任何事物都不是孤立的,均与外界有着千丝万缕的联系,传媒也是如此。传媒本身担负着报道社会的职责,与外界须臾不可分离,同时传媒自身的运作也需要从外界获取原料、设备、人才等。可以说,传媒自身和周围的人、事、物等各要素构成了一个场,这个场就是环境、气候、网络,有人际关系、人境关系。媒介管理的理念、方法和效果与环境有紧密的关系。

传媒环境是指决定或影响传媒活动的发生、进行及成效的外部环境和内部条件的总和。从传媒整体活动来说,内部条件相当于事物发展的内因,是基础,起决定性作用,是可控的、可调整的;外部环境相当于事物发展的外因,是必不可少的条件,通过内部条件而起作用,是不可控因素,媒介只能尽量去适应它。

传媒环境分析对传媒经营管理者来说是必要的,它是对媒介产品作出性质、价格与服务变化的依据。传媒环境是复杂的,它包含了媒介自身,同时涵盖受众、竞争者、政府政策、经济状况、文化特色与技术发展等各个方面,但是通过合理的环境分析获得适合决策的信息可降低传媒运作风险。

2.1 传媒外部环境分析

传媒外部环境是存在于传媒组织周围,影响传媒管理活动及其发展的各种客观因素与力量的综合,包括政治环境、经济环境、社会文化环境、技术环境等社会生活的各个方面。对外部环境认识、分析得当,外部环境将成为传媒发展的机遇,否则其会构成传媒前进的阻力。

2.1.1 政治环境

政治环境指一个国家或地区的政治制度、体制、形势和方针政策等。在大众传媒所受到的环境影响中,政治制度的影响最大。一个国家的政治制度决定其对大众传媒的干预程度,决定媒介的管理形式,同时,传媒也会对其所在地区的政治状况有反作用。归结起来,传媒与政治对立统一、互相依赖、互相制约。

2.1.1.1 政治影响传媒

传媒需要政府的解释、态度和立场等信息,所以作为传媒的重要信息来源,政府利用对信息的控制使得自身在对事件议题上占有明显的优势。政府通过策划大量的信息并主动向传媒提供,来巧妙地影响和引导传媒与国内外舆论,为国内外舆论设置议程。

中国改革开放以后,开始了由计划经济向市场经济的转轨,媒体也由原来的单一事业单位属性转向事业、企业兼有的双重属性。中国政府对传媒的管理总体上表现为:稳住一头,放开一头。对信息制作的管理仍严密而微观,对产业发展,如广告经营等,很大程度上则是进行宏观调控。这种改革使媒体获得了谋利的权力,给予媒体较大的自主空间,从而激活了中国的传媒市场,解放了媒体生产力。

2.1.1.2 传媒影响政治

传媒具有强大的影响力,历史上任何一种政治力量都无法忽视它在政治斗争和国家治理中的作用,总是想尽办法控制甚至操作媒体。媒体凭借其自身的生存与发展能力,在充分利用现有政策空间的前提下,有时还不惜代价,越过政策边界,不断开辟新的发展空间。传媒报道影响政治行为,媒体空间的扩大将促成政府对媒体管理方式的转变。

同时,媒体在政府与公众之间搭起了一个连通渠道,使公众成为公共信息的终端受益者。政府控制了近80%的公共信息,而这些信息由于种种原因,被控制在政府的手中,不为公众知晓。近年来,不断提速的政务公开和信息公开,使公共信息的分享成为可能,原先被垄断在政府手中的信息渐渐为公众所分享。在这个过程中,媒体的努力和作用不可忽视,其在信息公开改革中扮演了一个关键性的中介角色。

2.1.2 经济环境

经济环境是指媒介经营过程中所面临的各种经济条件、经济特征、经济联系等客观因素。在众多的外部影响因素中,经济环境是一个非常重要也较为核心的影响因素。经济景气与否决定着传媒经营的兴衰,媒介经营状况是经济形势的"晴雨表"。

经济状况最直接的作用就是体现在对传媒广告的影响上,经济和广告之间是相互促进、相辅相成的关系。二者的关系表现为:经济景气—有投入资金、扩大生存规模—消费者有市场购买力—企业经营状况好—向媒体投放广告量增加—媒介经营兴旺发达;反之,经济下滑—企业收缩资金—生产步伐放慢—消费者购买力降低—向媒体投放广告量减少—媒介经营走向衰败。

另外,经济状况也影响到媒体自身的栏目设置。如今,各媒体都有一个专刊部,以报纸为例,其设有汽车版、房地产版、通信版、IT版、旅游版等专刊专版,从周一到周日轮流出一个专刊。这些专刊都是和某一个产业相联系的,如果没有这些产业的支撑,这些专刊专版就不可能实现。各个专刊专版除了为大众提供所需要的信息之外,最重要的就是为它们所服务的产业服务,为报纸吸纳广告,我们的经济和广告的互动表现得特别明显。

经济的持续快速发展为传媒的发展提供了广阔的市场前景,经济发展水平决定媒体的经营水平,如北京、上海和广州经济最发达,媒体经营状况也最好。经济发展与传媒发展呈正比例关系,没有经济持续快速的发展,也不可能有媒体的繁荣稳定。当然,经济要持续发展下去,没有媒体持续的支撑,也是不可能做到的。

2.1.3 人口环境

传媒市场人口的规模、年龄构成、文化程度、收入水平等对传媒产业的结构、质量和发展方向具有重要影响。庞大的人口奠定了各大媒体的受众基础。其中,大量的非农业人口的存在是传媒事业发展的物质基础和稳定的受众条件。

城镇化使大量人口向城镇聚集,城市人口聚集后文化素质也得以提高,此时城镇人口对信息的需求增大,促使媒体的信息产量增大。以报纸为例,发行量最大的报纸基本上都是以大都市为基地的,比如英国发行量最大的报纸——《太阳报》是在伦敦出版的,日本发行量最大的报纸——《读卖新闻》是在东京出版的,并且,城镇化程度高的国家人均报纸拥有量也比较高。城市化程度最高的国家人均报纸拥有量是城镇化最低的国家的5倍。

另外,在市场经济的条件下,城镇化在优化媒体资源配置、带动农村现代化方面起着非常重要的作用。广大的农村人口迅速向城镇、向大中城市的聚拢,必将带来广告投放,高密度的信息产品销售以及降低产品销售成本等方面的深刻影响。

2.1.4 社会文化环境

社会文化环境指一个国家或地区的社会结构、民族特征、教育水平、文化传统、道德规范、宗教信仰、风俗习惯、社会生活方式等。传媒总是在一定的区域内运作,为了获得广告收入,媒介必须吸引受众,对于当地的文化环境的状况就必须进行分析、解释并作出反应。比如,生活方式影响人们对媒介的需求程度,户外活动较多的地区,人们对电视媒介的依赖程度要比户外活动少的地区小。在农村,人们打发闲暇时间的活动选择较少,对电视的依赖大;在城市里,散步、逛街、跳舞、健身等活动丰富多彩,因此城市人口对电视的依赖较小。传媒具有这样的认识,方能采取措施,起到丰富社会文化的内容,推动和促进社会文化的传递、进步与发展的作用,并在发挥自身功能的过程中谋求自身的进步。

在某特定区域运作的媒体,更要注意分析所在地的文化特征、人文风俗等,这样才能做好本地新闻,营造其在本区域的最大影响力。

同时,传媒处在一定的文化价值中必然要受其影响,媒介人员的理念、思维模式、审美习惯等也必然打上所处社会文化环境的烙印。传媒是社会文化的传承中介,是社会文化的组成部分。一方面,传媒会促进社会政治经济文化的发展;另一方面,社会文化的变迁也会反过来影响媒介的传播内容和市场定位。当下,随着社会的多元化和受众的碎片化,为了能够聚拢尽可能广泛的受众群体,传统媒体纷纷开始抢滩全媒体,一个媒体的名字代表的已不是一家单一性质的媒体,而是一个包括"报纸、期刊、网站、广电媒体、手机、平板电脑"等的全媒体。相应的,原来单一性质媒体的记者则兼做报纸、网络报、手机报、电视等媒体的记者,而且,他们不单单要写文章,为了适应全媒体运作的需要,还要懂得视频、音频的相关知识。

另外,人们的消费习惯以及媒介使用习惯越来越转向网络媒体及手机等移动媒体,传统媒体在做好原有信息产品的基础上,纷纷发展新媒体并实现传统媒体与新媒体的互动,力争将自己的信息产品在大家比较喜欢或习惯使用的媒介上呈现。

2.1.5 法律环境

法律环境指一个国家或地区的法律法规,包括国家立法和行业管理规范。敏感的法律意识和广博的法律知识,能确保媒介经营活动在法律允许的范围内进行。媒介与法律是互动的:一方面,媒介承担了宣传、介绍、普及法律的义务和责任;另一方面,媒介在推进法律完善的同时也为自己建立了良好的法律环境。

1996 年美国参众两院通过了新的电信法。新法废除了一家公司拥有的电视台不能超过 12 个的规定,废除了一个公司对全国范围内的广播电视所有权的限制,撤消了有线电视收费限额的规定,同时允许电信公司和有线电视网互相进入,等等。其核心是通过放宽所有权来促进媒介公司的兼并和联合,扫除产业间"联姻"的政策障碍。美国新电信法的出台,为传媒企业尤其是广电集团的兼并和扩张提供了法律依据,在传媒领域中引发了前所未有的兼并、重组的浪潮。正如美国联邦通讯委员会主席所说的那样:"这一新的法律拆除了通讯领域的柏林墙。"在新法实施的当年,全国有 2200 多家广播电台易主,到了 1997 年,美国广电市场的80%被大公司吞并。

在我国,2000年11月17日,广电总局下发了《关于广播电影电视集团化发展试行工作的原则意见》,确定电子媒体在以宣传为中心的前提下"可兼营其他相关产业,逐步发展成为多媒体、多渠道、多品种、多层次、多功能的综合性传媒集团"。在政策的促进下,广播电视资源的重组和结构调整拉开帷幕。

2007年11月1日,《中华人民共和国突发事件应对法》正式实施,删除了有关新闻媒体不得"违规擅自发布"突发事件信息的规定,"并对新闻媒体的相关报道进行管理"的规定也被删除。立法信号表明,政府在对待突发事件的信息披露上,态度有所转变,这为今后突发事件的信息披露提供了更有效的途径,同时,媒体舆论监督的作用更受重视,便于通过良好的新闻监督推进民主。

2.1.6 科学技术环境

技术环境是指一个国家或地区的科学技术水平、科学技术政策以及科学技术发展的动向等。技术对媒介发展来说更为重要和直接,因为媒介是科技的产物,是技术的附属品。

科学为媒介提供理论平台,技术为媒介的营运提供技术平台,如与媒介营运相关的学科新闻学、传播学、社会学、心理学、统计学、广告学、市场营销学、管理学、系统论和控制论等,它们作为媒介的理论平台,为媒介提供解决问题的思路、模式和路径;而技术方面,如造纸术、印刷术、电子技术、计算机技术等,它们作为媒介的技术平台,为媒体提供了技巧、方法和手段。

科学技术的发展革新和应用促进了新媒体的产生。近几年出现的互联网、直播卫星电视、移动电视、手机等新兴媒体大量涌现,不断改变传播格局。传播技术的发展为媒介从业人员提供了更广阔的创作空间。近几十年来,有线电视技术的普及与进步,卫星技术、互联网技术的出现和发展都极大地丰富了传媒资源。技术的变革促使竞争升级,大媒体为保持竞争优势进一步实施扩张及并购战略,从而推动了传媒业的进一步集中。

科技的发展也将改变传媒竞争的着力点。以广播电视为例,过去电视台竞争的主要对象是使用的频率,频率是传播的稀缺资源,而现在随着录像和播送方式走向数字化,一颗通信卫星可发射一百多个频道节目,传统的竞争对象已不再重要。如今,有没有稳定的节目来源成为重要的竞争着力点,因此,默克多于1962年在悉尼郊区买下他的第一家电视台后,就一直在拼凑一个"软件"帝国。1981年,他曾筹资打算购买20世纪福克斯电影公司的股权,由于遭遇劲敌,四年后才得偿所愿。1988年,好莱坞的剧作家们举行罢工,罢工削弱了其他电视网播放新节目对观众的吸引,但福克斯电视网不同,它有20世纪福克斯公司制作的节目和电影做后盾,并且靠轰动一时的木偶剧《辛普森一家人》异军突起,造就了美国第四大电视网。另外,因为数字技术的出现媒体融合成为可能,各种形式的信息——声音、数据和视频可以在不同的网络之间被处理。

先进的传播技术装备是传播媒介在激烈竞争中制胜的法宝之一。好技术能生产出高质量产品,有助于产生较好的经济效益和树立良好的媒介形象。中央电视台节目质量高,原因之一是垄断优势技术。

2.2 传媒内部环境分析

内部环境是指传媒在一定的经济技术条件下，从事生存经营管理活动所具备的内在客观物质条件和主观工作状况，包括"硬件"和"软件"两部分。

硬件部分是指资金、办公场所、机器设备、频道与版面资源等。

软件部分是指管理水平、经营理念与机制、员工素质等，具体指的是媒介的生产制作能力、营销能力、经营管理能力、资源状况等。

传媒从事经济活动的能力，取决于传媒内部环境中多种因素间的联系和比例，并且系统地分析传媒内部环境则是将传媒的有限资源和能力最有效地运用于外部环境的关键。

接下来主要对传媒内部环境的信息资源、人力资源、财力资源、物质技术资源、广告资源等五个最基本的方面进行分析。

2.2.1 传媒信息资源

传媒信息资源是以一定形式的实体物为载体，针对满足受众和广告用户的需求而传递的具有意义的信息。其具有客观性、抽象性、感知性、传递性、存储性和共享性、转换性、实用性。

1）客观性：表现为信息是客观事物发出的信息，信息以客观为依据。

2）抽象性：信息是人对客观的感受，是人们感觉器官的反应和在大脑思维中的重组。

3）感知性：信息是可以感知的，感知又可分为直接感知和间接感知，直接感知是指感官的感知，间接感知是指借助于各种测试手段的感知。不同的信息有不同的感知方法。

4）传递性：信息可以在不同的个体之间进行传递与交换。

5）存储性：信息是可以通过各种方法进行存储的。文字、摄影、录音、录像等都可以进行信息存储。

6）共享性：信息具有扩散性，因此可共享。

7）转换性：信息可以从一种形态转换为另一种形态，如自然信息可转换为语言、文字和图像等形态，也可转换为电磁波信号或计算机代码。

8）实用性：信息具有一定的实效性和可利用性。

传媒信息资源对大众传播媒介有着重要意义。它是传媒组织的主要产品，也是构成传媒双重销售的关键因素。印刷媒介信息资源的承载物主要是版面，电子媒介信息资源的承载物是频道和频率。

进行传媒信息资源分析时需要特别注意的是：如何结合各信息资源的内容特色和传播方式，从接近无限的信息来源中，有效地开发出相对有限的信息资源，并最大限度地提高其针对性、实用性和到达率，以实现信息资源的最优化配置和使用。

目前，随着社会公众的细分，传统媒体的影响力在逐步减弱。为应对新时期所面对的挑战，传统媒体在做好自身信息内容呈现的基础上，纷纷和其他媒体合作，争取让自己的信息能够在多种终端呈现出来，在充分利用信息资源的基础上，也能由此聚拢更多的受众资源。比如，报纸在做好传统报纸的同时，纷纷开发数字报、手机报、网站以及与 ipad 等新移动通讯技术相适应的信息呈现终端。

2.2.2 传媒人力资源分析

人力资源是传媒资源中一个极其重要的组成部分。人力资源是传媒组织发展的内在动力和坚实基础。企业界的实践已经证明:人才投资产生的经济效益为1∶14.6,是物力投资效益比的5.9;有效的人力资源管理将为传媒组织创造持续的竞争优势。

传媒人力资源大概有以下五类:

1)传媒管理人才,如传媒的领导者、各级管理者等,他们是传媒发展政策的制订者。

2)传媒业务人才,主要是采编、播音、摄影人才,如记者、编辑、播音员、主持人等,他们负责核心内容的生产。

3)工程技术人员,如美术师、灯光师、摄像师、服装师、化妆师、音响师等。

4)生产营销策划创意人才,如营销员、经济师、策划师、市场总监、发行人员等,他们负责把产品推向市场。

5)其他相关人员,如会计、档案、保卫、后勤等。

人力资源分析主要包括:建立人才信息库,组织好人才搜寻的网络;根据媒介的发展需要,制订机构设置和人员定编方案;编制员工绩效考核计划并组织实施;编制员工培训计划并组织实施;建立健全各种激励机制、约束机制和竞争机制。

过去,我国媒介的人事调配工作主要是通过干部录用制来实施,随着媒介对人才需求的扩大和多样化,目前,聘用制在我国媒介行业中成为打破身份和媒介市场化的一项重要举措。这更需要做好传媒人力资源分析,以做到人尽其才。

2.2.3 传媒财力资源分析

传媒财力资源包括传媒组织拥有的现金、债券、股权、融资渠道和手段,以及对资金的有效组织和合理运用等多种要素,其核心要素是资金运营。

传媒财力资源分析是对传媒生存经营过程中的成本、投资及对资金的使用进行预算、组织、分配和监控的过程。

对传媒投资的任何传媒产品或项目,都必须对投资的效益和未来发展趋势作出准确客观的财务分析,主要有以下几个方面:

1)传媒筹资分析:传媒筹资的方式主要有银行借贷、股票和债券等。

2)传媒资产分析:传媒资产按其存在形式可分为有形资产和无形资产。

3)传媒成本与费用分析:在当下自负盈亏的传媒环境下,要做好成本分析。

4)传媒收入与利润分析:鉴于媒介运作对广告的依赖,要做好广告收入的分析。

2.2.4 传媒物质技术资源分析

传媒物质技术资源是指媒介组织的办公场所、厂房、基础设施、机器设备及它们的寿命和运作状态等生产要素,这类资源是物化了的科学技术,往往因媒体性质的不同而异,但主要的分析内容大致相同。

1)传媒生产设备分析:主要分析设备人均固定资产、技术水平、设备平均使用寿命、设备的专业工艺特性、所制产品的质量差异和稳定性。

2）传媒原材料分析：主要分析原材料供应的可靠性、及时性问题，质量保证问题，替代升级问题及消耗问题。

3）传媒能源供应分析：主要分析传媒生存中所用的电、水、煤等能源供应的可靠性、及时性问题，能源供应的技术特性及质量保证问题，能源的消耗定额。

鉴于媒体提供的信息对时效性的要求，传媒物质技术资源中要强调对生产设备的分析，尽可能早地采用先进的通讯、印刷技术等，以提供更为快速、质量更高的信息内容。

2.2.5 传媒广告资源分析

与其他市场相比，传媒运作的市场是相当独特的，是一个典型的二元产品市场。它只生产一种产品，即信息，却活跃在两个性质不同的市场中，分别是内容产品市场和广告市场，而大部分媒介在第一市场——内容产品市场上是不赚钱的，甚至是亏损的，只有通过第二市场——广告市场的广告收入来赢利。统计显示，报纸可能有70%甚至更多的利润来自广告。

传媒的广告资源主要有报纸的版面、广播电视的时段、网络的版块等。为了有好的广告收入，在广告资源售出之后，为稳定广告客户，要设立一个精良的广告部，了解广告客户的需求和兴趣，制作可靠的有吸引力的广告，同时也要积极地为广告客户拓展促销计划。当然，媒体也要不断发展新的广告客户。

传媒广告资源的分析大体来说分为三部分：传媒自身广告传播资源分析（明确自身媒体广告资源的特点，如报纸广告能全面、经济地发布产品信息，且费用相对低等）、广告资源的推广和销售分析（取决于销售团队素质、销售渠道选择与市场分析与预测三方面）和广告客户资源分析（媒体主管必须知道运作区域内商业发展的可能性、商人期望做生意的范围及客户购买广告资源的兴趣，然后媒体可拓展或强化它的市场占有情况，如此，媒体才可能增加其广告客源）。

2.3 传媒环境分析方法

传媒环境分析是指传媒管理者观察和分析传媒外部和内部环境的发展历史及现状，通过对其规律的认识，推断其未来状况的过程。

传媒环境分析的目的在于识别和把握传媒的机会与挑战，明确企业在市场中的位置及其所具有的优势和劣势，帮助媒介企业制订有针对性的战略，有效地利用自身资源，发挥企业优势，同时避免企业的劣势或采取合理的措施改进企业劣势。

传媒环境分析主要有以下几个步骤：

1）了解市场结构：主要是确定本媒介的地理区域、本媒介产品性质、本媒介的现有和潜在竞争者状况。

2）确定分析目标：明确本媒介的短期、长期目标和目标实现的可能性及其可能遇到影响目标调整的因素，目的在于准确把握整个分析工作的重心。

3）选择分析方法：主要分为定性分析方法和定量分析方法两大类，注意不能生搬硬套公式或某一模型，而要选择适合的分析方法。

4）收集、整理和分析资料：主要是收集与被分析的传媒对象有直接或间接关系的内外部环境的资料，比如市场需求、经济环境等。

5）进行分析：根据所选用的预测方法进行环境分析，并写出分析报告。

下面我们主要介绍传媒环境SWOT分析方法。

2.3.1 SWOT分析法

SWOT分析法又称为态势分析法，它是由旧金山大学的管理学教授于20世纪80年代初提出来的，是一种能够较客观而准确地分析和研究公司运营与公司环境的工具，是国际上广泛应用的环境分析方法，也是企业战略选择的主要方法之一。

S是指优势（Strengths），W是指劣势（Weaknesses），O是指机会（Opportunities），T是指威胁（Threats）。其中，优势和劣势是内在要素，包括公司的物质资源、核心能力、品牌优势、人力资源等。机会与威胁则是外在要素，包括外部经济环境、政治环境、技术环境等。

SWOT分析法是一种较准确和明细的分析方法，能较客观地分析和研究一个公司的实际情况。公司利用这种方法可以从中找出对自己有利且值得发扬的因素，以及对自己不利且需要回避的因素，发现问题并找出解决办法，从而明确未来的发展方向，如表2-1所示。

表2-1 SWOT搭配矩阵

	Opportunities	Threats
Strengths	应对	克服
Weaknesses	改造	避免

2.3.2 传媒的SWOT分析

传媒的SWOT分析主要包括对以下几大因素的分析：①传媒的优势，指传媒进行有效竞争和良好经营的因素或能力；②传媒的劣势，指一种阻碍因素或者是传媒某些能力的缺失；③传媒的机会，大致可分为产业机会和传媒机会；④传媒的劣势，指外部环境对传媒不利的一面。

SWOT分析有两种方式：组合分析法和综合分析法。这两种分析法的基本前提都是首先构造传媒的SWOT矩阵。一般说来，构造传媒SWOT矩阵应按照以下步骤进行排序：①列出传媒组织的关键外部机会；②列出传媒组织的关键外部威胁；③列出传媒组织的关键内部优势；④列出传媒组织的关键内部劣势；⑤将内部优势与外部机会相匹配，并记录得出SO组合；⑥将内部劣势与外部机会相匹配，并记录得出WO组合；⑦将内部优势与外部威胁相匹配，并记录得出ST组合；⑧将内部劣势与外部威胁相匹配，并记录得出WT组合；⑨得出（S+W）O、（S+W）T、S（O+T）、W（O+T）和（S+W）（O+T）组合。

在完成内外因素分析和SWOT矩阵的构造后，便可以将排列的各种环境因素相互匹配起来加以组合，制订出相应的传媒战略，以发挥优势因素，克服劣势因素，利用机会因素，化解威胁因素。

(1)组合分析

组合分析是对四个矩阵元素的基本分析,如图 2-1 所示。

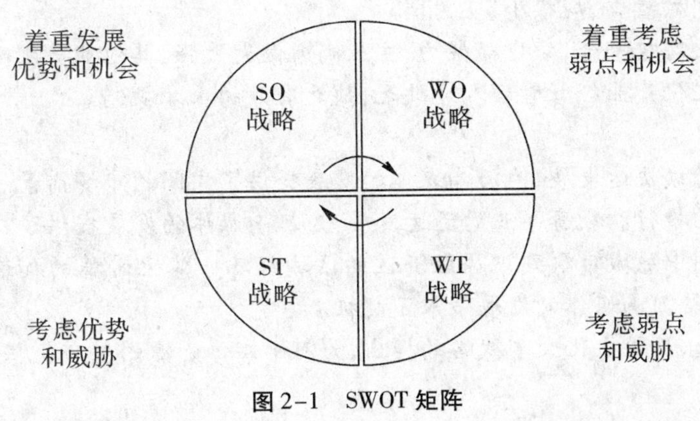

图 2-1 SWOT 矩阵

(2)综合分析

上面组合分析是依据数学元素的可分原则进行的,但实际情况是十分复杂的,机会、威胁、优势、弱点是交织在一起的,而解决问题的方法也是综合平衡的、利弊分摊的,即以(S+W)对 O、以(S+W)对 T、以(S+W)对(O+T)等组合方法确定传媒组织的发展战略,也就是说,SWOT 矩阵只不过是为我们明确列举机会、威胁、优势、弱点提供了一种图表式方法,重点不应该只停留在图表上,而在于搜集外部环境变化信息、分析判断的准确性和实施行动上。

SWOT 分析法自形成以来,广泛应用于企业战略研究与竞争分析,也是传媒战略管理和竞争情报的重要分析工具。但其不可避免地带有精度不够的缺陷。例如,SWOT 分析采用定性方法,通过罗列 S、W、O、T 的各种表现,形成一种模糊的对传媒组织竞争地位的描述。以此为依据作出的判断,不免带有一定程度的主观臆断。所以,在使用 SWOT 方法分析传媒组织时,要注意方法的局限性,在罗列作为判断依据的事实时,要尽量真实、客观、精确,并提供一定的定量数据弥补 SWOT 定性分析的不足,构造高层定性分析的基础,要特别防止出现因运用个别代替整体而得出错误的结论。

案例分析

河南传媒环境 SWOT 分析

(1)优势

报业市场新锐并起,硝烟弥漫,龙头媒体大河报连年经营创河南历史纪录,2004 年以来利润连年过亿元。

电视频道创新整合广告收入连年增多,无线广播东山再起,广告经营连创新高。

各家媒体争相布局新媒体市场，网站、手机移动媒体、户外媒体市场发展较好。

(2)劣势

区域内的同业市场，内容、广告、新闻介入手段同质化日趋严重。

强势媒介品牌打造力度不够。

媒介企业集团数量少、规模小、实力弱。

集团内部缺乏有机整合，缺少凝聚力，主业尚未做大做强，其他业务刚刚起步。

文化创意和文化产业经营管理人才缺乏，缺乏有效的人才机制。

(3)机会

河南经济的持续快速发展，为河南媒体的发展提供了广阔的市场前景。

城镇化战略的推行和教育事业的迅速发展，为河南媒体的发展提供了广大的受众基础。

从中部地区到中原城市群到中原经济区的区域经济一体化进程的加速，将大大刺激社会对信息的需求，给河南媒体的发展带来了契机。

发展文化产业，建设文化大省战略的提出，为河南媒体资源的整合提供了更加规范的制度环境。

(4)威胁

加入 WTO 加速国外传媒对本土传媒的威胁，刺激竞争及重组。

中国文化产业规模普遍较小、竞争者众多及管理水平低，产业组织集约化程度不高，整体竞争力不强。

中国文化集团资产归属不明，体制创新和制度创新仍任重而道远。

根据以上分析可知：河南媒体要充分利用当前发展的有利条件，克服不利因素；进一步深化改革，创新管理体制和运行机制，积极推动集团化建设的进程；加大资源整合的力度，加快跨媒体、跨地区、跨行业发展的步伐。这是河南媒体更上一层楼的关键。

河南传媒 SWOT 搭配

现状	对策
优势 & 机会	维持固有品牌形象及质量要求，坚持以壮大河南媒体为核心的发展取向
劣势 & 机会	做大品牌，做强主业，依托优势品牌为跨区域、跨行业、跨媒体的经营夯实基础
优势 & 威胁	利用本身规模及经营优势进行加快文化产业结构调整，提高河南媒体在国内市场和国际市场的竞争力
劣势 & 威胁	完善市场体系，营造良好的、有利于文化产业创新的市场环境；培育品牌，加强知识产权保护

★思考题

1. 什么是传媒环境分析？它包含了哪些方面？

2. 试对本地某一特定媒体进行市场环境分析，指出它的优势所在及不足之处。

3　传媒领导体制

导言

本章学习目标

1. 认识传媒领导体制的含义。

2. 了解传媒领导体制的类型。

3. 解读传媒领导体制与组织结构的发展趋势。

本章重点

1. 传媒领导体制的构成要素。

2. 一体制与分离制。

本章难点

传媒领导体制探究。

3.1 传媒的领导体制

3.1.1 传媒领导体制的含义

传媒领导体制是指在传媒组织中，为规范领导活动范围和方式而制订的传媒领导权限及相应组织机构设置的制度体系。传媒领导体制是传媒领导活动的载体，是具有特定含义的传媒管理制度体系。它包含以下两层含义。

(1)传媒领导体制是传媒内部的权限划分机制

传媒领导权的划分必须遵循权责一致的原则。如果权责不一致，就会出现领导者滥用权力和权力不足以领导两种局面。实现权责一致的前提是权责关系明确，这样既能避免领导权力真空和权力重叠的危害，又能防止领导者责任不明确而导致无人管理的情况出现。目前国外传媒组织大都实现了权责一致。我国私营传媒在领导层上实行股东所有权、董事会法人产权、总经理经营权“三权分立”。公营传媒通常是以理事会为最高决策机构，以经营管理委员会为执行机构，总经理负责日常工作。它们各司其职，各负其责，从而实现权责一致。

(2)传媒领导体制是传媒内部的制度安排

传媒领导体制是传媒组织中传媒领导功能的制度化表现形式，是以传媒领导权为中心内容，以实现传媒组织的管理目标为主要职能的一系列制度安排和制度设置。传媒领导体制采取何种组织机构形态，很大程度上取决于它所属国家的社会形态和传媒组织结构形态。

3.1.2 传媒管理体制

传媒管理体制是指根据管理权限的划分所设置的各级传媒机构所形成的组织系统以及所确定的管理制度和管理体系。它涉及的层面广，是传媒管理制度有机的规范体系，它包括传媒领导体制、传媒管理制度和管理方法等。传媒管理体制与传媒领导体制是包含与被包含的关系。传媒领导体制只是传媒管理体制的一部分，也是必不可少的一部分。

传媒管理体制有双重内涵：一是指国家对整个传媒业的管理体制；二是指传媒机构内部的管理体制。这是两种不同性质的管理体制，前者属于国家与传媒机构之间的管 国家设立专门机构来管理传媒；后者是传媒机构内部格局的确定以及上下级之间、部门 间的关系。比如，澳大利亚目前设有三个广播电视系统的管理机构：澳大利亚广播公司、澳大利亚广播事业局和澳大利亚特别节目广播事业局。其中，澳大利亚广播公司管理四个电台网、澳大利亚广播电台和国际电视台；澳大利亚广播事业局管理商业性电台和社区广播，收费并发放许可证；澳大利亚特别节目广播事业局主管澳大利亚民族电视台和民族广播台。又如，德国电视二台的管理机构分为三个层次：第一层是电视委员会，决定节目总方针以及总经理的选举，批准预算方案和年度总结；第二层是管理委员会，是执行机构，讨论和确定预决算并监督各项业务的进展；第三层是总经理，全权负责电视台的各项工作。

传媒管理体制决定传媒领导体制的性质。传媒管理体制主要包括传媒的隶属关系、所有权、内部结构、组织体系以及人事制度等。传媒的隶属关系和所有权不同,所产生的传媒管理体制不同,由此所形成的领导体制的类型和性质也不同。目前有三种媒介所有制形式:以美国为代表的媒介私有制,以英国为代表的西欧国家的媒介公有制,以中国为代表的媒介国有制。相应地,传媒领导体制也有三种:董事会领导制、社会化领导制、政府领导制。

3.1.3 传媒领导体制的构成要素

传媒领导体制是由若干不同性质和作用的构成要素按一定规则形成的有机统一体。传媒领导体制的各个构成要素都有各自相应的特定功能,传媒的各种规章制度正是通过这些构成要素得以贯彻实施。目前传媒领导体制的构成要素主要有四个:决策中心、咨询反馈机构、执行机构、监督机构。

(1)决策中心

决策中心是一个领导体制的灵魂,在领导结构上处于最高层。传媒领导的决策中心一般是董事会、理事会以及政府主管部门。各媒体的决策中心因媒体性质不同而存在很大区别。商业性质的媒介组织机构(私营传媒)的决策中心一般是董事会,董事会任命董事长,决定总经理、总编辑,制订总方针等。美国电视业以私营为主,在众多的电视台中,除了少数教育电视台外,大部分广播电视公司(包括美国四大电视网——哥伦比亚广播公司、全国广播公司、美国广播公司和美国有线电视新闻网)都是商业性的,这些传媒机构的决策中心都是董事会。公共性质的媒介组织机构(公营传媒)的决策中心为理事会,理事会通常由具有一定社会影响的民间组织和议会中各政党的代表组成,理事会负责制订电台、电视台的基本原则,决定章程、年度预决算以及其他重大问题,向管理委员会推荐台长人选。理事会是英国广播公司的最高决策及管理机构,决定英国广播公司的一切重大问题,并直接向议会负责。国营性质的媒介组织机构(所有的广播电台、电视台为国家所拥有),其决策中心是政府主管部门。苏联的中央电视台和全苏广播电台,中国的中央电视台、中央人民广播电台以及1964年之前的法国一二三台等都属于这一类型。

(2)咨询反馈机构

咨询反馈机构是为决策服务的,是决策中心的参谋部。传媒领导在进行科学决策以及制订传媒战略时都需要专业咨询反馈机构的支持,特别是在媒体市场竞争日益激烈的情况下,非专业经营管理出身的领导者更是离不开咨询反馈机构。咨询反馈机构通过运用各种各样的方法搜集、筛选、整理各种数据、资料,把受众的各项要求及时向决策层报告,帮助决策层分析媒体发展趋势与制订宏观目标,充当决策层与员工之间的沟通桥梁。

作为媒介组织的重要组成部分,咨询反馈机构一般都设在媒介内部。ABC(澳大利亚广播公司)咨询委员会就是一个设立在媒体内部的咨询反馈机构,委员会就ABC的节目和经营战略向ABC董事会提供咨询和反馈意见,如主动提供与公司的广播节目、电视节目相关的咨询信息,帮助ABC董事会与员工进行沟通,为董事会提供战略规划和节目政策,并就ABC的组织结构提供建设性的意见。但也还有另外一类媒介咨询反馈机构,它们独立存在于媒体之外,如媒介调查研究机构、媒介研究院(所)等,这种咨询反馈机构集中了大量的专业人才,拥有比较丰富的经验,掌握相对先进的设备,因而能够准确地为媒体提供咨询或反馈意见。在国外,媒介咨询机构发展得比较成熟,比较有名的有AC尼尔森(Nielsen Media)

等。国内媒介咨询机构还处于发展阶段，涉足较早的有央视调查咨询中心、新生代、央视索福瑞（CSM）以及慧聪媒体等。国内比较有名的媒介研究院（所）有新华社新闻研究所、中国人民大学新闻与社会发展研究中心以及复旦大学新闻研究所等。

（3）执行机构

在一个组织内部，一般可以把组织按业务和目标需要划分为若干部门，组成执行机构。执行机构的任务是实施决策中心的各项决定，让决策在实践中得以考验，促使决策不断完善。执行结果如何将直接影响领导决策目标的实现，因此，执行机构的设置必须科学。执行机构在传媒领导体系中一般分为编辑部和经营部，分别由总编辑和总经理负责。总编辑主管传媒的编辑业务，总经理主管传媒的经营业务，两者共同执行传媒领导的决策。但在一些公营媒体中，执行机构是经营管理委员会，主要讨论和确定年度预决算和年度工作报告，监督各项业务的进展。

（4）监督机构

监督机构的任务是依据决策对执行系统实行监督，以保证决策以及指令执行得准确无误。传媒组织的监督机构分为传媒外部监督机构和传媒内部监督机构。传媒外部监督机构主要是国家对传媒的监督机构，它因各国媒体性质不同而有一定区别。

美国传媒外部监督系统主要是美国联邦通信委员会（FCC），它以行政手段来独立管理广播电视，主要职责是依法管理美国各州和跨国的电台、电视台、卫星、有线电缆等业务。英国传媒外部监督系统主要是英国独立电视委员会（the Independent Television Commission, ITC），它负责英国商业电视运营执照的颁发和日常业务的管理，还负责英国有线、卫星和图文电视的监督管理工作。中国传媒外部监督系统主要是广播电影电视总局、新闻出版总署和中共中央宣传部。传媒内部监督机构主要是传媒组织内部设置的专门监督机构。日本广播协会（NHK）设立了业务监察机构，设监事一人，负责对 NHK 会长、副会长、专务理事和理事的业务进行监察，随时就 NHK 业务运营情况提出意见。新加坡传媒集团设置了审计与风险委员会以及集团内部审计局来监督管理新传媒集团。一般来说，广播电视机构的台长或总监为最高负责人，下设广播委员会和行政委员会，分别负责节目的筹划和日常事务的处理。此外，还有节目审议委员会和行政审议委员会，担负监督、咨询等责任。

媒体领导体制的构成要素之间界限并非十分明确，大都混合在组织结构中。德国电视二台（ZDF）是地方联合型的公共电视台的代表，它的决策机构为电视委员会，由经营团体、新闻界以及社会各界的代表 77 人组成。其职责是任免总经理和管理委员，监督全部广播电视工作，批准财政收支，在有关节目方针、标准和法律等方面提供咨询。执行机构为管理委员会，共 9 名成员，其职责主要是讨论和确定预决算以及监督各项业务的进展。总经理在法律上是电视台的最高代表，对电视台的各项工作全面负责，对节目的播出有最后决定权。德国电视二台虽然明确设置了决策机构和执行机构，但监督机构、咨询和信息反馈机构都融入其中。

3.1.4 传媒领导体制的作用

传媒领导体制是传媒领导者与被领导者之间有效沟通的桥梁。领导活动实际上是领导者与被领导者之间双向互动的过程，因而领导者与被领导者之间能否有效沟通是领导活动成败的关键。只有通过领导体制，才能把领导者与被领导者按照一定规则组织起来，形成层级分明、任务明确、行动统一的有机整体。

传媒领导体制是传媒领导活动和领导行为的规范体系。领导体制具有系统性、稳定性、全局性以及强制性等特点，并具有行使组织、指挥、协调、约束、控制的效力，因此，领导体制是制约、监督领导活动的组织条件，是领导活动和领导行为的基本规范，对领导系统起着至关重要的作用。

传媒领导体制是决定领导效能以及组织效率的重要因素。领导体制中的机构设置、职责权限划分和人员配置是否健全、合理、科学，直接制约着领导效能的高低，而领导效能又直接影响组织效率。只有健全的领导体制，才能使各个领导机关各司其职并互相配合，从而提高领导活动的整体效能。

传媒领导体制是传媒内部的组织体系。不论何种性质的传媒组织，其领导体制总是处在整个组织结构的最顶端，在传媒组织中起着核心和灵魂的作用。没有领导体制，整个组织将失去方向；没有领导体制，整个组织将支离破碎，一切活动将无法开展，因此，一个科学合理的传媒领导组织体系，是传媒组织得以生存并取得成功的前提条件。

3.2 传媒领导体制的类型

领导体制是一定领导集团及其所代表的阶级的意志和利益的体现，传媒的所有制不同，其领导体制的类型也不同。世界各国的传媒所有制形式基本上可归为三类：私营传媒、公营传媒、国有传媒。私营传媒采取商业化运作模式，如美国四大电视网；公营传媒采取社会化运作模式，如英国广播公司（BBC）和日本广播协会（NHK）；国有传媒采取国有基础上的有限商业化运作模式，如中国媒体。

传媒领导体制的类型是指传媒领导组织机构的具体形式，尤其是传媒领导体制内部各部门之间的职权配置以及权限划分的模式。目前世界各国的传媒领导体制可以划分为以下四种类型。

3.2.1 一体制与分离制

（1）一体制

按照同一层级的媒体接受上级机关指挥、控制程度的不同，可以将传媒领导体制划分为一体制与分离制。一体制可以从宏观和微观两个层面来划分，宏观层面的一体制是指同一层级的媒介组织所接受的领导、指挥和控制完全集中于同一上级领导机关。中国广播电视事业实行“四级领导”的一体制模式，即国家广播电影电视总局→省（自治区、直辖市）广播电视厅（局）→市或地广播电视局→县广播电视局；报纸媒体实行党的领导下的一体制模式，即中共中央宣传部→省委宣传部→市委宣传部。这是典型的宏观层面的一体制领导。此外，国外大型媒介集团对旗下媒介企业的领导也大都为宏观层面的一体制领导。媒介集团是指多个媒介企业在共同利益的基础上，通过资产等纽带，以其中实力雄厚的媒介企业为核心，组建具有多层次的组织结构及多种经济功能的大型法人媒介企业联合体。媒介集团包含着对多个媒介企业、多个区域的组织管理（图 3-1）。

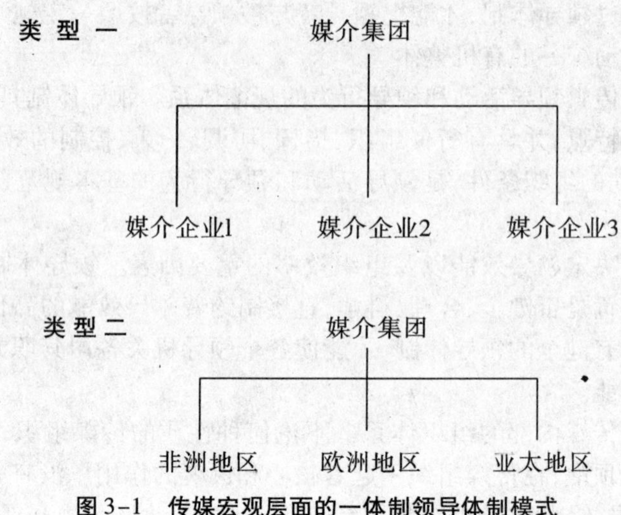

图 3-1 传媒宏观层面的一体制领导体制模式

微观层面的一体制是指单个媒介组织内部的各个构成单位所接受的领导、指挥和控制完全集中于一个领导者，它直接决定着传媒组织内部的领导关系，对传媒组织能否具有稳固的团队力量、强劲的竞争优势以及丰厚的利润回报都起到十分重要的作用。微观层面的一体制领导结构只有按照传媒组织的实际需要来设置，才能符合传媒组织的性质和目标。报社基本上都是由社长领导，下设总经理和总编辑。电台、电视台基本上都由台长领导，下设各部门（图 3-2）。

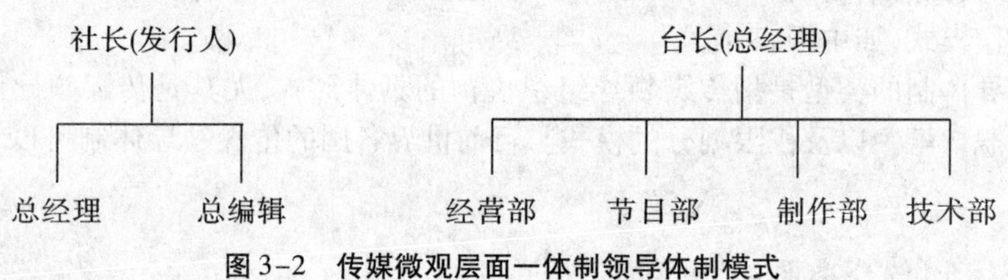

图 3-2 传媒微观层面一体制领导体制模式

（2）分离制

分离制是指同一层级的媒介组织所接受的领导、指挥和控制不是集中于一个上级领导机关，而是分属于两个或两个以上的领导机关；或者单个媒介组织内部的各个构成单位所接受的领导、指挥和控制不是集中于一个领导者，而是分属于两个或两个以上的领导者的领导体制。

公营传媒的领导体制是社会化领导体制，领导层由理事会、经营管理委员会、总经理（台长）三部分组成。理事会为最高决策机构；经营管理委员会为执行机构；总经理（台长）为责任领导。这是一种分离制的领导体制，理事会、经营管理委员会、总经理三者共同领导媒体，只是各自侧重点不同。

私营媒体的领导体制是董事会领导制。领导层由股东大会、董事会、总经理三部分组成。股东大会为最高决策机构;董事会既是决策机构也是监督机构;总经理负责具体事务。这也属于分离制的领导体制。股东所有权、董事会法人产权、总经理经营权三者互相统一、互相制衡,为典型的"三权分立"制(图3-3)。

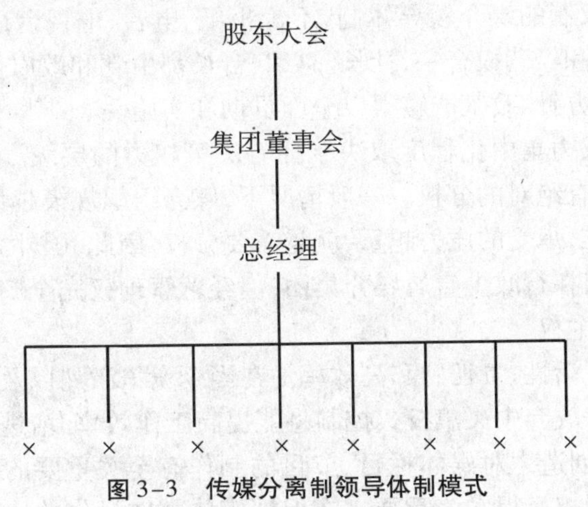

图3-3　传媒分离制领导体制模式

国有媒体在一定的范围内实行分离制的领导体制。中国省广播电视厅(局)受该省人民政府和广电总局双重领导;同时也受省党委宣传部和中宣部双重领导。各省、自治区、直辖市、省辖市的广播电台是当地人民政府的直属机构,受当地政府和广播电视事业局的双重领导,编制、财务、计划和一般行政业务受当地政府领导,广播业务、技术和规划受广播电视事业局领导。此外,中国一些报社或报业集团内部也实行分离制领导——社委会领导下的编委会和董事会负责制。例如南方日报报业集团,以社委会、董事会为报业集团的决策机构,下设编辑委员会和经济工作委员,编辑委员会负责办好集团内的系列报刊,经济工作委员会则负责全集团的经营活动(图3-4)。

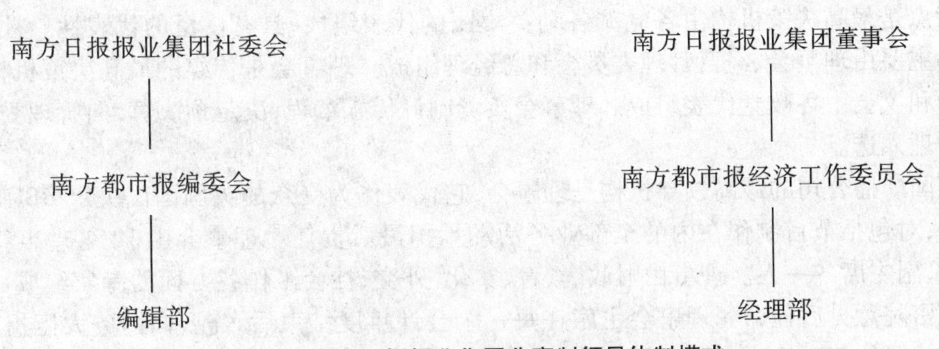

图3-4　南方日报报业集团分离制领导体制模式

3.2.2　集权制与分权制

按照职权的集中与分散程度,可将传媒领导体制划分为集权制与分权制。集权制是传媒组织中一切重大问题的决策权都集中于上级领导机关或上级领导,下级机关或下级领导必须依据上级的决定和指示办事。分权制是指下级机关或下级领导在自己管辖范围之内,有权独立自主地决定问题,上级对下级有权决定和处理的事情不进行干涉。

我国传媒实行集权制的媒介领导体制,不论报纸、电台、电视台还是通讯社都是由党和政府统一领导,所有权和经营权合一,社长、总编、台长都由党和政府任命。这种领导体制保证了党和政府的路线、方针、政策能够得以全面贯彻和实施。

一个媒介组织的权力集中化程度取决于拥有决策权力的层级。集权与分权是相对的,没有绝对的集权,也没有绝对的分权。一般情况下,媒介组织规模越大,部门和人员越多,高层管理者作出决策越难,承受的压力越重,就越需要分权,因此,国外大型媒介集团一般都采取分权制。这些子公司在行政上直属媒介集团,但经营管理权完全归属自己,尤其是跨国公司分部,具有更大的自主权。

分权制能够带来灵活性、责任感和高效率。在当今竞争激烈以及科技发达的环境下,许多媒介高层管理者相信放弃中央集权式控制将能提高工作效率、增进工作灵活性和选择性。在传媒企业中,个人的创造力对媒体栏目、节目的制作有至关重要的作用,因此组织结构的分权化和经营管理的授权显得尤为重要。在保证媒体整体运作的情况下,如何激发媒体具体栏目、节目制作者的积极性和创造性对传媒企业的经营与发展起着非常重要的作用。

3.2.2.1 首长负责制和合议制

按照最高决策者的人数,可把传媒领导体制划分为首长负责制和合议制。首长负责制是把法定最高决策权完全集中于一位主要负责人的领导体制。合议制是把法定最高决策权交给由两位或两位以上的行政首长组成的委员会的领导体制。

国营传媒一般实行首长负责制的领导体制。苏联的中央电视台和全苏广播电台,中国的中央电视台、中央人民广播电台以及 1964 年之前的法国一二三台等,都实行首长负责制的领导体制。

公营传媒一般实行合议制的领导体制,这是一种社会化领导体制。社会化领导体制的最大特点是最高决策机构由各党派各利益集团的代表组成,具有广泛的代表性。社会化领导机构主要由理事会、经营管理委员会和总经理组成。理事会是传媒的最高决策机构,由民间团体和议会中各政党代表组成。理事会负责制订传媒章程,决定预决算,向管理委员会推荐总经理人选。

英国广播公司的最高领导机构是理事会,它代表作为受众的英国国民决定 BBC 所有重要事务,对包括节目制作在内的全部业务活动承担最后责任。理事会由 12 名理事组成,其中主席、副主席各一人。理事由财政、教育、文化、外交、社会工作各方面的专家组成,由国王征求枢密院意见后任命。理事会主席在每一个会计年度结束后,需要向内务大臣提出业务和决算情况的年度报告,并由内务大臣提交议会审议。

私营传媒也实行合议制的领导体制。私营传媒的最高决策机构是董事会。董事会由股东大会选举产生,一般由股份数量较多的股东组成,实行集体决策。

3.2.2.2 层级制与职能制

按照指挥、监督和控制的方式,可将传媒领导体制划分为层级制和职能制。层级制是一种传统的领导体制模式，它在传媒组织中，将领导系统从纵向上划分为若干级别，每一级别都对上一级别负责，形成直接指挥、监督和控制的纵向渠道。整个领导体系呈金字塔结构，领导范围随着层级的降低而缩小。在中国，传媒层级制领导体制延续了几十年(图 3-5)。

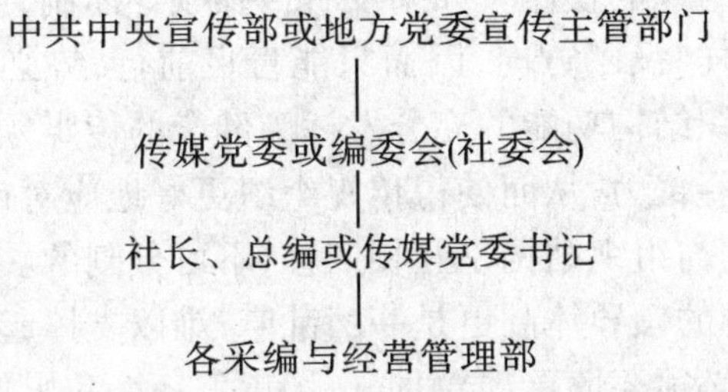

中共中央宣传部或地方党委宣传主管部门
传媒党委或编委会(社委会)
社长、总编或传媒党委书记
各采编与经营管理部

图 3-5　中国传媒层级制领导体制模式

职能制是指在一个领导机构中，按照领导工作的范围要求，横向平等地设置若干个职能部门。美国独立电视台的董事会是一个典型的职能制领导体制(图 3-6)。

主席
财务主管
副主席
秘书
执行委员会

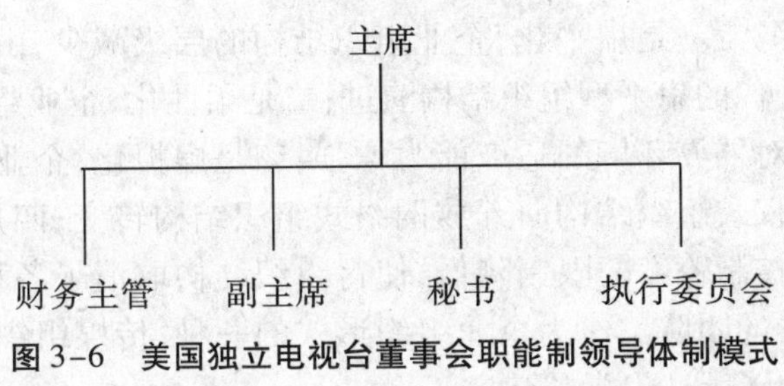

图 3-6　美国独立电视台董事会职能制领导体制模式

层级制与职能制的最大区别是领导幅度与领导层次不同。领导层次是组织系统内部按照隶属关系划分的等级数量，即该组织系统设多少层级进行领导和管理。领导幅度是一个领导者直接有效地指挥下级的范围和幅度。层级制的领导幅度小，领导层次多；职能制的领导幅度大，领导层次少。在一个领导体系中，如果层次过多，会造成信息传递速度慢，时间长，效率低，并且容易失真。如果领导幅度过大，会造成领导事务繁重，忙于日常琐事，从而影响领导对媒介重大事务的决策，因此，在传媒领导组织中，必须根据需要正确选择适合传媒组织的领导体制。

3.3　传媒领导体制与组织结构的发展趋势

3.3.1　传媒领导体制与组织结构的关系

传媒领导体制与组织结构是源与尾的关系。先有传媒组织结构，后有传媒领导体制。传媒的组织结构决定了传媒组织的领导结构、人员安排以及领导方式；有什么样的传媒组织结构,就会有什么样的传媒领导体制。当传媒组织结构发生变革时,传媒领导体制也要相应地进行变革。如果传媒的领导体制与组织结构不相吻合,就会导致组织混乱,领导不力,最终造成整个组织的崩溃和瓦解。

传媒领导体制与组织结构也是领导与被领导的关系。传媒领导处于组织结构的最高点,引领组织的发展,维持组织的秩序。如果没有传媒领导体制,或者传媒领导体制不健全,就如同火车没有火车头一样,没了方向,因而只能盲目前行,势必酿成事故。一个科学合理的传媒领导体制有助于组织结构功能的充分发挥。健全的传媒领导体制能使传媒组织内部气氛融洽,团结一致,形成凝聚力,从而使得传媒组织更好地应对市场竞争。

总之,传媒的领导体制与组织结构是互相依赖,不可分割的。没有领导体制的组织结构是不完整的,没有组织结构的领导体制更是一团乱麻,难以支撑起整个组织,因此,传媒的领导体制与组织结构的设置必须要慎重,要根据市场竞争环境和媒体自身的发展规律来设置,做到领导体制和组织结构相一致。

3.3.2 传媒组织结构的发展趋势

随着技术的发展和经济的全球化趋势,企业竞争的重点不再是产品的生产,而是产品的更新换代以及市场的拓展,由此必将导致企业组织结构的改变。从目前情况来看,企业组织结构主要有四种发展趋势:一是扁平化,企业组织结构的层级减少,由此导致组织结构由传统的金字塔形结构向现代的扁平型组织结构演进;二是柔性化,企业组织结构灵活性和可调整性增强,使企业组织对外界环境的适应能力增强;三是虚拟化,企业组织结构的开放性增强,使得传统的封闭集权式组织结构向开放网络式组织结构转变;四是无边界化,企业组织结构的指挥链减少,对控制跨度的限制降低,使得组织结构取消了各种职能部门,代之以授权的具有团结协作精神的团队。作为企业组织形式的一种,传媒组织结构在世界经济环境的变化下也同样表现出了上述发展趋势。

3.3.2.1 传媒企业的组织结构趋向扁平化

扁平化结构就是指内部管理的"扁平化",即合理缩减管理层级,将原来仅在垂直通道内流动的信息与知识尽可能地扩散到水平层次上,并通过内部网络实现信息与知识的快速传播。世界传媒市场变幻莫测,抓住机会就等于取得了成功;媒介产品作为信息产品,快速更新是取胜之道,但要获取快速更新的能力必须有一个快速应对市场信息的传媒组织,扁平化组织结构就应运而生了。扁平化组织不同于传统的层级式组织,它能使信息快速传递,从而加快对市场变化的反应。在扁平化传媒组织结构中,知识权威取代职位权威,管理幅度增加,管理层级减少,决策的集中化让位于分权化。

3.3.2.2 传媒组织结构趋向柔性化

要在媒介中贯彻执行以"应势而变""以人为本"为特色的柔性管理理念,需要对组织进行全面的"柔性化"改革。提高硬件层面的柔性,首先要确立传媒企业柔性化的组织结构。结构的柔性是实现传媒企业战略柔性的基础。要实现传媒企业的柔性管理除了要保证公司治理结构层面的柔性,还要使企业文化与公司员工具有柔性。不论是战略的制订还是机构的运转都离不开人的作用。此外,员工的创新能力也是实现人员柔性的关键,人能在易变和不完全确定的系统中更好地发现机会，并知道如何去做。企业的员工，包括管理者，要经常保持积极进取的心态，不断打破旧的思维模式，勇于向极限挑战。唯有不断创新才能适应变化。

3.3.2.3 虚拟企业成为传媒组织结构的一种普遍形式

虚拟企业是指为完成那些仅依靠自身资源优势难以向市场提供商品或服务等任务，而由众多在各自领域内拥有相对不同竞争优势的企业相互联合形成的一种合作组织。虚拟组织的内核规模很小，它以合同为基础，依靠其他商业职能组织进行制造、分销或其他关键业务的经营活动。虚拟企业对于传媒组织来说，具有可行性。在虚拟企业下，传媒组织的核心是一小群管理人员，这群管理人员直接监督公司内部的经营管理活动，协调本公司与各合作组织之间的关系。目前国外传媒组织以及部分中国传媒组织已经将内部事务划分为“核心业务”和“内部服务”两类，利用“外包”将“内部服务”转移出去，由专门的公司处理，而将主要精力放在“核心业务”上，如传媒组织将节目制作外包给节目制作公司，将广告制作外包给广告公司，将发行业务外包给发行公司等。虚拟企业能提高传媒组织生产效率，缩小组织规模。虚拟企业的灵活性使它成为未来传媒组织结构的主要方式。

3.3.2.4 无边界组织或网络型组织

无边界组织实际上是虚拟企业和组织结构扁平化的体现。形成无边界组织的途径首先是取消组织垂直界限，使组织扁平化，并将等级秩序作用降到最低限度。其次，消除因职能部门的存在而形成的组织水平界限，以多功能团队取代职能部门，围绕公司的工作流程来组织活动。再次，打破组织与客户之间的外在界限以及地理障碍，实行全球化经营的战略，建立顾客与组织之间的稳定联系。

无边界组织一定程度上可以称为网络型组织，核心企业是这个网络的中心，在满足媒介不同项目要求方面它与网络中的其他企业紧密合作，组成项目团队。项目团队围绕工作流程或过程而不是部门职能来建立，因此在项目完成时，团队即告解散。这种小型网络化的媒介组织和媒介间组织在娱乐性电子媒介中运用得最为成功，比如美国好莱坞的各种专业公司。传媒企业必须减少管理层级，打破部门界限，并与位于传媒产业价值链不同环节的其他企业共同组成企业间网络型组织。

3.3.3 传媒领导体制的发展趋势

随着信息时代的来临，传媒组织结构正在发生着深刻的变革。为了适应传媒组织的变化，传媒领导体制也必然需要发生相应变革。那么传媒领导体制将发生怎样的变革？从目前情况来看，传媒领导体制的发展趋势主要表现在以下三方面。

3.3.3.1 集权制让位于分权制

在网络型组织中，传媒组织层级和职能部门逐渐减少，团队成为组织的重要组成部分，家长式的领导体制将逐渐被新型的团队领导体制所取代，集权制让位于分权制。特别是在知识型组织中，一个真正意义的团队不仅可以规划它的目标，而且还可以快速有效地完成这些目标，并且在达成目标的过程中可以充分利用那些有利于改进他们的方法或者改变目标的任何信息，因此，知识型的传媒组织必须摈弃集权，合理授权，让团队充分有效地行使权力,从而更好地适应市场变化。总之,在网络经济时代下,应将决策权分散化,让分权制代替集权制。

3.3.3.2 一体制让位于分离制,首长负责制让位于合议制

在国外,新闻传媒的领导体制基本上是分离制和合议制。公营传媒领导层由理事会、经营管理委员会、总经理(台长)三部分组成,私营传媒领导层由股东大会、董事会、总经理三部分组成,他们共同领导传媒组织。实际上,一体制和首长负责制只是在传媒组织发展初期和规模很小时才出现的。随着传媒组织规模的不断壮大,一体制和首长负责制难以应对复杂的市场竞争,不再适应组织的大规模发展,特别是现代传媒组织结构网络化之后,传媒集团的核心公司还要解决和其他子公司的合作问题。这些都充分表明了分离制与合议制在未来传媒组织中的重要作用。

3.3.3.3 层级制让位于职能制

当传媒组织趋向扁平化后,组织内部领导层级减少,领导的幅度增加,层级制的领导体制将让位于职能制的领导体制。在扁平化组织中,领导者与员工几乎直接接触,因此领导者必然想方设法用间接的领导方式来代替等级制度中的直接领导方式。这种间接方式允许员工有更大的权力,但决定传媒集团发展的大政方针仍将继续由高层领导制订。

3.4 传媒领导体制探究

长期以来,人们一直在积极探索传媒领导体制和组织结构模式,在经历了几个世纪之后,全球大型媒介集团已初步形成了各具特色的内部管理体制。进入21世纪后,随着世界传媒产业化进程的加快,全球传媒产业又一次掀起了巨大的兼并浪潮,新一轮的马太效应(强者愈强、弱者愈弱的现象)导致了世界传媒产业的再一次洗牌,原有的内部管理制度或阻碍传媒集团的进一步发展或使传媒集团的竞争力下降,各大传媒集团纷纷着手进行管理体制的改革。作为媒介管理体制最核心的传媒组织结构和领导体制自然而然是这场改革的主要内容。2005年,英国广播公司进行组织结构的改组,取消了历时78年的董事会管理制度,转由BBC托管委员会和一个执行委员会共同管理。

为应对世界媒介市场的变化以及提升我国媒介产业的竞争力,我国媒介产业在政府主导下正在进行媒介集团化改革。自1996年我国成立了第一家媒介集团——广州日报报业集团以来,媒介集团化组建之风在我国就一直没有减弱过,在短短的几十年时间内,组建了各类媒介集团百余家。媒介产业大规模集团化之后,随之而来的是媒介集团管理模式的设计以及组织结构的制度安排。作为媒介资源重组与整合的工具和手段,媒介领导体制和组织结构是媒介集团化的前提和基础,对媒介集团的发展有着非常重要的作用。我国媒介产业集团都给予了高度重视,并积极进行了尝试与实践。在这样一种背景下,我国学者也开始了媒介组织结构的研究。

目前,我国学者对传媒领导体制的研究相对比较薄弱。邵培仁、刘强所著的《媒介经营管理学》对媒介领导的含义与本质、媒介领导的方式与原则、媒介领导的特点、媒介领导者的职责与素质等方面作了详尽的阐述;支庭荣的《媒介管理》深入探讨了传媒管理与传媒领导

的区别；周鸿铎在《传媒经济导论》中也提出传媒管理者及其分类的问题。

学者钟大年在《香港内地传媒比较》一书中着重分析了我国传媒的领导体制，并从我国新闻出版的发展历程出发，分三个阶段概括了我国传媒业比较典型的三种领导体制：第一种领导体制是新中国成立之后实行的总编辑负责制，总编辑只对上级主管部门负责，这种领导体制在媒体进入市场后弊端逐渐显露；第二种领导体制是改革开放以来在广东率先实行的社长领导下的总编辑、总经理负责制，这种领导体制的主要特征是社长总揽全局，组织社委商议大事，把握宣传导向，指导经营方向，总编辑分管编辑部门，总经理分管经营管理部门，责任分明，各司其职；第三种领导体制是报业集团出现之后的媒介集团领导体制，目前正处在积极的探讨中，其总的方向是实行社委会领导下的编委会和董事会负责制。

吴文虎和李良荣两位学者对国外传媒领导体制做过研究。吴文虎在《新闻事业经营管理》中把领导体制的发展分为三个阶段：第一个阶段是一权制，这是在近代报业初期，报社规模很小，老板兼任经理，并参与采编；第二阶段为两权制，随着报业的发展，专职编辑越来越多，地位越来越重要，因此编辑权从报社的经营权中分离出来，一权制改进为两权制，它以1817年英国《泰晤士报》建立总编辑制度为标志；第三阶段为三权制，社长（发行人）由老板自任，下设权力相当的总编辑和总经理，社长（发行人）、总编辑、总经理“三驾马车”并驾齐驱，两权制改进为三权制，在19世纪末，《泰晤士报》率先建立了三权制。

李良荣在《当代西方新闻媒体》中提出了三种领导体制。第一种是私营媒介的董事会领导制，这是一种股份制形式的领导体制。全体股东大会是最高权力机构，股东大会选出董事会，任命媒介董事长，并决定社长、总编辑和总经理人选，以及新闻媒介的办报（台）经营方针和新闻媒介财务预算与分配，同时，董事会也是监督机构，监督媒介的运行。社长是报社的最高行政首长，对内直接向董事会负责，对外是报社法人代表。社长直接任命经理部、编辑部的主要业务干部，决定经营和编务上的重大问题。社长主要通过总编辑和总经理实施对报社编辑业务和经营业务的领导和管理。总经理主管媒介的经营。总编辑主管媒介的编辑业务。董事会领导体制的最大特点是作为最高决策机构的董事会虽然也投票表决各种议案，但董事会成员是以股份数量来推举的，因此，在这种体制中，谁有钱谁就拥有最大权力。第二种是公营媒介的社会化领导体制。社会化领导体制主要由理事会、管理委员会和台长组成。理事会是最高决策机构，由民间团体和议会各政党代表组成，并由议会批准。理事会负责制订媒体经营的基本原则，决定章程和预决算，并向管理委员会推荐台长人选。管理委员会是电台、电视台的监督机构，由社会知名人士、专家、技术人员组成，其职权是任命台长、与台长签订工作合同；审查年度预决算和年度工作报告并送理事会审查；监督电台、电视台的节目内容。台长是整个电台、电视台业务工作的责任领导，对外全权代表电台、电视台。社会化领导体制的最大特点是作为最高决策机构的理事会是由各党派各利益集团的代表参加，具有广泛的代表性；同时，尽可能不让政府涉足电台、电视台的日常运作。第三种是政府领导制，政府通过其主管部门，任命报纸、电台、电视台的主要领导；决定新闻媒介的方针，负责财政拨款，而台长、社长或总编辑负责媒介的日常运作。

相对来说，我国在传媒组织结构方面的研究较多。童兵在《中西新闻比较论纲》中对中西传媒组织结构进行了比较，分析了国内外传媒组织结构的异同点。他认为西方传媒组织结构经历了两个阶段才逐渐完善。第一阶段是公元前59年（古罗马《每日见闻》创办）到19

世纪末。在这一阶段,出现了官报、政党报刊、商报等不同类型的报纸,它们的共同特点是所有权与经营权高度统一,官报由政府部门经营,政党报由党的下属组织经营,商报由私人经营,并且以垂直型的组织结构为主。第二阶段是从20世纪初至今。在这一阶段,以现代企业制度为标志,媒介集团的所有权与经营权实现了分离。这是一个逐步发展并日趋完善的过程,它经历了传统企业阶段和现代企业阶段。

童兵在《中西新闻比较论纲》中也对国内传媒组织结构设置进行了较为详尽的阐述。从20世纪初到新中国成立前夕,我国传媒被分为民营和公营两种不同类型,其中民营传媒以《大公报》为代表。《大公报》是我国近代著名的报纸,报社在组织结构上坚持"双轨制"体制,分为编辑部和经理部,但以编辑部为重。1949年新中国成立后,新闻媒体成为党和政府的喉舌,媒介组织结构出现了三种模式:第一种模式是编委会集体领导下的总编辑负责制。1949—1978年,受计划经济体制的影响,我国新闻传媒被纳入事业单位范畴,不从事经营活动,媒介的组织架构以保证党的方针政策顺利贯彻为目的,其组织结构为编委会集体领导下的总编辑负责制。在这种组织框架中,总编辑是法人代表,编委会是媒介各项事务的决策机构,全面领导和监管媒介工作。编委会是媒介的最高集体行政首长,总编辑充当召集人角色,只对上级宣传主管部门负责。这种结构一直沿用,目前仍有相当多的报社采用这种组织结构。第二种组织结构模式是社长领导下的总编辑、总经理负责制。1978年以后,随着我国经济的不断发展,新闻事业开始复苏,媒介产业得到了较大发展,广东率先采用了社长领导下的总编辑、总经理负责制,并逐渐扩展到了全国。在这种组织结构中,社长是报社的最高行政长官,抓宣传导向,把握经营方向。总编辑只负责具体的采编业务的实施,总经理负责经营管理部门,这一组织结构使编辑和经营相分离,责任明确了,提高了总经理的地位。我国长期以来重采编、轻经营,重编辑部、轻经理部,因而在传媒组织机构上,大部分传媒的经理部门仍被摆在第三级层面。第三种组织结构模式是社委会领导下的编委会和董事会负责制。这是20世纪90年代我国媒介产业集团化之后出现的一种新的媒介组织结构模式。

从目前国内研究来看,对媒介集团的组织结构进行系统研究和阐述的著作还有胡正荣的《外国媒介集团研究》,它系统阐述了组织结构的类型,分析了报社、电台、电视台以及媒介集团的组织结构。

◘实训题

走访一家省级媒体,具体了解它的人事管理制度。

★思考题

1. 传媒体制的主要类型有哪些?
2. 简述传媒领导体制的发展趋势。

4　传媒人力资源管理

导言

本章学习目标

1. 认识人力资源及其现代管理。

2. 了解传媒人才的选拔与使用。

3. 解读传媒员工的培训与发展。

4. 熟悉传媒员工的绩效考评。

本章重点

1. 人力资源的含义。

2. 传媒人才的选拔。

本章难点

员工绩效考评的基本方法。

4.1 人力资源及其现代管理

4.1.1 人力资源的含义

从管理学上讲，人力资源指的是能够推动组织发展的劳动者的能力，即在组织内外能够为组织所利用，为组织发展作出贡献的人员的总和。“人力资源”的含义并不完全等于“劳动力”，前者不仅强调人的现实劳动力，更强调人的能力的可开发性，强调其蕴涵着的巨大潜在力量。

现代管理科学普遍认为，在一个组织中，人力资源、财力资源、物质资源和信息资源是其生存与发展所必不可少的四大资源。其中，人力资源又是最重要的。如果一个组织缺乏人力资源，或者人力资源管理出了问题，那么，即使有了其他资源，也会失去优势，甚至变得毫无用处。这是因为劳动者是组织生产经营过程的主体，是构成生产力的诸因素中起主导作用的要素。组织的发展归根到底取决于人的作用的发挥。美国著名的管理学家德鲁克说过，组织或事业唯一的真正资源是人，管理就是充分开发人力资源，并以此作为核心工作。正是基于这一认识，所以人们把人力资源称为“第一资源”。

4.1.2 人力资源的基本特点

4.1.2.1 再生性

人力资源的再生性，是指人口的再生产和劳动力的再生产。它是在人口总体和劳动力总体内各个个体的不断替换、更新和恢复的过程中得以实现的，而且其再生产周期比较长。再生性是源于人力资源以人身作为载体，是有生命的“活”的资源，与人的自然生理特征相联系，受生物学一般规律所支配。

人力资源的再生性决定了在使用人力资源的过程中，不仅要考虑它的生理特点，如工作时间长短、工作环境的状况等，还要考虑劳动力的自然更替，即必须为劳动力再生产提供必要的物质条件，如工资中必须考虑赡养人口的因素，而且，由于人力资源再生周期比较长，培养一个具有中等专业学校毕业水平的劳动力一般需要20年，如果培养更高质量的劳动力则需要更长的时间，因此，培育人力资源必须要有一个长远规划。

4.1.2.2 能动性

人是一种“活”的资源，具有思想、感情和意识，与物质资源相比，具有能动性。这种能动性表现在人能够有目的地进行活动，能主动地适应和改造客观世界。人具有意识，这种意识不是低级水平的动物意识，而是对自身和对外界具有清晰的看法，是对自身行动作出抉择、调节自身与外部关系的社会意识。这种能动性能使人在从事社会活动的过程中，总是处在发起、操纵、控制其他资源的位置上，即能够根据外部可能性和自身的条件、愿望，有目的地确定社会活动的方向，并根据这一方向具体地选择、运用外部资源或主动地适应外部资源。

能动性特征要求在使用和管理人力资源过程中，要考虑人的思想、感情变化，并运用适当的方法，使思想、感情变化朝着有利于实现组织目标的方向发展，在实现组织目标的同时，尽可能使员工个人的发展目标也得以实现。要注意把工作的着力点放在充分发挥员工的主观能动性上，即最充分地调动员工的积极性。一个政治上受到信任、工作上安排恰当、生活上无后顾之忧的人同一个政治上被歧视、工作上不顺心、生活上困难重重的人，其才能的增长与水平的发挥是完全不一样的。

4.1.2.3 时效性

人作为一种“活”的资源，是一个生物有机体，有其生命周期，因此，与物质资源相比，人力资源更具有时效性。这种时效性表现在，人力资源的形成、开发、使用都受到时间方面的制约。从个体来看，作为人力资源的人，能从事劳动的自然时间仅是生命周期中的一段；在其不同年龄(青年、壮年、老年)阶段，其劳动能力也不尽相同。从社会角度看，在各个年龄组人口的数量以及他们之间的联系方面，特别是“劳动人口与被抚养人口”的比例，应予以高度关注，因此，一个组织要在其员工青壮年时期，充分开发其潜能，做到“壮有所用，老有所养”，以推动社会经济发展，维护社会和谐与稳定。

4.1.3 现代人力资源管理的基本观念

4.1.3.1 人性尊严观念

要理解人性的尊严，首先必须强调管理以“个体”为根基的重要性。在组织管理结构中，必须把人当人，而人我之间，人与群体之间，都有着合理的界限。可以说，没有健全的个体，就不可能有健全的全体或健全的组织，因此，必须对人性尊严给予应有的尊重。著名哲学家康德认为：人是有道德行为的，并且具有理性，人所具有的价值不依赖于任何特殊环境。因为人并且只有人，才是具有无条件的价值，所以像对待动物和自然物(它们只具有有条件的价值)那样对待他们，永远是错误的。这实际是把一个具有无条件价值的、有尊严的种类与只有工具价值的种类混淆在一起了。换句话说，是把人和动物混同在一起了。人性尊严是员工创造力的基础。员工潜力的充分发挥，必须基于员工的自动或自觉自愿。所谓正确的思想政治工作乃是在尊重人性尊严的基础上，调动员工发挥自身潜力的积极性。如果没有这一基础，仅仅强调方法、手段或任何形式的空洞说教都是徒劳的。

4.1.3.2 个体差异观念

人与人之间存在差异是一种不可否认的事实。对个体差异的承认与理解在组织人事决策方面极为重要。因为要达到“人尽其才”的理想状态，必须承认、接受、尊重个体差异，然后才能“因材施教”。人的个体差异，体现在智力、人格、能力、生理等方面。在组织的人际关系上，要求“人”与“事”的密切配合，以发挥人在工作中的潜在效能。要了解人的行为，必须分析人的个体差异。只有在工作分析的基础上了解“事”的特性，在个体差异分析的基础上认识每一个人的特殊能力，人与事的关系才可能达到合理的境界。

4.1.3.3 相互作用观念

人际关系的建立基于人类行为的相互作用。人不是孤立的，而是社会化的。在人的发展过程中，既受外部环境的影响，又受人与人之间相互关系的影响。我国儒家学说中“仁”字的含义也体现了人际关系的基本原则,所谓“己所不欲,勿施于人”,“己欲立而立人,己欲达而达人”,就是人与人之间的行为规范。一些社会学的研究成果还表明,在一个健康的社会里,人与人之间的亲密性是一个必不可少的因素。亲密性使信任关系得到发展。人们之间的相互关心和相互支持来自密切的社会关系。社会亲密性一旦瓦解,就会产生恶性循环,人们对社会、对组织将失去责任感。

4.1.3.4 激励观念

人力资源管理的目标之一是促使员工把工作尽力做好。人类的行为总是有原因的,而一切人事管理的措施,不仅直接刺激员工的行为,而且间接地影响群体的行为。管理人员应尽量了解是什么在引导员工工作,什么在激励他们。要把握员工行为的原因,就要掌握激励的法则。强调对激励因素的认识和利用的重要性,并非要把管理者置于业余心理学家和业余精神分析专家的位置,研究如何“操纵”员工,而是为了满足员工希望做某事的动力和欲望,并引导他们按照所要求的方式工作。

4.1.4 传媒人力资源与传媒人才

相对而言,传媒人力资源除具有上述人力资源的基本特点外,还具有自己的一些特色。

4.1.4.1 专业素养高

媒介人员大多接受过高等学校新闻传播学专业教育或接受过相应的培训。1976 年,美国新闻工作者中有 27% 是新闻专业本科生或者新闻专业研究生。30 多年后的今天,原来的比例肯定会有所提高。因为所有的传媒组织需要的都是有传播的职业意识、能力强、表现出色,有良好的写作技巧和传播技巧的人,或喜欢聘用经过学院或大学新闻职业训练的人。

4.1.4.2 以信息传播为主体

媒介人员的工作总是与信息传播有关。记者、编辑、导演、播音、编剧、社长,甚至连发射台技术人员、印刷厂工人等全部与信息传播有联系。信息传播是传媒组织的中心工作,也许是唯一重要的工作,所有的人力资源都直接或间接地服务于这一工作。

4.1.4.3 社会效用大

传播业是思想交流的保护者,是信息传播的倍增器。从事信息传播的人为社会带来明显的效益,他们帮助建立公共讨论的议程,教孩子们如何成为消费者,或者使成千上万的人得到娱乐。大众传播接连不断的舆论监督和公众对传播效果的关心,使大众传播工作意义更为重大。

4.1.4.4 富于职业魅力

美国哈里斯民意调查所 1997 年曾对美国职业魅力做过一次调查,结果显示:新闻记者的职业受羡慕程度(51%)虽不及医生(87%)、科学家(86%)和大学教师(78%),但在一万多个职业中却排在前 10 名之内,而媒介领导人和演员、导演、艺术家等传播者也都排在前 20 名之内。杰里米·梅因在《专业人员:新闻记者——正当盛年的职业》一文中写道:“新闻业招人喜爱,正当盛年。如果它过去对一个碰壁的理想主义者来说,是一个收入微薄而且声名狼藉的职业,那么它今天受人尊重,而且工资合理。”在大众文学里和公众场合,著名记者、节目主持人、电影电视演员和导演往往成为人们谈论和颂扬的对象。

4.1.4.5 人才相对集中

在传媒组织中，其从业人员尽管具体分工不同，但他们的工作都具有智力化、个性化及独创性等特点。他们专业素养高，工作专业性强，因而，传媒组织是专业人才相对集中的地方，因此，在传媒人力资源管理过程中，其核心工作是选用和培训传媒人才。

相对于其他社会组织而言，传媒组织最大的竞争优势是人才，人才是决定传媒组织兴衰成败的关键因素。没有人才，其他资源再多也难以发挥作用和创造价值。因此，媒介领导者，一定要有爱才之心，识才之眼，求才之情，用才之术，护才之胆，举才之德，容才之量，使传媒组织内人尽其才，人事相适，充满生机与活力。

4.1.5 传媒人力资源管理的基本原则

4.1.5.1 德才兼备的原则

德和才是每一个媒介人才成长的基本要素，也是衡量各级干部的起码标准。德，是指一个人的政治品德、职业道德、伦理道德和工作态度、工作作风等内容。才，是指一个人拥有的文化知识、理论知识、专业知识和学习能力、表达能力、组织能力、思维能力、创造能力等内容。古人说："才者，德之资也；德者，才之帅也。"因此，应该德才兼备，以德为帅。坚持德才兼备的原则，必须反对把德和才割裂开来的片面性。有德无才之人，有才无德之人，这都不是媒介赢得竞争优势所需要的。

4.1.5.2 适才适用的原则

有效的人力资源管理，要因事以求才，因才而施用，事得其人，人当其用，人能尽其才，事能尽其力。媒介领导者要坚持人事相宜、适才适用的原则。充分发挥人才的竞争优势，应从三个方面入手：首先，要根据每个人不同的才干，安排相应的岗位和职务，做到不大不小，不高不低，大才大用，小才小用，高才高用，低才低用，人事相配，职能相称；其次，量才任职还要权衡利弊，用其所长，避其所短；再次，使用人才不可"一次安排定终身"，而应随着年龄的增长、知识的增多、才能的变化，不断对人才安排作出调整，使其始终在最适合的岗位上贡献聪明才智。搞好适才适用的要领是"知事"与"知人"，只知其一或全然不知，就无法做到人事相宜、适才适用。

4.1.5.3 养用结合的原则

媒介领导者不但要善于正确合理地选用人才，还要重视培养和爱护人才。如果只注意选用人才，而忽视了培养和爱护，那无异于竭泽而渔，久而久之，选用的人才就会老化，就会跟不上社会发展的需要，失去原来的竞争优势。在当今信息社会，科技发展日新月异，知识更新越来越快，新思想、新观念层出不穷，因此，媒介领导者必须要有战略眼光，重视对人才的"继续教育"、"终身教育"以及训练与发展，要把使用、培养和提高结合起来，自觉地、有计划地培养和造就能形成梯队的各种人才。教育训练可以培养人才，社会实践也可以培养人才，把两者结合起来，既养又用，养用并重，可使媒介人才获得更大的发展。

4.1.5.4 智能互补的原则

在大众传播中，专业传播者不仅人数众多、协调性强，而且分工复杂、技能不一。以电影、电视为例，它集声、光、电于一身，聚采、编、播于一体，汇摄、录、剪于一堂，加上美术家、化妆师、服装师、音乐家、演奏家……人员十分复杂、分工极其细密，队伍也日益庞大，因此，作为个体的媒介人才，任何人都不可能精通各门学科、擅长各种技能。这就要求媒介领导者通过集体的智能互补组成最佳结构，去完成一系列相互联系的传播活动。亚里士多德曾说过："整体大于它各部分的简单总和。"同样，群体的智能互补也大于个体智能的简单相加。媒介领导者运用智能互补原则的目的，在于达到总体结构的优化，以便形成竞争优势，顺利实现媒介组织的目标。

4.1.5.5 奖惩并举的原则

对成绩优秀的媒介人员给予肯定、赞许，对违纪失职的媒介人员给予惩处、警戒，这种奖惩并举、赏罚分明的原则，对鼓舞和激励人的斗志，预防错误的发生，具有很大的作用。媒介领导者不仅要关心、爱护员工，而且要对他们提出严格的要求，对他们的工作给予客观评价和公平奖惩。贯彻这一原则，一要赏罚分明，功过不能相抵；二要赏罚公平，亲疏贵贱一视同仁；三要赏罚合理，有功必赏，有过必罚；四要赏罚有信，说了就要兑现；五要赏罚并用，相辅相成，以赏为主。坚持这样做，既可以让员工从正面接受教育，又可以让员工从反面接受教育，吸取教训。

4.2 传媒人才的选拔与使用

4.2.1 传媒人才的含义及类别

所谓人才，抽象地说是指为社会发展和人类进步进行了创造性劳动，作出了某种较大贡献的人。人才有类别、层次之分：有的是为社会发展、人类进步作出巨大贡献的伟人；有的则是一般人，为本单位、本部门的工作任务的完成，作出了超过他人贡献的普通劳动者。换句话说，人才没有绝对的标准，只有相对的衡量尺度。人才还有时代的标准，不同时代人才的标准不一样。在今天，人才是从民众中涌现出来的，具有一定智慧和才能，运用自己掌握的知识，进行创造性劳动，为社会主义建设和发展作出较大贡献的人们。

就传媒而言，人才就是在传媒组织中发挥了较大作用或能够发挥但目前因各种因素限制还未发挥应有作用的成员。用现代人才学的观点来看，寻找人才，不能把眼光只局限于传媒组织内部，还应发掘可为组织作出较大贡献的外部成员。人才有许多种，按不同的标准，可以对其进行适当的分类。

4.2.1.1 按所具备的德、才、学、识等综合性指标分类

(1)全才

全才是指在所要求的各个方面都具有较高水平和能力的人才。全才适合于担任一个组织的高层管理人员，负责全面工作。但现实中的全才比较少见，绝对的全才可以说没有。

(2)专才

专才是指在某一方面有较强能力的人才，如在传媒组织中，有的人很擅长发行推广媒介产品，有的人则精通采编业务或媒体策划，这些人都属于专门人才。专才适合承担专门性的

业务工作或管理工作。专才在用其所长时,会发挥出较大的作用;用其所短时,就可能表现平平,甚至可能比一般人还差,使用专才时必须了解并用其所长。

4.2.1.2 按人才与组织的关系分类

(1)内部人才

内部人才是指传媒组织内部的人才。他们已是组织的成员,是人才开发的主要对象,是人才管理的重点。现实生活中,有不少组织对内部人才重视不够,挖掘不足,总是认为"外来的和尚会念经"。

(2)外部人才

外部人才是指不是传媒组织成员,但可以为组织服务、为组织所利用的各种人才。开发、利用好外部人才也是人才管理的重要内容。

4.2.1.3 按人才的使用程度分类

(1)显性人才

显性人才是指已被确认,并正在使用中的各种人才。这些人才已经为传媒组织作出了较大贡献,比较受重视。

(2)潜在人才

潜在人才是指还未被确认,但经过培养或委以重任,会为组织作出贡献的人才。认识、开发、培养潜在人才在人才管理中占有更为重要的地位,但难度较大。

4.2.2 传媒人才的选拔

4.2.2.1 人才选拔的原则

选拔人才首先是发现人才的过程,是任用人才的前提,是人才管理的第一个环节。做好人才选拔工作应坚持如下三条原则:

(1)标准适度原则

选拔人才首先必须确定人才标准,德才兼备是我们社会主义国家选拔人才的基本准则。德,主要指政治立场、品德和思想作风;才,主要指掌握有关的专业知识,具有专业能力。在选择人才的具体实践中,德才兼备的标准还必须具体化。在制订具体的选拔标准时,应当明白人无完人。人才也同普通人一样,存在短处和不足。标准如果过于苛刻,过于求全,就可能使相当一部分人才被排除在选择对象之外。这就不利于人才脱颖而出,不利于调动大多数人的积极性。看人应当看主要方面,用人应当用其长处。

制订出合适的选拔标准,必须具体情况具体对待。例如,对于负责技术工作的专才,只要他能够拥护党的方针政策,坚持四项基本原则,具有爱国主义精神,就符合要求了。对这种人才,应着重考察其专业水平和技能。

(2)注重实绩原则

才能与知识、学历有联系,但并不能等同。选择人才,最重要的是其才能,是其解决实际问题的能力。选拔人才,不能只看学历、讲名气,不能先入为主。一切都必须从实际出发,坚持实践是检验人才的准则,注重考察人才的实绩。当然,有的人因为用非所学或其他因素制约,才能没有发挥出来。这就需要通过适当的选拔方法加以测试、鉴定,把真才实学的人才选拔出来。

(3)公平竞争原则

竞争出人才,这是市场经济中的一条基本规律。选拔人才,也应该给每一个人同等机会,而做到这一点,首先,要反对任人唯亲,反对凭私人感情、以个人好恶来确定人才标准和选拔人才的做法;其次,不能搞论资排辈,不能以学历画线或设置其他的条条框框,对有真才实学但不具有学历或学历不高的人不应区别对待;再次,要做到推荐平等、考核平等、任职平等;最后,选拔人才要公开,多种选拔方式相结合,鼓励推荐和人才自荐。

4.2.2.2 人才选拔的方法

人才选拔的方法很多,目前在人才选拔实践中常用的方法有以下几种:

(1)考试

通过考试选拔人才自古有之,这是选拔一般人才常用的方法。考试包括文化成绩考试、专业知识考试、专业技能考试、现场操作考试等。这种选拔人才方法的优点是成本较低,参加备选的人可公平竞争;不足之处是考试内容不可能太广,且笔试方式难以测试出应试者解决实际问题的能力。

(2)推荐

推荐是我国当前选拔人才的重要方法之一。推荐还可分为群众推荐、专家推荐、领导推荐等。不同的推荐方式有不同的效果,如群众推荐的人才,群众基础肯定较好;专家推荐的人才,专业技术能力一般都比较强;领导推荐的人才,管理能力一般都比较强。

(3)自荐

自荐指人才自我介绍,主动地向人才选拔机构陈述自己的才能学识以期受聘的方法。一般来说,最了解一个人的才能的是其本人。自荐有利于最大限度地选拔人才,但自荐同推荐一样,必须与人才选拔机构的考试、考核相结合,才能形成科学的人才选拔方法。

(4)公开招聘

这是目前普遍实施的一种人才选拔方法。它的特点是"人才自荐、公开考试、公平竞争、择优录用"。在公开招聘中,人才必须自荐,招聘单位要公布选拔标准、考查方法,自荐的人才之间存在竞争。只要标准合理,考核方法得当,公开招聘是一种很有效的人才选拔方法。

(5)建立人才数据库,定向选择

在现代社会中,随着电子信息技术在管理中的广泛应用,人才数据库也应运而生,它给选择人才提供了捷径。人才数据库是在一定的范围内将符合标准的所有人员的有关信息都纳入其中的一个人才信息系统。一个组织如要选用人才,只要明确了标准,就可到人才数据库中去寻找。这种方式对选择特殊的、能解决技术性问题的专才十分有效。目前,随着数据库系统的发展,不少管理人才也可以从人才数据库中选择。

通过人才数据库选择人才,实际上只是获得了目标人才的信息,要获得人才,还必须同本人面谈,解决其能为本组织服务的有关问题。

4.2.3 传媒人才的使用

选人是为了用人,用人是人才管理的最终目的。用好人必须做到如下几点。

(1)合理用人、人尽其才、才尽其用

人的才能有大小之分。用人必须充分发挥人的长处,用人之长,避人之短,否则,即使是一个天才也难发挥作用。如清代诗人顾嗣协就曾写道:"骏马能历险,力田不如牛;坚车能载重,渡河不如舟;舍长以就短,智高难为谋;生材贵适用,慎勿多苛求。"他以骏马与牛、车与船的功能作比喻,说明了用才的道理。

要做到合理用人:一要做到学用一致,避免出现用非所学的现象;二要做到职能相称,即人的才能与其承担的任务相称,人尽其才,才尽其用。

(2)疑人不用、用人不疑、放手用人

用人不疑,这是我国古人在用人方面总结出来的经验。所谓用人不疑,指对所用之人,必须信任,要放手让其负责,使他能在授权的范围内自主地行使职权。用人不疑的前提是疑人不用。所谓疑人不用,今天来看就是指那些品质不良、违法乱纪、以权谋私、拉帮结派、搞山头主义的人不能任用,否则将后患无穷。

要做到"用人不疑"并非易事,必须在领导者与下属之间建立起互相理解和信任的关系。领导者要作风正派,堪为表率;对下属要多关心,尊重下级,以诚相待,胸怀宽广,不嫉贤妒能,要为下级的成功和成长高兴。

(3)建立合理的人才结构

现代的人才既指单个有突出才能的人,又指一个团体。在当代社会活动中,任何人都难以单枪匹马地打天下。人才之间的合作是充分发挥所有人才才能的前提,因而使用人才还必须注意在工作中形成合理的人才结构。人才结构互补,指应在年龄、知识、专业、性格、能力等方面相互补充,扬长避短,达到整体结构最优。

(4)关心、培养人才

人才是一个动态发展的概念,人才也需要学习,以求发展。人才同千千万万的人一样,是一个活生生的人,应当在学习上、政治上多关心他们,主动关心他们的进步和成长。发现人才有落伍的苗头,应积极帮助、指导、培养,以保证其才能不断得到提高。

4.2.4 传媒人才的挽留

传媒组织的生存与发展离不开人才。要得到最优秀的人才,国外最常见的办法就是以最优厚的报酬将他从竞争对手那里挖过来,如美国最富有的传媒大亨纽豪斯、香港著名电影制作者邵逸夫和香港壹传媒集团总裁黎智英等都是挖角高手。挖角没什么不好,它至少可以促进人才流动,避免人才浪费,充分发挥人才的积极性,促使媒介好好珍惜和爱护人才,想方设法留住人才。至于如何留住优秀人才以免人才外流,依据国内外媒介领导者的管理经验,可以归纳出以下五种方法。

4.2.4.1 "软硬兼施"法

所谓"软",就是加强思想政治工作。做专业人才的思想工作,要"重原则、讲感情",在原则问题上不含糊不迁就;在生活上要关心、爱护他们,切实解决他们生活中和工作中的后顾之忧,让他们置身于温暖的集体之中。至于"硬"的一手,就是定几条规定,以免人才流失:

1)自己要走的,先退单位福利住房,后办调动手续。

2)被聘为中层干部的人员要求调动,必须先解聘后调动。

3)要求调到外地去试用的人,人事关系一律转到本地人才交流中心。

4)要求调动的人准出不准回。

4.2.4.2 克制忍让法

富有思想和创意的人才,其最大敌人可能不是其他媒介同行,而是其所在的组织。因为它常将他们大部分的思想和创意丢进废纸篓,并常把他们视为“不安分者”和“喜欢出风头的人”。一个媒介的经营管理要想获得成功,媒介领导者就必须善于克制忍让、听取建议,而后下决心、花力气使好创意付诸实施。至于有些人才的那种目无领导、盛气凌人的态度和语气生硬、缺乏技巧的讲话同他们的好创意所赢得的效益相比,根本不算什么。克制忍让既能获得效益又能留住人才,何乐而不为?因此,一个竞争优势强大的传媒组织,必定有一个宽松的内部环境,能容纳奇才、异才、怪才。

4.2.4.3 搭台唱戏法

有许多传媒人才对当官并无兴趣,他们觉得那样不自由,但他们都有自尊和被别人尊重的需要,有自我表现、自我发挥和自我完善的需要,所以对他们最好的奖励莫过于给他们搭个“舞台”,让他们充分“表演”,使他的才华得以充分发挥,抱负得以充分施展,从而获得社会的承认。有的优秀人才之所以要“跳槽”,究其原因既不是报酬少、住房小、职位低,也不是同事关系不好,而是英雄无用武之地,自己的特长和才华无处发挥,内心的抱负难以施展,所以,对于这些人才,媒介领导者的职责就是尽可能地给他们提供一个自我表现的天地。

4.2.4.4 提高待遇法

这是指针对真正优秀的传媒人才制订提高薪金、奖金、住房、用车等待遇的制度,以吸引和留住人才。在这方面,应制订统一的标准,比如:某一人才在传播领域中具有较高的知名度和美誉度,受到受众的广泛欢迎和好评;某一人才具有某种领域里的十分优异的专业知识和能力,能够解决许多难题;某一人才通过富有创造性、革新性的研究使媒介经济效益大幅度提高;某一人才在所任职的领域中得到最高级的个人奖;某一人才在国内或国际学术委员会中兼任要职,并发挥重要作用等。对上述人才,都应按相关规定予以重奖。

4.2.4.5 利益捆绑法

利益捆绑即将传媒人才的个人利益与传媒组织的集体利益捆绑在一起,一荣皆荣,一损皆损。传媒组织中最优秀的人才表现愈好、留用时间愈长,他从组织中得到的利益就越多。在西方,媒介公司老板有时以赠股的形式分给最优秀的领头人一定的股份,而其他员工则抽取一定的薪金每年自然入股,每年分红一次。在国内,有的媒介是按职务、职称的大小搞内部集资,而后根据创收情况分发红利,多劳多得,业绩优则报酬丰厚,贡献大则奖励多,并设立“特殊贡献奖”,将个人表现、个人利益与媒介产品质量和效益紧密挂钩。利益捆绑法不仅可以有效地留住优秀人才,而且可以极大地调动他们的工作积极性。

4.3 传媒员工的培训与发展

传媒组织负责人不仅要善于选拔和使用人才,而且要重视培训和造就人才。培训与发展是有效的人力资源管理中提高竞争优势的一项十分重要的工作,科学的培训与发展不仅使传媒员工能顺利应付现今的工作,更能让传媒人才有足够的知识与技能来面对将来的新任务,同时,培训与发展也代表了传媒组织对员工前途的重视和关心,这种投资可增强传媒组织的凝聚力和向心力。

4.3.1 培训与发展的意义

4.3.1.1 培训与发展的含义

所谓培训,就是根据传媒事业日益发展的需要,对员工进行有目的、有计划、有组织的培养和训练,以提高他们的政治素质、知识水平、传播技能和职业道德水准。所谓发展,则是指员工在接受培养、训练与教育中的一种成长、升华的系统过程。通过这一过程,个人的知识由少到多,技术由粗到精,认识由浅入深,思想由幼稚到成熟,工作由被动到主动。

在学习对象上,培训已经渐渐地被看做是学习传播技巧、技术与机器(如电脑)操作技能的一种教育过程;而发展则被认为是提高政治觉悟、思想水平、研发能力、决策能力的一种教育过程。参加电脑操作训练和上岗前的培训,属于前者;接受硕士研究生教育或党校高级进修班的学习,属于后者。

从学习者来看,参加培训学习的人面广量大,而且多针对技艺不精湛者;而参加发展学习的人则是经过挑选的,多为少数业务尖子、骨干分子或中层以上干部。

从课程的设置来看,培训课程的设置针对性强,时间不长,着重在较短时间内解决一个具体问题,如浙江日报大楼落成后,为了让新闻记者和编辑搬进后很快适应智能化大楼的管理系统,就预先对他们进行了短期集中培训;而发展课程的设置则着眼于人才成长和发展的长远目标,不急功近利地指望在短期内使学习者一下子成为一个大家所期望的“完人”。

随着社会日益信息化,新观念、新知识汹涌而来,新的传播技术和手段层出不穷,传媒员工要适应时代的发展、社会的进步和工作环境的变化,就必须积极参加甚至要主动争取参加各种培训与发展的学习,以便为自己积累更多的竞争优势,而媒介领导者也应建立、健全媒介员工的培训与发展计划,以不断为媒介注入生机与活力。

4.3.1.2 培训与发展的作用

(1)增强竞争优势

在日益激烈的媒介竞争中,真正决定传媒组织生存发展、兴衰成败的关键因素是人力资源的素质。一个传媒组织若没有一大批高素质的人才,要想赢得竞争优势、立于不败之地是很难的。重视培训与发展,不仅可以提高媒介员工的现有工作能力,而且可以促进媒介产品质量和营销业绩的提高,从而增加公司利润,取得竞争优势。

(2)提高员工素质

科学的培训与发展教育既可以提高产品质量和营销业绩,也可以提高和优化传媒员工的自身素质。一个具有较高的思想修养、文化素养、职业道德和业务能力的员工,他必定会注意文明礼貌和自我形象,能够与同事和谐相处、团结协作,能顺利圆满地完成具体任务。重视和执行在职培训与发展,从表面看,在这过程中受益的是员工——提高了自身素质,但真正受益的是媒介。

(3)迎接未来挑战

传媒发展的未来既难以预测又充满风险,谁预先为此做好充分准备,谁就能在未来的竞争中占据有利地位。但是,有些传媒组织在制订战略规划时忽视人力资源的培训与发展,结果当环境发生变化而出现良好机遇时,却没有适当的人去完成,从而失去了迅速发展的大好机遇。所以,制订员工培训与发展规划时,领导者一定要有远见,必要时还应请专家来规划人力资源的培训与发展工作,以解决媒介长期发展所需的人才问题,使之能适应未来的变化和发展,避免人力资源落后过时。

(4)激励人才上进

培训与发展是传媒组织对员工或优秀员工实施的一项福利,因此,是否得到培训与发展的机会,意味着他是否获得了这一福利。有的传媒组织的员工对培训与发展缺乏热情,不积极参与,这是因为上级主管部门或本媒介领导常以外调干部或挖角来填补高层空缺,而未使这一工作与考绩、内部晋升结合起来。正确的做法是,将培训与发展同员工的工作表现、晋级提干结合起来,只要一个人有出色的表现和业绩,就应该让他有深造提高的机会,就应该在晋级提干等方面予以优先考虑,这样才能鼓舞员工士气、激励员工上进。

4.3.2 培训与发展的原则

4.3.2.1 培训发展与实际使用的结合

对传媒员工的教育培训要按需施教,坚持"干什么,学什么;缺什么,补什么"的原则,使学用一致、学以致用。学是手段,用是目的。倘若学非所用、用非所学、学用脱节,那么这项投资就徒具形式,而无实际意义。只有将这两者有机结合起来,使学用一致,才能达到较为理想的效果,才不至于造成财力和人力的浪费。

4.3.2.2 知识教育和能力教育相结合

知识与能力,是互相联系、辩证统一的关系。没有知识,能力便成了无源之水、无本之木。但是,知识只是形成能力的条件,其本身并不等于能力。知识和能力对每一个传媒员工来说,都是必不可少的,因此,对媒介员工的培训与发展,必须在传授知识的同时,力求使他们的能力得到有效的培养和充分的发挥,从而使员工得到全面发展。

4.3.2.3 全员培训和重点发展相结合

当代社会知识信息急剧增加,科学技术迅猛发展,知识和技术更新的速度越来越快,传媒产业作为知识和信息的集散地,其员工的知识和技术水准必须与发展保持动态平衡,因此,就需要对全体员工不断进行培训,特别是当传媒产品生产线更换一套全新的设备和科技(如电脑)时,就需要对全体生产者进行培训。如果学习内容只涉及少数人的工作质量或者学习内容属于提高性质且与晋升有联系,这就是重点发展的问题。全员培训的对象不可能都成为重点发展的对象,但重点发展的对象必须掌握全员培训的知识和技能,否则就无法发展和提高。

4.3.2.4 在职培训与脱产学习相结合

培训与发展是为了更好地工作,为传媒组织创造更好的效益,但是不恰当的安排或者脱产学习的员工太多,就会影响媒介的正常运行。这就要求媒介管理者在不影响媒介运作和传播效果的情况下,合理地安排在职培训与脱产学习的比例,先学与后学的比例,普及与提高的比例,坚持以业余学习和在职培训为主,并号召员工在干中学、学中干、边干边学、边学边干,从而使人力资源始终保持旺盛的生命力和强劲的竞争优势。

4.3.3 培训与发展的形式

在西方发达国家,传媒公司十分注重员工培训。因为传媒公司的所有者和经营者都明白,组织的竞争归根到底是人才的竞争。西方传媒公司员工培训的方式灵活多样,主要有:

1)在职培训,多采用师长带徒弟的办法,边学边干。

2)离职短期培训,如举办各种短期培训班、研究会、讨论会、专题会,每期解决一个专题或实际工作难题。

3)"通才"培训。一方面,传媒公司把自己的高级、中级管理人员送到著名学府深造;另一方面,从名校毕业的学士、硕士、博士中聘请高级管理人员。

4)"专才"培训,通常是把员工送入普通大学或职业大学以及职业培训中心,进行有针对性的培训。

5)"终身教育",采用多种形式对员工进行培训,使他们不断更新知识,提高技能,与时俱进,始终紧跟时代发展步伐。

上述这些培训方式,值得我国传媒组织学习和借鉴。依据我国传媒员工培训与发展的实际情况,可以分为四种培训形式。

4.3.3.1 新人培训

对刚进入传媒组织的大学生进行教育培训,是传媒人力资源管理中的首要一环。培训内容为:领导人讲话,介绍该媒介的历史、现状、机构以及长远规划,讲授媒介内部的各种规章制度、奖惩措施,描述本媒介在竞争中的特点、地位和优势,使他们对本媒介的真实情况预先有个初步了解,以迅速适应变化了的新环境。为了配合新人训练和日常对外宣传,有不少传媒组织还编印了《员工手册》、《工作指南》和本媒体情况简介等文字材料,或者摄制了反映本媒体变化发展的电视纪录片和光盘。

4.3.3.2 专业培训

这是对员工所从事的专门业务所进行的训练和教育。在传媒组织中,几乎每个人都有自己的专门业务,而这些专门业务也都有一定的特点、要求和职业规范。从记者、编辑、摄影(像)、剪辑、播音、导演(播)、主持人到广告设计者、制作者、管理者,从文字录入到报纸、杂志、书籍的印刷、装订、发行,都需要专门的知识和技能,员工因此也需要专门的培养和训练。这类训练,可以利用午间休息时间将大家聚在一起对一些具体问题进行自由讨论、切磋;可以每天将一些优秀作品张贴出来供大家观摩、学习;也可以让员工将工作中的心得或疑惑提出来共同研讨;还可以让一些员工外出参加与其专业有关的短期培训或学术研讨。例如,宁波日报社在 1998 年出资让三十多位中层干部和业务骨干在职进修新闻学学士、硕士研究生课程,显示了报社领导的远见和对人才的爱护。

4.3.3.3 管理培训

经过磨炼,一些专业人员将会逐步走上主任、经理、主编等管理岗位,这就需要对他们进行管理训练。一般来说,传媒组织对要栽培和晋升的优秀专业人才,在晋升前半年就应安排他在职或脱产学习初级媒介管理课程,让其拥有一些基本的管理知识。随着职位的逐步升高,他们还应加强对媒介经营管理高级课程的学习和研修。传媒领导人可以让管理训练的对象向有关的传媒管理专家请教,在他们的指导下选读一些书籍,也可以让管理训练的对象参加传媒经营管理培训班。

4.3.3.4 领导培训

这是对传媒领导者(如报社、杂志社、出版社的社长、总编辑、总经理;广播电台、电视台的台长、总经理等)所进行的高级训练,主要由上级主管部门(如中宣部、国家新闻出版总署、广播电影电视总局以及省级和地级管理部门)出面筹办组织这方面的培训和研讨,目的是学习方针政策,统一思想认识,协调编辑方针,掌握宣传口径,确保大众传播取得较好的社会效果。

4.4 传媒员工的绩效考评

4.4.1 员工考评的含义与目的

员工考评,主要指对传媒组织的员工在工作中的各个方面的表现以及结果(绩效)进行的考核与评估。在一般的人力资源的管理中经常提到的是绩效考评。由于绩效主要指工作的结果,所以绩效考评常常是只针对工作的结果进行考评。的确,工作的结果可以在一定程度上反映工作者的能力与素质,但是并不能完全反映全面的实际情况,因此,员工考评应以绩效考评为核心对员工进行综合考评。

员工考评的目的主要有:①检查和评估员工所承担的任务的完成情况,为公平合理地确定薪酬提供依据。②评估员工的素质,为员工的晋升提供必要的资料。③了解员工的现状,为改善企业的员工结构和提高员工素质能力提供依据。④调动员工的积极性。通过考评,准确全面地评价每一位员工,并将结果用恰当的形式予以公布,可以在组织内部形成一种有益的竞争,从而调动、激励组织内的全体员工。

4.4.2 员工考评的基本原则

4.4.2.1 制度化

员工考评工作应当制度化。通过制订与执行员工考评制度,不仅可以发挥考评的控制作用,而且还可以积累关于员工的人力资源的信息资料,为合理地开发人力资源提供第一手资料。此外,还应该与时俱进,不断改进员工考评的方法。

4.4.2.2 科学化

员工考评是员工管理中比较敏感的、员工最为关注的工作之一。在员工的考评中,科学的方法和程序是保证考评公正、合理、准确的基础。传媒组织的员工考评工作,应当根据组织的实际,制订科学的考评标准、考评程序,选择合适的考评方法。必要的情况下,还应当聘请专家指导或者委托专门研究机构进行考评。

4.4.2.3 民主化

考评要发挥其内在的积极作用,必须以广大员工的积极参与作为基础和前提。这里的参与不是指所有的员工都去充当考评人,而是要求所有的员工都能够理解考评的意义与价值,积极地参与考评标准、制度、程序、方法的制订,正确地看待考评的结果。这样,考评才能够发挥提高员工能力的作用。这就要求负责员工考评工作的管理部门应当尽可能地公开、公正,并积极发动广大员工参与其中。

4.4.3 员工考评的基本程序

(1)确定员工考评内容与重点

员工考评涉及的内容很多,工作量也相当大,不可能在一次考评中全部涉及。在实际工作中,考评应当确定重点。

(2)制订考评标准与选择考评方法

员工考评的结果关系到员工的个人利益与传媒组织的效率。在每次考评前,都应当制订切合本媒介实际、与员工的工作性质相关、公平合理的考评标准。当然,在实际工作中,考评的标准在目标管理中一般都已经制订,考评时只需要根据实际情况的变化略作调整就行。在确定考评标准时,必须明确考评的周期。考评周期的确定,一般应当与组织的工作周期一致,便于工作衔接。

标准制订之后,还必须选择合适的考评方法。考评方法的选择,一是要科学,二是要适用,三是操作应当尽量简单,尽可能节约成本。

(3)考评人员培训

员工的考评是一项比较敏感与细致的工作,操作的技术性很强,特别是一些新的操作方法的运用,因此,需要做好考评前的培训工作。

(4)实际考评

实际考评就是考评人员对考评对象进行考评的过程。在这一过程中,考评人员一定要做到公正、公平、合情、合理。

(5)反馈考评结果

考评要起到激励和鞭策作用,必须将考评结果反馈给考评对象。

(6)整体分析与运用

考评的结果除了反馈给考评对象之外,还必须对整体的状况进行全面科学的分析。考评之后制订的员工管理政策,都将建立在对员工整体状况把握的基础上。所以,要做好整体分析工作。

4.4.4 员工考评的基本内容

4.4.4.1 绩效考评

绩效考评是员工考评的最主要内容,因为传媒组织任务目标的完成是组织存在的基本依据。员工的绩效在一定程度上决定着组织的绩效,而且员工完成的绩效大小是传媒组织确定员工薪酬高低的主要依据。所以在员工考评中,绩效考评是最为主要的内容。

4.4.4.2 态度考评

态度考评是指对员工在工作中、组织中所表现出来的态度所进行的考评。态度是员工对待工作、组织的基本倾向。当员工的素质与能力一定时,态度就决定员工的绩效和工作的积极性,因此在员工的考评中,还必须对员工的态度进行考评。

4.4.4.3 能力与素质考评

在任何一个组织中,员工都有实现自己价值的需要。实现自己价值的一条重要途径就是获得晋升,员工晋升的主要标准是员工的素质与能力。所以,在对员工的考评中,还必须注重对员工素质与能力的考评。

4.4.5 员工考评的基本方法

4.4.5.1 强制分布法

强制分布法的具体做法就是将被评对象事先从高到低分为不同的等级,然后将被评对象分别根据相应表现归入各个等级之中。这样,员工的表现差别就一目了然。例如,某个部门要对所属员工进行考评,员工总数为 70 人,拟分为五个等级,分别是优秀(10%)、良好(20%)、一般(40%)、较差(20%)、很差(10%)。根据这个分类与数量划分,对所属的 70 名员工进行考评。

强制分布法的优点是:不论传媒组织的效率如何,都能够评估出相对优秀和相对较差的员工,因此,具有激励与鞭策的作用。如当今一些企业采用每年强制淘汰表现最差的 5% 的员工的做法来强化员工的危机感和竞争动力,这就需要采用强制分布法对员工进行评估。但是,在一个优秀的组织中,强制性地将表现相当不错的员工评定为较差的员工,容易挫伤员工的积极性。

4.4.5.2 因素评定法

所谓因素评定法就是对员工业绩、行为、态度等方面进行分析,在总分中给予每一方面一个分值,然后对照评价员工在各个方面上的得分,最后汇总计算得出总分。

假定某一部门将从业绩、态度、能力三个方面对员工进行考评,总分为 100 分,其中业绩的满分为 50 分,态度的满分为 30 分,能力的满分为 20 分,由此形成员工考评表(表 4-1)。

因素考评法是考评原理的综合运用,对于传媒组织的员工考评来说,具有全面评价员工的积极作用。但是,由于定性的因素占有一定的比重,考评中人为的因素影响可能很大,需要在运用时引起注意。

4.4.5.3 全方位考评法

全方位考评法又称为 360 度考评法。其具体的做法是集中包括被考评对象本人在内的所有相关的主体,如上级、同事、下级、客户、服务对象等,他们从各个不同的角度和立场,对被考评对象进行考评,最后将所有的考评意见都综合起来,反馈给被考评对象,使被考评对象全面了解自己的工作以及相关方面的评价,以更好地改进自己的工作。

全方位考评法是当代西方企业正在尝试的一种新兴的员工考评法。这种方法的优点是考评结构从总的方面来讲比较全面,有助于避免仅仅由上级或者是考评机构考评时可能发生的片面性，而且还有助于员工发现自己的不足，改进自己的工作。不足之处是不同的考评者有不同的考评标准，考评的结果难以综合，而且可能对同一个方面不同的考评者的考评结论完全相反，因此，这样的考评主要用于让员工知晓不同关系人的评价，从而全面提高工作的效率。这样的考评方法还需要被考评对象的素质比较高，能够综合和正确认识来自不同方面的评价。

表 4-1　XX 单位员工考评表

<table>
<tr><td>部门</td><td></td><td>姓名</td><td></td><td>岗位</td><td></td><td>考评日期</td><td>年　月　日</td></tr>
<tr><td colspan="2">项目</td><td colspan="2">分数</td><td colspan="2">评分</td><td>考评情况说明</td><td>签字</td></tr>
<tr><td colspan="2" rowspan="3">工作业绩(50 分)</td><td colspan="2">优</td><td colspan="2"></td><td rowspan="3"></td><td rowspan="9"></td></tr>
<tr><td colspan="2">中</td><td colspan="2"></td></tr>
<tr><td colspan="2">差</td><td colspan="2"></td></tr>
<tr><td colspan="2" rowspan="3">工作态度(30 分)</td><td colspan="2">优</td><td colspan="2"></td><td rowspan="3"></td></tr>
<tr><td colspan="2">中</td><td colspan="2"></td></tr>
<tr><td colspan="2">差</td><td colspan="2"></td></tr>
<tr><td colspan="2" rowspan="3">工作能力(20 分)</td><td colspan="2">优</td><td colspan="2"></td><td rowspan="3"></td></tr>
<tr><td colspan="2">中</td><td colspan="2"></td></tr>
<tr><td colspan="2">差</td><td colspan="2"></td></tr>
<tr><td colspan="2">总分</td><td colspan="6"></td></tr>
<tr><td colspan="2">部门负责人意见</td><td colspan="6"></td></tr>
<tr><td colspan="2">考评机构意见</td><td colspan="6"></td></tr>
<tr><td colspan="2">组织负责人意见</td><td colspan="6"></td></tr>
<tr><td colspan="2">员工本人意见</td><td colspan="6"></td></tr>
</table>

4.4.6　员工绩效考评的具体方法

(1)民意测验法

考核人员深入到被考评者所在的单位，向群众发放民意测验表，要求收到测验表的人对表中考评对象的思想品质、原则性、工作成绩、业务能力、威信、成果等分别进行评价，而后汇总分析。

(2)考试考查法

由考评人员聘请专家拟出口试和笔试试题让被考核者回答，以了解其基础理论、专业技术和文化知识的掌握情况。

(3)工作标准法

这是一种按照岗位责任制预先规定媒介工作人员的各项具体任务和要求，将其分解为若干细目，然后以此作为考评标准的考评方法。

(4)评分考评法

这种考评方法,先分类、分级,定时、定量确定考评指标,然后对被考评者逐项评分,依据得分多少来评定考评结果。

(5)情景模拟法

这是将被考评者置身于一个模拟的工作情景(如新闻采写、文件处理)之中,要求其在规定时间内完成一定标准的任务,然后运用各种评价技术,评测其工作效率和应变能力,以确定其是否适合从事某项工作。

(6)成果鉴定法

这是将被考评者一段时间以来的劳动成果(如新闻作品、影视节目、编辑的报纸版面和书籍、广告作品、科研成果等)集中起来,让有关专家进行分析评判,从而对其理论水平、业务能力和创造能力作出直接而客观的鉴定。

案例分析

有人说凤凰是一帮疯子,当然首先是从我开始疯起的。——刘长乐

"我们疯是疯在我们的情绪上,疯在我们的斗志上。但是在政治导向方面,包括在对待大运的时势把握、时政的把握,包括对于经济运程的把握方面我们是非常理智的。"刘长乐说。

"疯子"的故事——凤凰卫视有一大群被称为"媒体疯子"的人,他们像一台台"永动机",脑海中不停地冒出新的创意。他们对重大事件有不可遏制的"渴望",他们一走进演播室或办公室就情绪高昂,他们常常会连续几个小时或几十个小时陶醉于其中,令人觉得不可理喻。

刘长乐曾用亲切的目光注视着这些疯子们,说,"疯得还不够。"

"榨汁机"的故事——榨汁机,一种用来将果实榨成果汁的机器,不少家庭都有。它的最大特点是去粗存精,而且比用其他方式榨得更彻底。

刘老板过生日时,凤凰卫视的主持人联合赠送给他一台这样的机器作礼物,他似乎明白其中的含意,自言自语:"都是好汁,还得再榨。"在凤凰流传甚广的一句话是:"女生当男生用,男生当牲口使。"我向刘长乐求证这句话的准确性,他不假思索地说:"再加上一句,'牲口当老板使'。"一阵大笑后,公关总监王多多说:"曾子墨说女生直接就当牲口使了。"又一阵大笑。

一位凤凰人告诉我:"刘老板要的是结果,但绝不会给你更多的预算。"凤凰人之间流传一个说法:起初凤凰是拿相应的钱做相应的事,到后来做节目时成了拿别人的钱办自己的事,到了现在则进化成花别人的钱办自己的事,与此同时还要赚别人的钱。

凤凰的核心创作人员在创新节目时,开始有了预算的概念。起初大家还会对老板说:不给钱,不加人,怎么能弄出新东西来?到后来,干脆自己就否定了那些要钱花的念头,在刘长乐的经营理念里,一切的想法都围绕着"不花钱要办事,还要办出点名堂"这个中心。

凤凰卫视的某个栏目能够拥有显赫的地位,凤凰卫视管理层与观众的赞叹最多只是一

个点缀，真正的掌声与地位的提升要靠广告商，广告商给这个栏目开出的身价往往就是这个节目最有力的掌声。在凤凰卫视，三个月还没有广告赞助的节目，一般都面临改版或关张的危险。

这种一切以收益为核心的理念，几乎成为所有凤凰人都熟知的一个规范，每个节目都在成本与收益之间做着真正的挣扎。2003 年初，《新闻今日谈》移到凤凰卫视资讯台，在中文台腾出的时段上，由杨锦麟主持的形式别致的《有报天天读》开张。头两个月，观众好评如潮，管理层频频颔首，但杨锦麟却神情忧郁地说："叫好不叫座呀，到现在还没有广告！"

很快，2003 年 4 月的一天，在节目刚开始，他有些夸张地报告给观众一个喜讯：《有报天天读》从现在开始有广告了！

这一天也是刘长乐比较开心的一天。他一手打造的"三名"战略——名记者、名主持、名评论员——正在使一群年过半百、其貌不扬的老头子们继吴小莉、窦文涛、陈鲁豫等人之后成为凤凰卫视新的活商标。

新人，旧人，黑发人，白发人，统统"疯"得不亦乐乎。

我向刘长乐请教有关"疯得不够"的理论来源。原来，"疯得不够"是有所指的。那还是在前一段时间，资讯台办得比较呆板，不活跃，没有冲击力，有些节目像温吞水，刘长乐认为主要原因是主编们没有"疯"起来。当然，所谓"疯"也是有所指的，典型的"小疯子"当属董家耀，外界对董家耀的评价是："低调、狂热的工作态度，老实庄严的面孔，屏幕形象的老成，使董在凤凰的造星机器中，比其他的招牌主持人更别具一格。"在刘老板的眼里，这个"小疯子"每逢有新闻发生，就会像上了发条一样在走廊里蹦、跳。他的激情、他的活力，都体现在了他的工作上：在国庆 50 周年的阅兵仪式上，他站在人民大会堂顶端四米高处俯拍 4 个小时，同行惊呼："凤凰的人疯了！"

对于"榨汁机"的解释，刘长乐认为人的潜质的发挥，是一个无止境的过程，因此"我们不能在'榨汁机'这一步就停住了，还要榨。"

窦文涛曾说，他到凤凰以后，学了很多东西，觉得可以毕业了。而每当他准备毕业的时候，就会有新的学习科目跳出来，他又觉得自己是小学生了。刘长乐很赞同窦文涛的观点，他补充说，凤凰人之所以会有这样的感觉是压力造成的。凤凰目前处在一个被别人复制和拷贝的境况下，而凤凰自己却基本上没有参照系。刘长乐也不得不承认："我们现在不让人拷贝是不可能的，过去我们还认为不该赤裸裸地复制，但是现在就是这样赤裸裸地复制，像《有报天天读》，连衣服都模仿，也弄一大褂，露俩白袖子。"刘长乐比划着自己的袖子，有些无奈，"如果形似神不似，那就是东施效颦。"

对凤凰为自己打造出了一个可被复制的功能，刘长乐倒欣慰，"这样也好，逼着我们只能挖空心思地创新，以提高自己"。但倘若凤凰只是为了创新而创新，把创新做给别人看，刘长乐认为这就不可取了。形式上的变化不是唯一的选择，节目内容和主持人内涵的提升才是创新的实质。

"我喜欢忠诚老实、有知识再生能力的人，因为我认为我的知识再生能力比较强。"刘长乐谈到自己用人的标准时不忘自我表扬一下，据说所有的凤凰人都学会了自我表扬。

在凤凰这个舞台上，刘长乐希望他的员工把职业事业化："只有传媒这个行业才有非常多的创造性劳动，而创造性劳动需要感情、精力的全身心投入，这个投入是别的行业无法比拟的。”说这番话时，刘长乐很动情。作为凤凰的带头人，他的全身心投入有目共睹：他时刻把自己暴露在别人能找得到的地方，他的手机基本24小时开着，如果关机的话，那他的秘书肯定知道他在哪里。“仅有一次例外，”他告诉《人物》杂志，“那是前不久，我女儿在美国大学毕业，我带她去黄石公园玩，那个地方方圆500千米没有通信信号，他们肯定找不到我。”

（案例引自：《刘长乐：1个疯子领导500个疯子》）

◘实训题

1. 凤凰卫视使用、发掘人才的特点有哪些？
2. 凤凰卫视凝聚人才的力量有哪些独到之处？

★思考题

1. 如何理解现代人力资源管理的基本观念？
2. 员工绩效考评的基本方法有哪些？
3. 传媒人才选拔的原则和方法是什么？
4. 如何留住传媒人才？

5　传媒财务管理

导言

本章学习目标

1. 了解传媒财务管理的概念和原则。

2. 熟悉传媒财务分析的过程。

3. 掌握传媒财务风险管理的步骤。

本章重点

1. 传媒财务分析。

2. 传媒风险管理。

本章难点

1. 传媒财务分析方法。

2. 财务风险预警系统的建立。

5.1 传媒财务管理的内容和要求

5.1.1 传媒财务管理的内容

5.1.1.1 传媒财务管理概述

财务管理是指企业对资金的筹措、运用、分配所进行的计划(预算)、控制、决策等活动的管理。财务管理的重心是资金的运作。财务管理的目标是维持良好的财务状况,力求获取最大化的投资效益。

传媒财务管理是指媒介组织的财务部门遵循客观经济规律,根据财经法规制度,按照财务管理的原则,组织媒介财务活动,处理媒介财务关系的重要经济管理活动。

传媒经营管理的实质就是通过传媒的人、财、物等资源的合理组织和有效利用,参与激烈的市场竞争,以尽可能少的投入争取获得最大的产出,其中财务管理处于传媒经营管理的中心位置。这是因为,在传媒经营管理的各项分工中,尽管各项工作都很重要,都是必不可少的环节,但是这些工作中绝大多数只能体现传媒经营管理的一个局部,而财务是全局性的综合管理。传媒各部门的活动都离不开资金,有的部门以支出为主,有的部门以收入为主,有的部门收支相当,而财务部门则是资金的总调度。

5.1.1.2 传媒财务管理的内容

传媒财务管理的对象是传媒生产过程中的资金运动及其所体现的财务关系。为了对复杂的资金运动进行有效的管理,需要按资金的静态和动态表现来划分管理的环节,以便于管理者按管理环节有针对性地对财务进行管理。财务管理的内容具体包括以下几个方面:

(1)资金筹集管理

资金的运用是一个投入与产出的过程,一切经济活动都是从资金的投入开始的。传媒企业资金筹集的管理包括合理确定筹集资金的总量和时间,选择筹资方式和渠道以及因筹资所引起的资金成本、筹资风险和资本结构的预测和调整。筹集资金形成负债和所有者权益,是财务管理中相对独立的一个环节。

(2)资金投放使用管理

筹集资金的目的在于高效率使用,以产生更大效益。资金投放主要指传媒企业对内、对外的投资,包括传媒企业投资方向、投资规模及投资方式,制订传媒企业中长期投资计划,利用机遇和条件进行投资决策。根据传媒企业固定资产的规模及经营业务量的需要,确定流动资金的投资额;根据传媒企业发展需要及资金状况,确定传媒企业对外投资的对象和规模;预测、分析投资风险,以争取获得最佳投资收益。资金的使用过程表现为企业各种资产分布状况及周转状况,包括如何运用、调度各种资金,保持合理的资金结构和周转速度。

(3)资金成本与赢利管理

资金在使用、周转过程中要发生各种耗费,表现为生产成本和费用。其主要管理内容包括如何控制费用发生的数额，如何确定它的补偿形式和方法。资金运动不仅表现为投入、运用和耗费，而且变现为资金的回收和增值。

(4)收益分配管理

收益分配管理包括进行销售预测和销售决策，争取销售收入及时、足额收回，进行利润预测和制订利润计划，确保目标利润的实现，保证传媒企业执行国家的分配政策，合理确定分配规模和分配方式，实现传媒企业经营管理中各个主体利益均衡，使所有者、债权人、国家、媒体、内部员工等各个主体都能得到合理合法的经济利益。

5.1.2 传媒财务管理的目标

传媒财务管理目标是指传媒企业进行财务活动要达到的根本目的。它决定着传媒组织财务管理的基本方向，是一切财务活动的出发点和归宿，同时也是评价传媒财务活动是否科学、是否合理的基本标准。

传媒财务管理目标是由传媒组织的总体目标决定的，任何一种财务管理目标都是一定政治、经济环境下的产物，不同国家的传媒业面临的财务管理环境不同，其财务管理的目标也并不完全一致，随着内外部环境的变化，财务管理目标也会发生变化。从财务管理角度分析，传媒组织与其他企业的财务目标具有内在的一致性。主要表现在以下几个方面。

5.1.2.1 利润最大化目标

在市场经济条件下，传媒企业的目的就是追求利润，这是其生存的保障和扩大再生产的前提。利润最大化是指利润额在尽可能短的时间内，在既定的投入规模条件下，达到最大值，这与微观经济学强调的利润最大化和资本资源有效使用是一致的。传媒企业获得利润的多少表明企业竞争能力的大小和经营水平的高低。所以说，追求利润最大化自然而然地就成为传媒财务管理的目标。不过，片面强调利润最大化会增加传媒企业的财务风险，会促使传媒经营管理者强调短期利益，不利于传媒企业的可持续发展。

5.1.2.2 资本利润最大化

资本利润率是税后利润与资本额的比率；每股盈余也称每股利润，是税后利润与普通股股数的比率。前者说明企业的投入产出关系，后者则针对每股普通股的获利水平。资本利润率反映了传媒企业的赢利能力和发展前景，又便于投资者评价企业的经营状况。

5.1.2.3 传媒企业价值最大化

企业价值最大化是指通过财务上的合理经营，采取最优的财务决策，充分考虑资金的时间价值与风险及报酬的关系，在保证企业长期稳定发展的基础上，使企业总价值达到最大。

传媒企业价值反映了一种资本经营意识，通常指企业本身的市场价值。在市场经济中，企业买卖是经常发生的事情，而这种买卖要通过资本、产权市场来进行。市场对企业进行评价时，着重关注的不是企业的当前赢利情况，而是企业未来的获利潜力，因此，企业潜在或预期获利能力决定着企业市场价值的大小。当非上市公司在产权交易市场进行产权转让时，其转让产权所获现金就是该企业的市价。已经上市的股份有限公司，其股票的市价代表企业的价值，因此，上市公司的价值每天都在接受广大投资者的评判，这为传媒企业有效开展资本经营创造了市场条件，同时，投资者的财富可以通过股票市场转让股票得以套现，因此，

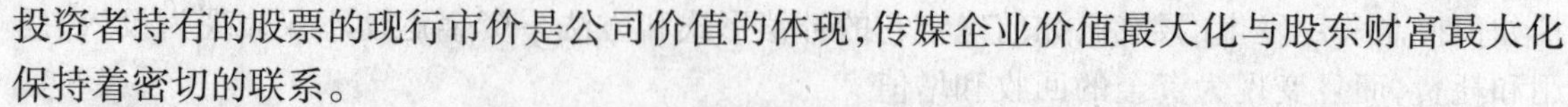

投资者持有的股票的现行市价是公司价值的体现，传媒企业价值最大化与股东财富最大化保持着密切的联系。

5.1.3 传媒财务管理的原则

传媒财务管理的好坏决定传媒企业的生死存亡，任何一家传媒企业都对财务管理高度重视。在具体财务管理工作中，传媒财务管理应该遵循以下几个原则。

5.1.3.1 制度化管理原则

传媒财务管理必须遵守国家的相关法律制度。为了规范企业的财务行为，国家先后颁布了《会计法》、《企业财务管理通则》、《公司法》、《投资法》、《金融法》、《证券交易法》、《经济合同法》、《企业法》、《税法》等法律及相关的管理规章制度。我国境内企业的一切财务活动必须遵守我国有关法律、法规和财务通则的规定，并接受有关部门和执法机构的监督和检查。传媒企业必须依法经营，并学会运用法律、法规来维护自己的正当合法权益。

此外，传媒企业还要完善内部财务管理制度，规范内部财务行为。内部财务管理制度涉及经营管理的各个环节，具体包括：财务工作岗位职责，如财务经理、财务主管、会计、出纳的职责规范；资产管理制度，如现金、支票、收据等；分配制度，即企业的收益分配政策；福利制度等。

5.1.3.2 收益风险均衡原则

获取收益是市场经济条件下传媒经营的必然要求，而市场的多变性、不确定性导致了风险的存在。风险是与收益的获取相伴随的一种客观现象，一般来说，媒介承担的风险越大，收益也就越大；媒介承担的风险越小，收益也就相应越小。媒介的任何财务活动都必须在风险和收益之间进行权衡，预测和分析各种方案的收益和风险，选择最佳收益、风险配合的方案，这就是收益风险均衡原则。收益风险均衡原则的核心是媒介不能承担超过收益限度的风险。

在市场经济中，对传媒企业财务工作应增强风险控制的意识，实现资金结构的优化。在筹集资金时要适当安排自有资金和借入资金的比例，做到既利用了负债经营的作用，提高收益水平，又能维护企业财务信誉，减少财务风险。在运用资金时要合理配置长期资金和短期资金，既要保证生产经营的正常进行，又要加快资金周转速度，提高经济效益。

5.1.3.3 收支平衡原则

收支平衡原则是指在动态过程中保持传媒企业收入和支出在时间和数量上的协调平衡。在财务工作中，如果资金收不抵支，就会导致资金周转的中断或停滞。如果一定时期的收支总额可以平衡，但支出在前，收入在后，也会妨碍资金的顺利周转。

收支平衡并非机械的收支相等，而是留有余地的一种平衡，即保持财务的合理弹性。要做到收支平衡，关键在于做好经济核算。进行经济核算主要是利用资金、成本、费用、价格、赢利等价值形式，对企业生产经营活动的资金使用、生产消耗和生产成果进行记录、计划、控制、分析；并以销售收入补偿生产消耗，确定是否赢利。实行经济核算要求企业以尽可能少的人力、物力、财力，为市场提供更多更好的产品和服务，保证做到以收抵支，增加赢利，提高资产回报率。

5.1.3.4 资金时间价值原则

资金时间价值是指货币在使用过程中,随着时间的变化而发生的增值。资金的时间价值就是资金在周转使用中由于时间因素而形成的差额价值,它使等量的货币在不同的时间上具有不同的经济价值。资金在周转过程中,不仅会发生价值形态的改变,而且还会发生价值量大小的变化。比如,现在的100元钱和一年以后的100元钱是不同的,尽管从数量上没有变化,但从价值衡量方面是不一样的,应该说现在的100元钱比一年以后的100元钱具有更大的经济价值。

资金的时间价值客观存在,这要求资金时间价值原则贯穿于传媒财务管理的各个方面。在筹资管理中,资金时间价值让我们意识到资金的获取需要付出代价,这个代价就是资金成本。资金成本直接关系到传媒企业的经济效益,是筹资决策首要考虑的问题;在项目投资决策中,项目投资的长期性决定了必须考虑资金的时间价值。

5.1.3.5 协调利益关系原则

传媒企业与内外部当事人的关系,说到底是一种利益关系,这种关系如果处理不当,会影响各方的经济性,甚至会导致财务状况的恶化和财务能力的弱化,进而影响企业的经济效益和社会效益。所以,传媒企业必须协调好债权人和债务人、所有者与竞争者、企业与个人之间的各种利益关系。

处理好这种关系的关键在于统一领导和分级管理,这是由财务管理的特点决定的,是正确处理企业里里外外、上上下下、左左右右责、权、利关系的准则。财务管理工作实行集中统一领导,由企业一把手(厂长、法人代表)负责组织财务工作。在大中型企业,通常建立总会计师的经济责任制。为了实现"统一领导和分级管理",还应坚持管钱与管物相结合,使用资金与管理资金相结合,管理权力与管理责任相结合。在实行内部经济核算的条件下,应合理安排企业内部各部门在资金、成本、费用和收益管理中的职权关系。

5.2 传媒财务管理的环节与过程

传媒财务管理的实质就是在一定的外部环境下,使传媒资金的筹集、运用和资产的管理在决策上尽可能达到最优。传媒财务管理的环节是指财务管理工作为达到既定的目标所需经历的相互联系的工作阶段。财务管理环节是根据财务管理工作的程序及各部分之间的内在关系划分的,分为财务预测、财务决策、财务计划、财务控制、财务监督和财务分析。这些工作环节相互配合、紧密联系,构成完整的财务管理体系。

5.2.1 财务预测

财务预测就是根据财务活动的历史资料,采用科学的方法,对企业的经营、财务的发展趋势或变化程度进行测算和估计。财务预测根据有关信息资料,通过一系列测算分析求得对财务未来状况的了解,以减少不确定性对财务活动的影响。只有对财务进行准确的预测,才能有效进行财务决策、财务计划、财务控制等财务管理活动。

5.2.1.1 财务预测的意义

(1)财务预测是财务决策的依据

财务决策必须以掌握足够的财务信息为基础。财务决策通常都是在掌握信息较少、随机因素较多、不确定性较大的情况下进行的,所以,在进行决策时,必须进行财务预测,尽可能获得足够多的信息,增加决策者对未来的了解,以降低不确定性,科学评价各个方案的利弊得失,从中选择比较满意的方案。

(2)财务预测是财务计划的前提

传媒企业在对外提供生产和服务时,必须要有一定的资金做保障。销售额的增减会导致相应资金需求的变化,从而产生资金的盈余或短缺,因此,传媒企业需要预知自己的财务需求,提前安排资金筹集和运作计划。传媒企业要想制订出切实可行的财务计划,必须根据财务活动的历史和现状,对未来发展趋势和可能达到的水平进行预测,进而提出比较可靠的数据,使财务计划符合传媒发展规律。

(3)财务预测是日常财务控制的基础

凡事预则立,不预则废。财务管理应有预见性,财务的控制建立在科学预测的基础上。传媒财务管理人员要做好日常财务管理工作,尤其是日常资金的供应、调度及成本、费用的控制工作,不仅要熟悉传媒企业过去的财务收支规律和情况,还必须善于预测传媒企业未来的资金运行情况和成本开支状况。只有这样才能做到统筹兼顾、适当安排,在日常财务管理和控制活动中处于主动地位。

5.2.1.2 财务预测的种类

(1)按财务预测的内容分类

财务预测按其内容可以分为资金预测、成本预测和收入预测。资金预测主要用来把握未来资金需要的变化情况和使用效果;成本预测主要是对成本费用开支额和增减程度的预测;收入预测主要是对未来一定时期的销售收入和利润实现进行预测,包括销售收入预测和目标利润预测。

(2)按财务预测跨越时间的长度分类

财务预测按跨越时间的长度可分为短期、中期、长期财务预测。短期财务预测是指一个计划年度内的财务预测;中期财务预测是指一年以上、五年以下的财务预测;长期财务预测是对五年以上的财务变化及其趋势的预测。

5.2.1.3 财务管理预测的方法

(1)定性预测

定性预测主要是指财务预测者利用有关资料,依靠个人经验、主观判断和分析预见能力,对企业未来的财务状况和资金需要量进行测定。定性预测在财务管理中被广泛使用。定性预测的方法有主观概率法、领先指标法、德尔菲法、情景预测法、互相影响法、经理评判意见法。定性预测具有方法简单、容易理解等特点,适用于资料不全或长期决策的情况,定性预测有利于发挥专家的能动性和创造力。缺点是数量概念差,模糊性较强,不容易操作。

(2)定量预测

定量预测是根据比较完备的财务数据资料,运用数学方法进行科学预测和分析处理,对财务活动的未来发展作出定量的估计。定量预测方法很多，包括时间序列预测法、相关因素预测法、概率分析法、模糊预测法等。定量预测方法的优点在于注重事物发展在数量方面的分析，重视对事物发展变化的程度作数量上的描述，更多地依据历史统计资料，较少受主观因素的影响。缺点在于比较机械，不易处理有较大波动的资料，更难以预测事物的变化。

5.2.2 财务决策

财务决策就是对若干财务方案进行客观分析后，进行选择和决定的过程。决策必须建立在科学预测的基础上，由于受到决策信息和决策能力的限制，决策的结果往往是满意决策而非最优决策。现代传媒企业的财务决策权力在董事会，首席执行官（CEO）对财务决策负全责，首席财务官（CFO）或财务总监贯彻董事会决议并协助首席执行官监督财务决策执行情况，公司财务部门具体落实决策内容。决策的方法通常包括以下几种：

(1)头脑风暴法

头脑风暴法也称为思维共振法、专家意见法，即通过有关专家之间的信息交流，引起思维共振，产生组合效应，从而产生创造性思维。

(2)德尔菲法

这种方法以匿名的方式，通过几轮函询来征求专家的意见，组织预测小组对每一轮的意见进行汇总整理后作为参考再发给各位专家，供他们分析判断，以提出新的论证。几轮反复后，专家意见趋于一致，最后供决策者进行决策。此法的具体步骤是：①确定预测题目；②选择专家；③制订调查表；④预测过程；⑤作出预测结论。此种方法的特点是：①匿名性；②多轮反馈；③统计性。

(3)哥顿法

这种方法与头脑风暴法原理相似，先由会议主持人把决策问题向会议成员作笼统的介绍，然后由会议成员（即专家成员）海阔天空地讨论解决方案；当会议进行到适当时机时，决策者将决策的具体问题展示给小组成员，使小组成员的讨论进一步深化，最后由决策者吸收讨论结果，进行决策。

(4)其他定性决策方法

其他定性决策方法主要有淘汰法、环比法、归类法。

5.2.3 财务计划

财务计划是指以货币形式预计计划期内资金的筹集、运用及各项经营管理收支和财务成果的书面文件。它是经营管理的重要组成部分，是进行财务管理、财务监督的主要依据。财务计划是在生产、销售、物资供应、工资奖金、设备维修、技术更新等计划的基础上编制的，其目的是确立财务管理的目标，在传媒企业内部实行经济责任制，使生产经营活动按计划协调进行，挖掘增产和节约潜力，提高经济效益。

在我国，国营企业财务计划的主要内容包括：生产经营活动中的各项收入、支出和盈亏情况；产品成本（各种主要产品的单位成本以及可比产品成本较上年的降低率和降低额）和费用预算；纯收入的分配和亏损的弥补，以及企业与国家预算的缴款、拨款关系；流动资金来源、占用以及周转情况；专项基金的提存、使用以及企业依法留用利润的安排使用情况。

财务计划一般分为长期财务计划和短期财务计划。长期财务计划是指五年以上的计划,通常企业制订为期五年的长期计划。制订长期计划应以公司的经营理念、业务领域、地域范围、定量的战略目标为基础。长期财务计划是实现公司战略的工具。长期财务计划编制包括以下程序:编制预计财务报表;确认需要的资本;预测可用资本;建立控制资本分配和使用体系;制订修改计划的程序;建立激励报酬计划。短期财务计划是指一年一度的财务预算。财务预算是以货币表示的预期结果,它是计划工作的终点,也是控制工作的起点,它把计划和控制联系起来。各企业预算的精密程度、实施范围和编制方式有很大差异。预算工作的主要好处是促使各级主管人员对自己的工作进行详细的思考和确切的计划。

5.2.4 财务控制

财务控制是指对企业的资金投入及收益过程和结果进行衡量与校正,目的是确保企业目标和为达到此目标所制订的财务计划得以实现。现代财务理论认为企业理财的目标和它所反映的企业目标是股东财富最大化(在一定条件下也就是企业价值最大化)。

刘菁教授在其著作《企业集团财务控制研究》中,提出财务控制有七种方式:

(1)组织规划控制

根据财务控制的要求,单位在确定和完善组织结构的过程中,应当遵循不相容职务相分离的原则,即一个人不能兼任同一部门财务活动中的不同职务,而是由相对独立的人员或部门担当,以便于财务控制作用的发挥。

(2)授权批准控制

授权批准控制指对单位内部部门或职员处理经济业务的权限控制。单位内部某个部门或某个职员在处理经济业务时,必须经过授权批准才能进行,否则就无权审批。授权批准控制可以保证单位对既定方针的执行和对滥用职权的限制。

(3)预算控制

预算控制是财务控制的一个重要方面,包括筹资、融资、采购、生产、销售、投资、管理等经营活动的全过程。其基本要求是:第一,所编制预算必须体现单位的经营管理目标,并明确责任。第二,预算在执行中,应当允许经过授权批准后对预算进行调整,以便预算更加切合实际。第三,应当及时或定期反馈预算的执行情况。

(4)实物资产控制

实物资产控制主要包括限制接近控制和定期清查控制两种。限制接近控制是控制对实物资产及与实物资产有关的文件的接触,如现金、银行存款、有价证券和存货等,除出纳人员和仓库保管人员外,限制其他人员与之接触,以保证资产的安全;定期清查控制是指定期进行实物资产清查,保证实物资产实有数量与账面记载相符,如不符,应查明原因,及时处理。

(5)成本控制

成本控制分粗放型成本控制和集约型成本控制。粗放型成本控制是对从原材料采购到产品的最终售出进行控制的方法,具体包括原材料采购成本控制、材料使用成本控制和产品销售成本控制三个方面;集约型成本控制一是通过改善生产技术来降低成本,二是通过产品工艺的改善来降低成本。

(6)风险控制

风险控制就是防止和避免传媒企业的经营风险和财务风险。经营风险是指因生产经营方面的原因给企业赢利带来的不确定性,而财务风险又称筹资风险,是指因举债而给企业财务带来的不确定性。由于经营风险和财务风险对企业的发展具有很大的影响,企业在进行各种决策时,必须尽力规避这两种风险。

(7)审计控制

审计控制主要是指内部审计,它是对会计的控制和再监督。内部审计是在一个组织内部对各种经营活动与控制系统的独立评价,以确定既定政策是否得以贯彻,建立的标准是否有利于资源的合理利用,以及单位的目标是否达到。内部审计的内容十分广泛,一般包括内部财务审计和内部经营管理审计。内部审计对会计资料的监督、审查,不仅是财务控制的有效手段,也是保证会计资料真实、完整的重要措施。

5.2.5 财务监督

传媒财务监督是运用单一或系统的财务指标对传媒企业的生产经营活动或业务活动进行的观察、判断、建议和督促。财务监督对规范传媒组织的财务活动,严格财务制度及财经纪律,改善财务管理工作,保证收支预算的实现具有重要意义。

财务监督的目的在于督促财务活动符合国家有关政策、法规和企业经营文件、制度的规定,揭露财务活动中的弊端和违法行为,威慑和制约不法行为,保证财务活动的正规运行;促进企业资源的合理配置和有效利用,实现企业经营目标。

财务监督一般分为内部监督和外部监督。

内部监督是指公共组织自行组织的、由内部机构或人员对本单位的财务收支、经营管理活动及其经济效益进行监督,检查其真实性、正确性、合法性、合规性和有效性,提出意见或建议的一种监督活动。其主要目的是健全公共组织内部控制制度,完善公共组织财务管理的自我监督机制,严肃财经纪律,促进公共组织自觉总结经验,发现问题,查错纠弊,及时采取措施堵塞漏洞,改善经营管理,提高财务管理水平。在公共组织的财务管理活动中,财务监督的大量工作是由公共组织自行组织完成的。

外部监督是指由公共组织外部有关机构和人员对公共组织的财务收支、资金使用情况进行监督,包括:由主管部门或者财政、财务、审计等部门对公共组织财务活动进行的监督;由主管部门或财政部门组织有关单位进行的联审互查;有关社会中介组织,如会计师事务所按照国家规定对公共组织财务活动所进行的监督。其目的在于监督检查公共组织财务活动的合法性、合规性和有效性,防止腐败行为滋生蔓延,确保公共组织财务活动在正常的轨道上运行。

财务监督一般分为三个工作阶段:①准备阶段,主要工作包括确定检查对象、内容和任务,组织检查人员,安排检查时间;②实施阶段,主要工作包括搜集资料、了解情况、检查取证;③总结阶段,主要工作包括整理检查资料、编写检查报告。

5.2.6 财务分析

财务分析就是在财务报告基础上,采用科学的评价标准和适用的分析方法,通过对企业的财务状况、经营成果和现金流量等重要指标的比较分析,对传媒企业财务情况和经营成果进行解释和评价,并对未来经济前景进行预测。

财务分析的目的在于评估传媒企业的财务状况和财务结果,检验财务计划目标的执行情况,找出财务运行中存在的问题和产生的原因,并为以后的财务预测、决策和计划提供有用的信息。

财务分析的主要内容包括传媒企业偿债能力分析、运营能力分析和媒介赢利能力分析。

(1)传媒企业偿债能力

偿债能力是指传媒企业对债务清偿的承受能力或保证程度,即偿还各种到期债务的能力。能否及时偿付到期的流动负债,是反映传媒企业财务状况的重要标志。

偿债能力主要分为短期偿债能力和长期偿债能力。

短期偿债能力是指传媒企业以流动资产偿还流动负债的能力。短期偿债能力主要由现金流量决定,而与获利能力没有直接关系。分析短期偿债能力的指标有流动比率、速动比率、即付比率。

流动比率是指流动资产与流动负债的比率。一般来说,流动比率越高,说明传媒企业短期偿债能力越强,债权人的权益就越有保证。这并不是说流动比率越大越好,流动比率过大说明外部资金没有有效利用。通常认为流动比率为2最好,比值大于2,说明企业没有利用好流动负债;比值小于2,说明企业短期偿债能力不足,有财务风险压力。

速动比率是指速动资产与流动负债的比率。所谓速动资产是指流动资产与存货的差。速动资产更能准确地反映传媒企业的短期偿债能力。一般认为,1∶1是较为正常的速动比率,过高或过低都不理想。

即付比率是指企业的货币资金和短期债券与流动负债的比率,它能准确地反映企业的直接偿付能力。通常情况下,即付比率应在0.5~1之间。

长期偿债能力的基础是全部资产,物质保证是长期资产,决定因素是获利能力。只有具备一定的获利能力,才能保全资产总额,确保偿还长期债务。分析长期偿债能力的指标有资产负债率、所有者权益比率。

资产负债率是企业全部负债总额与全部资产总额的比率。资产负债率越低,说明企业债务压力越少。但从经营来看,资产负债率越低,说明外部资金运用能力较差,属于保守经营。一般的企业都会把资产负债率保持在合理的水平上,国际上趋向于资产负债率不超过50%。

所有者权益比率是指企业的所有者权益总额与全部资产总额的比率。所有者权益是指企业所有者对企业净资产的要求,所谓净资产,在数量上等于企业全部资产减去全部负债后的余额。所有者权益比率越大,负债比率就越小,企业的财务风险就越小,相应地,企业长期偿债能力就越强,反之,企业长期偿债能力就越弱。

(2)运营能力分析

运营能力是指通过企业生产经营资金周转速度的相关指标所反映出来的资金利用的效率。对传媒企业运营能力的分析,可以了解企业的营业状况及经营管理水平,了解管理人员经营管理、运用资金的能力。分析运营能力的指标有应收账款周转率、存货周转率、流动资产周转率及全部资产周转率。

应收账款周转率是全年赊销收入与平均应收账款的比率。它说明应收账款的周转速度,一般用应收账款周转天数(365/应收账款周转率)来表示应收账款的速度。一般来说,应收账款周转率越高,平均收账周期越短说明账款收回越快。反之,运营资金过多地呆滞在应收账款上,影响其正常的资金周转。

存货周转率是营业成本与存货的比率。存货周转率越高,存货的资金占用水平越低,流动性越强,存货转换为现金或应收账款的速度越高,表明企业的销货能力强;反之,变现能力差。

流动资产周转率是营业收入与流动资产平均余额的比率。流动资产周转率高,可以节约流动资金,提高资金的利用效率,赢利高,风险小。

全部资产周转率是营业收入与流动资产平均总额的比率。全部资产周转率越快,周转天数越少,表明营运能力越强。

(3)赢利能力分析

赢利能力是指企业赚取利润的能力,是企业组织生产活动、营销活动和财务管理水平的综合体现,也是企业运营能力高低的体现。通常认为传媒企业的赢利能力比偿债能力更重要,因为利润是生产经营的主要目的,是偿债的重要来源,是企业资金增值的基础,是管理层经营业绩的主要衡量指标。分析赢利能力的指标有营业利润率、毛利率、总资产利润率和净资产利润率。

营业利润率是营业利润与主营业务收入的比率。营业利润率越高,说明企业经营的获利水平越高。

毛利率是毛利与销售额的比率。毛利率较高,说明主营业务收入增加,或者主营业务成本减少,所有,较高的毛利率是企业来说是有利的。

总资产利润率是利润总额与总资产平均占用额的比率。总资产利润率反映了企业全部资产的获利水平,是衡量全部资产使用效率和获利能力的重要指标。总资产利润率越高,表明资产利用率越高,说明企业在增加收入、节约资金、使用资金等方面取得良好的效果,否则相反。

净资产利润率是净利润与平均所有者权益总额的比率。净资产报酬率反映了所有者权益的收益水平,或者说反映了股东的投资报酬水平。该比率越高,说明企业的赢利能力越强。

5.3 财务风险防范与制度规范

5.3.1 财务风险的含义

5.3.1.1 风险

(1)风险的由来

“风险”一词的由来,最为普遍的一种说法是,在远古时期,以打鱼捕捞为生的渔民们,每次出海前都要祈祷，祈求神灵保佑自己能够平安归来，其中主要的祈祷内容就是让神灵保佑自己在出海时能够风平浪静、满载而归。他们在长期的捕捞实践中，深深地体会到“风”给他们带来的无法预测的危险。他们认识到，在出海捕捞打鱼的生活中，“风”意味着“险”，因此有了“风险”一词。

而另一种据说经过多位学者论证的“风险”一词的“源出说”称，“风险”(risk)一词是舶来品，有人认为来自阿拉伯语，有人认为来源于西班牙语或拉丁语，但比较权威的说法是来源于意大利语的“risque”一词。在早期的运用中，也是被理解为客观的危险，体现为自然现象或者航海遇到礁石、风暴等事件。大约到了 19 世纪，在英文的使用中，风险一词常常用法文拼写，主要是用于与保险有关的事情上。

(2)风险的概念

A. H. Mowbray 称风险为不确定性；C. A. Williams 将风险定义为在给定的条件和某一特定的时期，未来结果的变动；March 和 Shapira 认为风险是事物可能结果的不确定性，可由收益分布的方差测度；Brnmiley 认为风险是公司收入的不确定性；朱淑珍认为，风险是指在一定条件下和一定时期内，由各种结果发生的不确定性而导致行为主体遭受损失的大小以及这种损失发生可能性的大小。王明涛把风险定义为：在决策过程中，由于各种不确定性因素的作用，决策方案在一定时间内出现不利结果的可能性以及可能损失的程度。

国内外学者不管如何对风险进行界定，其基本的核心含义是“未来结果的不确定性或损失”。

5.3.1.2 财务风险

财务风险是指企业在经营活动中，由于在各种不确定性环境下经营，企业财务经营面临的各种不确定性或损失。

财务风险有广义和狭义之分。狭义财务风险是由企业的负债引起的，具体来说是因为债务人资金使得企业面临偿债风险和股东收益的变化。广义的财务风险是指企业在融资、资金运作、投资和收益分配中客观存在的，受到各种无法预期和控制的因素影响，使得企业的实际财务收益和预期的财务收益发生背离，导致收益的增加或者减少。此外，财务风险还包括信用风险、利率风险、汇率风险和证券投资风险等。

5.3.2 传媒企业面临的财务风险

5.3.2.1 汇率风险

汇率风险是指因汇率波动而产生的利润和财务方面的风险。汇率风险又可以分为交易风险、会计折算风险。交易风险指在约定以外币计价成交的交易过程中，由结算时的汇率与交易发生时即签订合同时的汇率不同而引起的收益或亏损的风险。会计折算风险是指企业把外币余额折算为本国货币时，由汇率变动而导致会计账簿上的有关项目发生变动的风险。

5.3.2.2 利率风险

利率风险是指企业借贷资金时所面临的一种风险。利率变化的结果导致传媒企业实际收到或者支出的利息高于或者低于预期值，最终导致企业财富发生变化。同时，利率风险也会对上市传媒企业的市值产生影响，因为利率的变化会导致股票价格的变化，股票价格的变化会影响企业市场价值的变化。

5.3.2.3 信用风险

信用风险又称违约风险，是指交易对手未能履行约定契约中的义务而造成经济损失的风险，即受信人不能履行还本付息的责任而使授信人的预期收益与实际收益发生偏离的可能性。市场经济本身就是一种信用经济，作为市场经济的主体之一——传媒企业，一方面不断利用其他单位提供的信用，另一方面也不断地向其他单位提供信用。信用的提供使得整个社会经济得以正常运转，同时也增加了信用风险。

5.3.2.4 负债经营风险

负债经营风险是指当负债所取得的经营收益不足以抵偿负债的资金成本时所产生的财务风险。在生产经营过程中，随着负债比例的扩大，企业净资产赢利水平可能猛然提高，企业规模也随之迅速扩大，同时企业承担的风险随之快速增加。所以企业应认真权衡负债经营之利弊，切不能盲目向外借债、赊欠和发行债券。随着负债比例的增长，风险增加的规模和速度远远大于净值利润率期望的增长规模和速度，负债比例越大，风险增长倍数也越大。在经济形势良好和市场繁荣的条件下，随着负债比例的增大，企业赢利水平也在提高，但是，一旦经济状况恶化，市场疲软，产品滞销积压，经营利润下滑，债务危机就可能突然爆发，以致危及企业的生存和发展。

5.3.2.5 现金流量风险

现金流量风险是指企业现金流出与现金流入在时间上不一致所形成的风险。企业的现金净流量出现问题，可能会导致企业生产经营陷入困境、收益下降，也可能给企业带来信用危机，使企业的形象和声誉遭受严重损失，最终陷入财务困境，甚至破产。对于实施扩张战略的传媒企业，尤其要注意现金流量风险，因为企业扩张需要大量资金，容易出现现金不足或者短缺的情况。

5.3.2.6 投资风险

投资风险是指对未来投资收益的不确定性。在投资中可能会遭到收益损失甚至本金损失的风险。传媒企业在进行投资决策时，通常会面临投资项目与原先预期收益之间有偏差的情况，这个偏差具有不确定性。

投资风险一般分为市场风险和特有风险。市场风险又称为系统风险、不可分散风险，它是没有有效方法可以消除的，如经济波动、通货膨胀等。特有风险又称为非系统风险、可分散风险，它是由个别企业的经营特点造成的，如管理的有效性、市场营销的成功与失败、劳资纠纷和法律诉讼等。

5.3.3 传媒企业财务风险管理

5.3.3.1 建立和完善风险管理的组织体系

(1)组织机构

风险管理结构按照集团管理体制和公司法人治理结构应有三个部分：董事会和风险管理委员会、风险管理部、管理业务部门。

董事会是集团的决策机构，它确定集团的经营目标和经营政策，并对股东负责。为确保集团实行有效的财务风险管理，应该建立风险管理委员会，委员会由董事长（或副董事长）、审计委员会主任（或副主任）、监事会主席（或成员）组成，承担董事会的日常风险管理职能，并定期向董事会汇报风险管理的有关问题。

风险管理部是以总经理为管理主体的风险管理层，是风险管理委员会下设的风险管理机构，应由经营管理层和总经济师、总会计师组成。风险管理部主要贯彻集团的风险管理战略和政策；评估财务风险，向集团汇报风险状况；审查各业务部门的风险报告并评价其风险管理业绩。

管理业务部门是集团整个风险管理组织体系的重要组成部分，是风险管理工作的基础，它既要执行风险管理部制订的风险管理政策，又要协助并支持风险管理部的工作，还要及时向风险管理部汇报和返回有关风险的信息。

（2）风险管理工作体系

风险管理工作体系包括风险管理评估、风险管理决策、风险管理预警和风险管理监控。

风险管理评估是运用科学的风险评估方法和工具对集团风险进行估计和评价。

风险管理决策包括：制订防范各种风险的规则，研究集团风险管理的策略，指导业务部门执行已制订的防范和化解风险的具体措施。

风险管理预警是指运用指标及模型对集团的资本运营与集团经营活动、资金运用和财务收支运行动态进行检测，在警情扩大或风险发生前及时发出信号，使其充分发挥“警报器”的作用。

风险管理监控包括两个方面：一方面是督促各部门严格执行有关规章制度和风险管理决策，将风险管理落到实处；另一方面是对授权制度的监控，对设置的权限和限额进行监控。

5.3.3.2 建立财务风险预警系统

（1）完善财务风险预警指标体系

财务风险预警系统的财务指标体系应该能够反映公司经营状态和管理水平。财务风险预警指标体系应有以下六个方面组成：

1）反映支付能力（或偿债能力）的财务指标。

2）反映存货情况的财务指标。

3）反映获利能力的财务指标。

4）反映运营效率与管理能力的财务指标。

5）反映经营管理水平、人员素质状况、企业信誉等方面的非财务指标。

6）反映指标变动的外部风险因素，如税收政策、金融政策、产业政策、市场同业竞争、技术进步等。

以上财务风险预警指标应根据集团实际情况和面临的风险区域，制订财务指标的安全区间、一般风险区间和重大风险区间，以此确定财务预警信号。

（2）建立财务监控运行机制

实施风险预警系统，必须对预警指标进行事前、事中、事后的经常性监控，即建立预警分析、反映、决策、执行的运行机制；对集团的每一项重要决策活动将带来的财务状况变化，进行预先分析测定，判断经营风险程度，为决策提供反馈信息；对日常监控中预警的风险，能快速反应并进行控制,达到预警、纠错、改善的目的。

5.3.3.3 完善风险管理程序

(1)识别和评估风险

识别和评估风险是进行风险管理的第一步。作为财务管理者,要善于识别哪些是内部风险,哪些是外部风险,同时,对潜在的风险和已经发生的风险进行全面系统的评估。

(2)分析风险原因

只有找到风险发生的原因,才能做到对症下药,采取有针对性的措施,对风险进行控制。财务风险发生的原因很多,在分析风险原因时,要全面、系统、客观、科学。全面分析就是坚持多角度、多方面分析;系统分析就是把风险分析纳入企业整个系统;客观分析要求实事求是,避免主观夸大和人为缩小。科学分析要求利用科学的分析工具,采取科学的分析方法,对风险进行分析。

(3)预防和控制风险

财务风险关键在于预防,通过建立完善财务风险预警机制,减少潜在风险的发生,对已经发生的财务风险,进行及时控制,把损失降低到最低。

(4)风险的损失处理

针对发生的财务风险,启动风险处理应急预案,成立风险处理领导小组,在分析原因的基础上,及时果断采取处理措施,减少财务风险的损失,降低财务风险带来的影响。

(5)风险报告

风险报告是按一定的格式由管理业务系统向风险管理部门或风险管理部门向风险管理委员会提交风险评估和风险监管情况的内部报告。风险报告应包括风险带来的损失和影响、风险发生的主客观原因、风险处理的措施、风险处理的结果、风险带来的教训以及后续风险的防范措施等。

5.3.3.4 风险管理策略

(1)降低财务风险

降低财务风险的主要途径在于选择最佳的资本结构。资本结构是指企业各种长期资金来源的构成与比例关系。合理的资本结构应能使传媒企业风险最小而赢利能力达到最大化。企业筹措资金时,应根据传媒企业所处的行业特点与不同的发展时期,既充分考虑经营规模、赢利能力、金融市场状况,又要考虑企业现有资金和未来的财务收支状况,选择使综合资金成本最低的融资组合,确定银行融资规模与结构,动态地平衡短期、中期、长期负债比率,使企业的综合资本成本最低化,达到最优资本结构,使财务风险降低到最低。

(2)规避财务风险

财务风险能否有效规避是决定企业成功与否的关键因素之一。财务风险规避是事先预测风险发生的可能性,分析和判断风险产生的条件和影响程度,对那些风险程度超过承受能力而很难掌握的财务活动予以回避。财务风险回避一般有两种途径:一是在风险决策时,尽可能选择风险较小或基本上没有风险的方案;二是在风险方案的实施过程中,如果发现不利情况,应该及时适当地调整方案或终止方案的实施。

风险规避策略不是指企业一味地避开风险,而是在适当的时间、以适当的方式予以策略性的规避。我们知道,风险与机遇同在,风险与收益并存,当我们采取风险规避措施时,也可能失去伴随风险而来的赢利机会。所以,在采取风险规避策略时,要做到风险规避与赢利机会把握的平衡。

(3)预防财务风险

当财务风险无法规避,或者某项财务活动必然面临某些风险时,应该考虑到事前预防措施。从决策、组织、制度、领导、控制等环节着手,采取得力措施,提高自身风险抵御能力。在投资过程中,对投资项目进行风险评估,采取科学方法计算各种投资方案的投资回收期、投资报酬率、净现值以及内含报酬率等指标,并对这些指标进行综合评价,在考虑其他因素的基础上选择最佳的投资方案。

通过财务制度设计,出纳和会计不能兼任,这是因为如果一个会计工作人员既管钱款,又管复核,容易作假;如果一个会计人员既管理钱款,又保管会计档案,容易在钱款上做了手脚之后再利用管理会计档案的机会掩盖自己的行为。一个单位的收入、支出、费用、债权债务账目的登记工作,是一个单位会计核算的基础,也是发生现金往来的根据,由出纳人员兼任,很容易监守自盗,所以予以禁止。

(4)分散财务风险

分散财务风险是指将资金分配在多种资产上,这些资产的回报率相互之间的关联性比较低,以达到分散风险的目的。这样做既可以降低风险,又不会损及收益。风险分散的措施通常包括多种经营、多方投资、多方筹资、外汇资产多元化、吸引多方供应商、争取多方客户等,也就是我们平时所说的"不要把鸡蛋放在一个篮子里"。传媒企业通常实行多元化策略以分散财务风险,达到"东方不亮西方亮"、"堤内损失堤外补"的风险分散目的。不过,在多元化经营时,也意味着企业进入陌生的领域或不擅长的领域,优势资源分散,所以,多元化的过程也是新风险增加的过程,这要求传媒企业要量力而行,且不可盲目多元化。

(5)转移财务风险

财务风险转移是指传媒企业通过采取一些措施把财务风险转嫁给其他单位承担的方法。转移财务风险通常有三种途径:一是通过加入保险转移风险。企业事先向保险公司投保,当发生损失风险时,由保险公司进行经济赔偿,从而达到风险转移目的。二是通过签订合同转移风险。在企业财务活动中,通过签订有关合同,明确合同双方在一定期限内的权利和义务,以便将一定的财务风险转移出去。三是通过外包转移财务风险。企业将风险较大的财务活动外包给一些专业的机构去完成,比如,一些公司由于缺乏专业的财务人员,就把财务外包给专业的财务公司。

(6)自留财务风险

当传媒企业无法规避风险、分散分散或转移风险时,就只能以自身的财力来承担财务风险所带来的损失。为了防止企业因财务风险损失而陷入困境,传媒企业应该在平时注意建立各种风险基金和准备金。当企业发生财务风险损失时,能用这些风险基金或准备金进行补偿。

5.3.4 财务管理制度规范

为了提高资金使用效率,降低财务风险,提升传媒整体管理水平,必须建章立制,用制度来规范财务管理。

5.3.4.1 建立现代传媒企业财务管理制度

建立现代财务管理制度，必须明确产权关系，在理顺产权归属的前提下，优化资本结构，强化财务约束，形成激励和约束机制，实现管理价值增值。

建立现代财务管理必须实现财务工作人员由记账出纳型向经营管理型转变。传媒企业管理者要重视和支持财务工作，在经营管理的各项工作中都要树立财务管理观念。财务人员不仅从事基本的财务管理，还要懂得资本运营，实现资本增值最大化。

建立现代财务管理制度必须形成制度体系，具体包括财务基础制度、会计核算制度、预算管理制度、成本管理制度、资金管理制度、信用与风险管理制度、全面经营分析制度等。

5.3.4.2 建立财务统一管理制度

多元化经营的大型传媒集团公司为了更好地进行财务管理，应该推行“统一管理、二级核算”，最大限度地提高传媒集团及其子公司或分公司各项资金的使用率，提高整体经济效益。

传媒集团子公司或分公司应接受集团负责人和集团财务部门的双重领导。集团高层领导有权对下级财务主管进行业务审查或人事任免。有条件的传媒集团还应对下属的财务主管实行财务委派制，统派统管，被派出财务主管的业绩考核、晋升工资、奖金分派等均由集团公司财务部门统一管理。

此外，传媒集团要推行二级核算制，成立集团财务核算中心。建立财务中心模式是现代企业制度的要求，也是资本经营的要求。财务中心模式以资金管理为核心，利用价值形式，针对生产经营的各个方面和整个过程，建立计算中心，应用集团级财务软件系统帮助二级核算单位进行各自独立的财务核算和管理。

5.3.4.3 加强物资管理、盘活存量资产

随着文化体制改革的深入，绝大部分传媒企业成为独立经营、自负盈亏的法人主体。随着传媒企业对内、外部资源进行整合，其规模不断壮大，所控制的资源不断增多，高效管理这些资源成为财务工作的重要组成部分。除了对购置物资进行控制外，财务部门的工作还包括提高设备利用率、进行存货控制以及盘活存量资产。

提高设备利用率就是要用价值尺度衡量设备使用后创造的社会效益和经济效益，包括注意设备的维修和养护，使用寿命的延长，效益的增加。

进行存货控制就是确定原材料的最佳库存量，既保证传媒企业的正常运转，又使存货的库存总成本降至最低。

盘活资本存量就是对不需要或者利用率较低的设备、房产、土地和多余的原材料进行及时处理；或通过内部调拨，使物尽其用；或对外有偿转让，及时回笼资金；或使其成为经营资本，使其保值增值。

5.3.4.4 健全内部审计制度

传媒企业除了要接受政府和社会审计机构的审计外，还要健全内部审计制度，这是企业自我约束、自我管理的有效方式，是预防和控制财务风险的重要途径。开展内部审计不仅仅要实施财务收支审计，对下属单位经济活动的真实性、合法性进行必要的监督和评价；更要

实施经济效益审计，对下属单位经济活动的合理性、有效性进行必要的监督和评价。通过经济效益审计，提出合理化建议，使企业高层管理者能够及时、准确、深入地了解下属单位的经营情况，采取有力措施，促使被审计单位改善管理，更好地开展经营活动。

★思考题

1. 传媒管理的内容包括哪些？
2. 传媒财务管理的原则是什么？
3. 如何进行传媒财务分析？
4. 如何进行财务风险控制？
5. 传媒风险管理的策略是什么？

6 传媒资产管理

导言

本章学习目标

1. 明确传媒资产、传媒有形资产与无形资产管理的内涵。

2. 把握传媒资产管理系统与传媒无形资产管理存在的现实问题。

3. 加强传媒有形资产与无形资产管理的措施。

本章重点

1. 传媒有形资产管理。

2. 传媒无形资产管理。

本章难点

1. 传媒流动资产管理。

2. 传媒无形资产的内容。

资产是一个传媒企业从事生产经营活动必须具备的物质资源和条件，它能给传媒企业带来巨大的经济利益，是传媒企业从事生产经营活动的物质基础。传媒企业要想在当今竞争白热化的全球传媒商业环境中生存，需要在提高收入的同时降低运营成本，传媒企业资产管理是实现这一目标的最有效的手段之一。通过资产管理，传媒企业可实现最佳策略，优化设备利用，提高人力资源的创造性，减少维护成本，提高无形资产利用的效益，因此，传媒企业资产管理是传媒企业经营管理的重要组成部分，是传媒发展必不可少的部分。传媒资产管理主要包括有形资产管理和无形资产管理，其中，有形资产管理又可分为流动资产管理和固定资产管理。

6.1 传媒资产管理概述

在市场经济时代，我国各传媒组织在媒介市场中的竞争相当激烈。对于传媒组织而言，其资产管理异常重要，必须要以专业的资产管理理论来解决日常出现的问题。依照现代企业制度要求，一个传媒企业要想在市场竞争中取得一席之地，必须加强资产管理。只有建立完善的资产管理制度，才能保证传媒组织资产的合理分配，才会使传媒企业更好地适应市场经济的发展趋势，并实现最大化的收益。因此资产管理是传媒运营过程中重要的环节，是一个媒介组织进行各项管理的基础。有效合理的资产管理，能最大限度上减少资源浪费，节约资产运行成本，提高资产利用水平。

6.1.1 传媒资产管理内涵

6.1.1.1 传媒资产

资产是指企业过去的交易或者事项形成的、由企业拥有或者控制的、预期会给企业带来经济利益的资源。它是企业从事生产经营活动的物质基础，具有以下几方面特征：

(1)资产是一项由过去的交易或者事项形成的资源

资产必须是现实的资产，而不能是预期的资产。这里所指的企业过去的交易或者事项包括购买、生产、建造行为、其他交易或者事项。预期在未来发生的交易或者事项不形成资产。例如，企业通过购买、自行建造等方式形成某项设备，会形成企业的资产；但企业预计在未来某一时间将要购买的设备，引起相关的交易或者事项尚未发生，就不能作为企业的资产。

(2)资产必须由企业拥有或控制

由企业拥有或者控制，是指企业享有某项资产的所有权，或者虽然不享有某项资产的所有权，但该资源能被企业所控制。例如，融资租入的固定资产，按照实质重于形式的要求，也应将其作为企业资产予以确认。

(3)资产预期会给企业带来经济利益

预期会给企业带来经济利益，是指直接或间接导致现金和现金等价物流入企业的潜力。

资产必须具有交换价值和使用价值,没有交换价值和使用价值、不能给企业带来未来经济利益的资源不能确认为企业的资产,例如,待处理财产损失或已失效、已毁损的存货,它们已经不能给企业带来经济利益,就不应该再作为资产。

因此,资产的定义应包括两个方面:①资产的经济属性,即能够为企业提供未来经济利益,这也是资产的本质所在,也就是说,不管是有形的还是无形的,要成为资产,必须具备能产生经济利益的能力,这是资产的第一要义;②资产的法律属性,即必须是为企业所控制,也就是说,资产所产生的经济利益能可靠地流入该企业,为该企业提供服务能力,而不论企业是否对它拥有所有权,这是资产的第二要义。

参考企业资产的定义,可以把传媒资产界定为:为了实现传媒经营管理目标,由传媒企业拥有或者控制的由过去的交易或者事项形成的、预期会给传媒企业带来社会效益和经济效益的资源。不论传媒企业是否享有某项资产的所有权,或者虽然不享有某项资产的所有权,但该资源能被传媒企业所控制,资产所产生的经济利益能可靠地流入传媒企业,为其提供服务。

按照不同的标准,资产可以分为不同的类别。按耗用期限的长短,可分为流动资产和长期资产;长期资产还可以根据具体形态作进一步的分类,按是否有实体形态,可分为有形资产和无形资产。

(1)传媒有形资产

有形资产是指传媒企业那些具有实物形态的资产,包括固定资产和流动资产。如存货、对外投资、货币资产、应收账款等。有形资产有狭义和广义之分。以具体物质产品形态存在的资产包括生产有形资产和非生产有形资产。

(2)传媒无形资产

传媒无形资产,通常指的是传媒企业所拥有的,但是其不具备实际形体的、能在很长的时间范围内为传媒企业提供特定经济效益以及权利的资产。在我国的无形资产的分类中,就其表现形式来看,有技术类无形资产、标志类无形资产、作品类无形资产、信息类无形资产、声誉类无形资产。通俗而言,这些资产指专利权、专用技术权、商标权、非专利权、著作权、特许经营权、商誉等财产权利。从形式上而言,无形资产是传媒企业资产中重要的组成部分,尤其是在知识经济时代,无形资产是保证传媒企业安全稳定发展的武器,是传媒企业竞争力的体现之一。

6.1.1.2 传媒资产管理

简单来讲,传媒资产管理是指对其所拥有或控制的资源进行自我管理。传媒资产管理的概念有两层含义:从狭义上讲,是指利用信息技术手段,对媒体资产所做的存储、管理、挖掘和再利用;从广义上讲,是指通过技术的、行政的、市场的、资本的等各种运作和手段,实现传媒资产价值的优化。

本章从传媒资产的实体形态分析传媒资产管理的内容,即传媒有形资产管理与无形资产的管理。

6.1.2 媒体资产管理系统

6.1.2.1 传媒资产管理系统的概念

传媒资产管理系统是为数字电视、移动电视、多媒体内容发布等业务需求而开发的内容管理平台，主要是对各种类型的视频、音频、文字、图片等媒体资料的数字化存储、编目管理、检索查询、非编素材转码、信息发布以及设备和固定资产等进行全面管理的系统。

建立传媒资产管理系统的目的是建立起一个完善的系统，保存和管理好这些宝贵的资料，并使之得到最大利用，创造良好的经济效益和社会效益。因此传媒资产管理不仅可以用来管理和处理视频音频的存储，而且可以对存储媒体及其相关的诸多数据进行分类管理和检索处理。

6.1.2.2 传媒资产管理系统产生的背景

我国的广播电视正经历一场数字化、网络化的技术革命，这场革命必将给广电行业带来历史性的发展机遇和挑战。如何顺应信息化发展的大趋势，整合自身与外部资源，依靠科技创新，将广播电视从传统媒体转变到现代媒体，是摆在广电工作者面前的一个严峻问题。

近年来，随着电视台节目内容不断丰富，节目形式也多种多样，涉及政治、经济、文教、科技、娱乐、法律等各个领域，节目资料包括大量的文字、图像、声音等各种形式的信息，这些信息具有量大、准确、及时和丰富等特点。这些资料既是巨额财力投入的结果，又是电视台全体员工劳动的成果和智慧的结晶，而且还是传媒企业在未来激烈的市场经济竞争中得以持续发展的基础。

基于"内容技术"的海量媒体资源，是推动媒体行业发展的原动力。数字化时代创建了以内容为核心的全新技术，即只需创建内容资产一次，然后就可以以不同的形式，在不同的市场环境下，利用不同渠道，重复对其进行再利用和销售，带来新的增长点和赢利机会。

鉴于此种情况，近几年媒体资源管理系统在广播电视系统的推广和使用非常迅速，国内也涌现出了众多媒体资源管理系统研制厂商。媒体资源管理系统在广播电视领域起着越来越重要的作用。

6.1.2.3 传媒资产管理系统的功能设计原则

传媒资产管理系统就是负责识别、捕获、数字化、存储、检索、利用和再利用多媒体素材的过程的系统。创作过程产生的音频和视频素材被称为原始素材，与原始素材描述相关的信息被称为元数据，而"内容"则被定义为原始素材与元数据的结合。资产是内容与权限的结合。因此，媒体内容一定要有使用价值，具有使用价值的媒体内容，单位及社会才愿意付费购买及使用，其才能真正成为资产。因此，媒体资产管理系统的核心，即数字化、存储、编目、检索等的技术设计及实施，都应以实现媒体内容的最大使用价值为目的。资产使用价值的最大化也就意味着利益的最大化。

为了使传媒资产产生最大使用价值，媒体资产管理系统的设计应符合以下原则：

1）媒体资产管理系统首先应实现资料管理功能，包括各种音频和视频素材及图片、文档等资料的归档、检索、管理等。

2）媒体资产管理系统应满足资料的再利用，为节目生产服务。该系统应便于用户搜索利用珍贵素材和历史镜头,丰富节目制作内容,提高节目生产效率,改进工作流程。

3)媒体资产管理系统应能与新闻和后期制作系统、播出系统、数字电视节目平台、IPTV以及本单位综合信息网络系统互联互通,并为它们提供服务。

4)媒体资产管理系统应包括资料的交换与运营管理,有自主知识产权的节目资料可以利用网络进行节目交流或作为商品在线销售,实现媒体资产价值的最大化。

5)媒体资产管理系统应具有用户认证、版权控制及系统安全管理等功能,实现更好的安全防护和提供授权等。

6.1.2.4 传媒资产管理系统的功能组成

整个传媒资产管理系统的功能分为八个模块,每个模块的功能分别如下。

(1)筛选(挑选)整理模块

该模块是传媒资产管理系统的归档、待播内容来源的接口模块,主要的功能是为传媒系统提供内容的筛选、审核、整理、迁移。内容来源主要有:制播系统(新闻、制作、数字电视、广告等网络),传统片库等。

(2)转码/处理模块

该模块主要功能是根据"筛选整理模块"提供的任务信息,检索浏览模块提供的回迁任务信息,对指定的资料集进行转码/处理,可根据任务请求情况进行任务分配,将原音视频文件转成目标格式;该模块根据任务中描述的入点出点信息,可实现资料片段的剪辑合并,并对转码/处理完成的音视频文件进行质量审核。

(3)著录/编目模块

该模块对传媒资产库中的资料进行编目和分类,可排定编目计划并分配编目任务,对传媒资产系统中的文件进行一次编目、二次编目等,还可对编目的描述信息进行审核修改。

(4)检索浏览模块

该模块可实现传媒资产库中资料的发布并提供用户的检索浏览。其中包括:浏览器方式的检索和流媒体浏览,用于资料员资料管理的检索浏览。该模块可提供多种方式的检索浏览机制。

(5)上载、下载服务模块

该模块的功能主要是提供传统介质(或视频信号)的编码,生成数字化视频文件;并有效管理客户的下载请求,提交所需的视频资料。还可进行上载的任务编排、编码,并根据下载申请者的要求,完成视频切割组合、转码,或下载到其他介质。

(6)媒体资产存储模块

该模块作为资料归档、检索和调用的存储中心,为各种业务数据提供安全可靠的集中保存空间,提供在线与近线的归档、迁移功能和相应的任务管理、分配、审核功能,提供音频和视频检索存储访问。

(7)后台管理模块

该模块实现整个传媒资产系统的管理功能,它的主要功能包括:版权管理、资料管理、信息统计、核算管理、权限管理、业务流程管理、业务流程定制、业务流程监控、网络管理。

(8)节目编排模块

该模块对播出节目串联单进行编排。

6.1.2.5 传媒资产管理系统业务模式

传媒资产管理系统典型的业务模式可分为：

(1)节目生产服务型

传媒资产管理系统与节目生产业务紧密结合起来，建成以传媒资产管理系统为平台的新型节目生产系统，即节目生产服务型传媒资产管理系统。基于这样的传媒资产管理系统的有力支撑，新型节目生产系统具备了诸多特色功能，例如：快速检索素材，嵌入式检索，检索结果可立即调用，资料集所包含的各种相关信息辅助节目制作等，在很大程度上提高了节目生产的工作效率，改进和丰富了节目生产的工作流程。

(2)传媒资料馆

针对单纯的多媒体资料进行统一的管理，建设成一个多媒体资料馆，即资料性传媒资产管理系统，在这样的传媒资产系统中，重点解决了多媒体资料的输入、加工和输出的问题。该系统可管理的资料对象包括平面资料、图集相片、传统介质和音视频资料等。利用系统提供的编目和检索功能，能够很好地满足标准的资料编目及标准流程，同时，方便地满足用户对馆藏资料的检索和下载要求。其特点是上载量大、流水线编目、节目种类齐全，具有传统磁带库管理功能。

(3)中心传媒资产管理系统库

传媒资产管理系统作为完整的支撑平台，既可支持节目生产业务系统的运行，也可以支持播出及其他业务平台的运行，例如：办公网、节目交换平台等。采用开放灵活的模块化设计思路，建成多业务运行的混合型传媒资产管理系统。其特点是：节约资源，提高系统运行价值和各业务系统统一的接口模式，统一用户认证，提供高效的数据通路，使用自动化的流程管理。

6.1.3 传媒资产管理系统存在的问题

尽管我们已经在媒体资产管理的很多方面取得了进步，但还必须清醒地认识到目前仍然面临很多困难。在现有的传媒资产管理系统中，仍然存在一些亟待解决的问题，这些问题主要表现为以下方面：

(1)系统关注面过于狭窄，局限于特定类型的资源

由于各个软件提供商在传媒行业主要从事的业务和市场定位的不同，形成了对传媒资产概念的不同理解，所提供的传媒资产管理系统大多是针对特定资源类型的专用系统。一些长期从事广电传统音视频业务系统开发的公司，在音频和视频的处理方面有较好的技术积累，由其提供的传媒资产管理系统更多地关注对音频和视频数据的管理，重点解决制作、播出中的媒体资料的存储和管理问题；而一些长期从事新闻业务系统开发的公司，凭借其在新闻业务流程和需求方面的优势，所推出的传媒资产管理系统则偏重于对文稿、图片类型资源的管理。事实上，传媒机构所拥有的资源并非局限于单一的类型，通常包含音频、视频、图片、文档以及各种程序代码等，而且随着业务的发展，更多类型的传媒资料也会不断涌现出来。

(2)缺乏有效的手段表达媒体资源之间的关系

传媒机构的各种资料之间存在着丰富的内在联系，例如，一个新闻实体是一个复合对

象，通常由视频、音频、文稿、图片等各种不同形式的媒体资料所组成。这些组成新闻实体对象的各个资料之间存在很强的相关性，从一个媒体资料应该能够导航到其他的媒体资料。但在目前的传媒资产管理系统中普遍存在的问题就是缺乏一种有效地表达媒体资源之间关系的手段，有的系统甚至忽略了媒体资源之间的关系，简单地把媒体资源作为一种孤立的类似文档的对象看待。这使得原本紧密耦合的各种资源变得离散化和无序化，降低了信息的黏滞度，在各种资源之间实现导航就变得非常困难。

(3)系统间互操作性较差

目前国内多数传媒资产管理系统对外提供的通信接口都基于私有协议和格式，而且与操作系统以及程序设计语言相关，还有些媒体资产管理系统甚至连对外的通信接口都不提供，整个系统本质上就是一个规模庞大、功能齐全的封闭系统。由于缺乏标准化的通信接口，这样的传媒资产管理系统在一定程度上损害了传媒机构的利益：一方面，由于来自不同软件提供商的传媒资产管理系统之间很难实现互操作，在传媒机构之间实现大范围的资源集成与共享是件很困难的事情；另一方面，即使在同一个传媒机构内部，其他来自不同软件提供商的应用系统或服务也很难实现与传媒资产管理系统的集成，在媒体机构内部也就不能真正实现资源集成与共享，因此，常常会出现传媒机构被牢牢地绑定在某个软件提供商平台上的尴尬局面。

(4)缺乏必要的灵活性和扩展性

目前不少传媒资产管理系统在设计理念上比较落后，系统构架也不合理，在实现上模块化程度较低，缺乏必要的灵活性和扩展性。由于在实施传媒资产管理系统的初始阶段，系统开发商只能了解很少的一部分客户需求，而且客户的需求总是动态变化的。如果设计系统时仅基于这些特定的需求，对客户将来需求、业务的变化常常难以适应，一个很小的调整往往会付出很大代价。

(5)用户的拥有成本偏高

目前国内很多传媒资产管理系统解决方案的成本普遍偏高，很多中小传媒机构难以承受，这极大地阻碍了媒体资产管理应用的推广和普及。

6.1.4 建立完善传媒资产管理系统

如何真正实现对传媒企业中各种不同形式的传媒资源有效的管理和共享，是下一代传媒资产管理系统研发中需要重点解决的问题。要真正解决传媒资产管理系统中所面临的问题，完善传媒资产管理系统，关键在于把握好传媒资产和传媒资产管理系统的概念。

传媒资产应该是一个广义的概念，它是传媒企业通过消耗一定的人力、物力和财力所获得的，并对于传媒企业的发展起重要作用的各种形式的数字资源，包括音频、视频、图片、文档以及程序代码等。传媒资产管理系统是实现对上述各种形式的数字资源的采集、管理、利用、传递和增值等，其终极目标是实现内容价值链的最优化。可以把传媒资产管理系统划分为内容管理平台和基于该平台的各种增加价值的应用系统两个层次。内容管理平台对增加价值的应用系统提供了强有力地支持，实现了数字资源的存储、管理与访问的相关服务。增加价值的应用系统是最能直接体现传媒资产管理系统价值的部分，与用户的业务流程相关，提供了对数字资源的采集、加工处理、增值等服务。

6.1.5　传媒资产管理系统的发展方向

6.1.5.1　编目标准统一

传媒资产管理系统是节目制作和播出的中心，统一编目标准才能更好发挥视频和音频素材的价值。没有统一的标准，不利于媒体资料的交换。传媒资产的目的之一也就要用于节目的出售和交换，要真正做到一次编码和编目、多次使用，编目标准也必须统一。比如，中央电视台的素材，北京电视台要买，买好后，如果没有统一的编目标准，北京电视台只有对买来的素材重新进行编目标引，才能入库保存；编目标引标准不一致，素材就不能直接存入北京电视台的传媒资产管理系统中去。为了体现媒体资产管理系统的价值，编目的标准一定要统一。各个厂商开发的传媒资产管理系统，都有其特点，这些系统都是为一些单位定性制作的。随着网络技术的成熟，电视台间通过网络传送素材可能性越来越大，通过网络直接检索和查询其他电视台资料库素材的可能性也随之增加，要想使用通用的检索接口和界面检索其他电视台的资料库，必须使用统一规范的编目标准和检索机制。对于各个厂商的开发者和建设者来说，必须按照标准定制系统，才能保证将来传媒资产管理系统的互联性。

6.1.5.2　管理方便安全

对素材的管理要更方便和安全，系统应该能自动完成许多素材的管理工作，不需要人工去干预。比如，素材的迁移、存储，系统能够智能化地识别在线、近线、离线存储。系统的安全防护要更加强大，如果系统的安全得不到保障，传媒资产管理系统中存储的视频和音频素材是危险的，所以，传媒资产管理系统必须提供最强有力的安全防护措施。

6.1.5.3　检索更加高效

检索的高效率体现在多方面，用户都希望能方便和快速地检索和查询到所需要的素材，而能否通过智能化的手段进行查询是未来传媒资产管理系统查询的关键。目前还仅仅提供在一台计算机平台上去查询，这样很不方便。为了更方便，一定要有更简便的查询手段，比如，通过语音，用户只需要对着查询服务站说出要找的资料。

6.1.5.4　编码更加完善

传媒资产管理要把视频和音频素材数字化、网络化和信息化，编码压缩技术至关重要。传媒资产管理要求在保证图像质量的前提下，压缩率最大。MPEG-4 的出现基本上达到了这一要求，但是 MPEG-4 是基于对象编码，支持基于内容的检索作为其目标。能不能完全达到通过很少特征来对信息内容进行检索，现在的技术还达不到。所以，编码技术将向着能基于内容和图像的高效快速检索和查询方向发展。MPEG-7 就是建立在 MPEG-4 的基础上，它期望用最少的视觉特征就能对音视频素材进行检索，比如，在现在的传媒资产管理系统中，通过一些最简单的特征，就能快速找到包括这些特征的相应素材。

6.1.5.5　多元增值服务

为了让传媒资产价值最大化，必须提供多元增值服务。在传媒资产管理系统中，有两种质量的素材：一种是用于编辑、播出和交换的广播级高质量素材；一种是为了提供永远在线的浏览方式的低码率素材。高压缩比的低码率素材，除了供内部网络的浏览与使用外，还可以通过因特网或其他方式向社会或行业单位开放,使其价值得以充分发挥。素材质量的不同,传媒资产管理系统的开放领域、使用的方式以及付费的标准也不相同,如高压缩比低码率的素材除了提供浏览外,可以作为网络在线点播的素材源;有自主知识产权的广播级的高质量素材可以作为商品在线销售或用于素材交换,还可以按类别向用户有偿供给等。对于素材和节目的增值服务,不同的用户可能不同,如何创建用户特色的增值服务系统,最大限度地发挥素材和节目的价值,也是传媒资产管理系统成功与否的一个重要标志。

6.2 传媒有形资产管理

有形资产有狭义和广义之分。狭义的有形资产通常是指企业的固定资产和流动资金。广义的有形资产则包括企业的资金、资源、产品、设备、装置、厂房、人才信息等一切生产要素。

在本节中,传媒有形资产是有一定实物形态的传媒资产,包括传媒的固定资产和流动资产。传媒有形资产管理包括传媒固定资产管理和传媒流动资产管理。

6.2.1 传媒固定资产管理

6.2.1.1 传媒固定资产

(1)固定资产

固定资产属于产品生产过程中用来改变或者影响劳动对象的劳动资料,是固定资本的实物形态。固定资产在生产过程中可以长期发挥作用,长期保持原有的实物形态,但其价值则随着企业生产经营活动而逐渐地转移到产品成本中去,并构成产品价值的一个组成部分。一个企业把劳动资料按照使用年限和原始价值划分为固定资产和低值易耗品。对于原始价值较大、使用年限较长的劳动资料,按照固定资产来进行核算;而对于原始价值较小、使用年限较短的劳动资料,按照低值易耗品来进行核算。在中国的会计制度中,固定资产通常是指使用期限超过一年的房屋、建筑物、机器、机械、运输工具以及其他与生产经营有关的设备、器具和工具等。

毫无疑问,固定资产对于企业而言,起着重要的作用,其管理程度的好坏直接关系到企业的生存和发展。固定资产是企业发展的基石,其作为企业直接的生产工具,是生产力水平的直接体现,直接决定企业的生产规模以及生产水平。固定资产是企业的核心竞争力,能左右企业的发展方向。在我国的大中型以及私营企业中,固定资产所占的比例很大,要实现企业整体利益,必须加强对固定资产的管理。

(2)传媒固定资产

简单来讲,传媒固定资产是指在传媒产品生产与经营过程中用来改变或者影响劳动对象的劳动资料,如传媒办公场地、机器、运输工具以及其他与生产、经营相关的设备、工具等。

传媒固定资产是传媒组织固定资本的实物形态。传媒固定资产在传媒生产经营过程中可以长期发挥作用,长期保持原有的实物形态,但其价值则随着传媒企业生产经营活动而逐渐地转移到传媒产品成本中去,并构成传媒产品价值的一个组成部分。

传媒固定资产是传媒企业开展生产经营活动的物质基础，是传媒企业产生效益的源泉，关系到传媒企业的运营与发展，也是反映传媒经济实力、规模大小的重要指标之一。加强传媒固定资产管理，有利于提高传媒企业的经济效益，促进传媒企业正确评估固定资产的整体情况，提高资产使用效率，增强企业的综合竞争实力，使传媒固定资产更好地发挥其应有的功能和效益。

6.2.1.2 传媒固定资产管理的内容

(1)传媒固定资产盘点管理

传媒固定资产盘点管理即核对固定资产的实际情况和记账情况，达到物、卡、账相符的目的。盘点工作组应由不同职能人员以及其他局外人员共同组成，盘点结果应记录在盘点清单上，清单应归档保存。

(2)传媒固定资产购置管理

传媒固定资产购置管理主要是针对购置或自建固定资产进行预算、计划、投资分析、验收与记账过程的管理。

(3)传媒固定资产核算管理

传媒固定资产核算管理即对固定资产价值的确定、残值估计、折旧方法、资产盈亏与处置、资产减值准备的计提等各方面的管理。传媒财务部门根据国家统一会计制度结合传媒自身实际状况分门别类设表，例如，机器设备、运输设备、房屋建筑等。各种资产明细表应该有名称、价值、型号、购置或建筑日期、折旧方法与年限、累积已提折旧额和净值、存放地点、使用人员与责任部门等。

(4)传媒固定资产处置和转移管理

传媒固定资产处置和转移管理是指传媒企业应对固定资产的对外投资、非货币性资产交换、债务重组、内部调拨等进行管理。

6.2.1.3 当前我国传媒固定资产管理存在的问题

(1)管理制度不完善

由于资产管理制度不完善，实际工作中资产管理出现脱节，造成财务部门、物资管理和使用部门之间的制约关系和相互衔接不清楚。固定资产管理要求把握全面性、全员性原则，但很多传媒企业现行固定资产管理模式中，参与固定资产管理工作的主要是资产管理部门、财务部门和使用部门，其他利益相关人员并没有参与管理的责任与意识。对固定资产的管理主要依赖财务软件中的固定资产模块：资产管理部门通过人工清查方式，建立固定资产台账，记录具体的使用情况，在每月月末向财务部上报资产使用数据及状态表；财务部门根据资产管理部提供的数据进行财务处理，在期末组织固定资产盘点；使用部门只负责设备的正常运作。这种过度分散、互不相干的管理模式使得资产管理部门工作量较大，财务部门无法了解固定资产的动态变化情况，向管理决策层提供的固定资产信息有所偏差，不利于保证决策的科学性。

(2)固定资产管理意识淡薄

传媒企业对固定资产的管理一般存在片面理解，更多的是关注固定资产投资管理。前期的供应商选择、项目考核都能采取较为严谨的计划，但购置后的设备管理却容易忽略，造成企业固定资产不能优化配置，关键资源未发挥应有的作用，产出效率比较低。还有一些传媒在购置之前对企业资产需求的具体情况不进行相关分析，也不严格遵守固定资产的购置计划中相关报批及审批程序，随意性大。财务部门在编制年度财务收支预算计划时，对固定资产的整体把握性差，重复购置现象和资源短缺现象同时存在，分配不均，造成资源浪费，固定资产的采购配置活动效率低下。

(3)固定资产管理缺乏有效的方式

在传媒企业的有效管理经验当中，都会有一套明确的绩效考核方式。通过明确的绩效管理来调动传媒管理的积极性。但是目前来看，那些在固定资产管理上面临着重大问题的传媒企业，很多是因没有建立起有效的绩效考核，缺乏科学的管理方式而造成的。没有建立起专业的固定资产管理队伍，权责不明，常常会出现监控不力的局面，这又在很大的程度上导致了传媒企业出现账面和实际不符的情况，这是很多传媒企业反映出来的固定资产的使用不透明情况的体现。没有科学的管理手段，就不能够提供固定资产的基础资料和信息，对企业固定资产的管理就会出现不当或者错误。

6.2.1.4 加强传媒固定资产管理对策

(1)完善固定资产管理制度，提高管理制度执行力

制订和完善固定资产管理制度，是传媒财务管理工作的一项基础工程。通过完善制度，传媒企业的固定资产管理有章可循、有法可依，杜绝管理漏洞，防止传媒企业资产流失。首先，应建立固定资产的预算制度、核算制度以及考评制度，以强化固定资产的管理效率。其次，健全固定资产保管制度，建立严格的固定资产出入库制度，对各种固定资产要分门别类、专人保管，做到入账时有验收、领用时有登记，防止漏报、漏记现象发生。最后，制订固定资产奖惩制度，明确固定资产岗位管理职责，对各部门固定资产管理、使用和保养人员进行考核。对责任心不强、工作失误、管理不善的责任人进行处罚，对效益突出的科室和个人进行奖励，以强化固定资产相关管理人员的责任意识。

(2)提高对固定资产管理的认识

针对固定资产管理意识淡薄，固定资产管理效率不高的现象，首先应做到健全传媒企业对固定资产管理的组织结构，将固定资产管理的职责明确到人，责任到位，以强化相关人员的固定资产管理意识。

(3)建立起专业的管理队伍，实现责任到位的制度

固定资产的管理，需要专业的管理人员来进行。固定资产的管理不能够停留在对账面数字上的工夫，而是要把账面和实际相结合起来。要把这个环节切实做好，需要进行专业管理队伍的建设。在进行这项工作的时候，需要进行不定期的专业培训，让管理人员充分地了解目前的管理形式，不断提高固定资产管理人员的素质。另外，还需要固定的管理人员，在进行管理上和其他的专业部门进行不断的沟通和交流。这样传媒能够把握固定资产变动的信息，便于传媒进行相应的调整，这也是传媒企业固定资产的数据真实反映出实际情况的一个重要方面，实现了固定资产的账目和实际管理的紧密结合。

(4)进行企业固定资产的合理投资，发挥固定资产的最大效用

在传媒市场运营中，需要进行固定资产的调整。但是这种对固定资产管理上的处置并不是盲目的、没有规则的，而是要按照发挥固定资产最大效用的原则进行。在固定资产的购

置、使用和处理上,都需要根据审批程序来进行,使每一项管理都能够在现实当中得到监督。根据传媒在运营发展中反映出来的数据进行严格的形势分析,及时调整传媒的投资方向,保证传媒能够进行完善的管理和明智的投资,增大竞争力,实现传媒的最大效益。

6.2.2 传媒流动资产管理

资产是传媒企业拥有或控制的经济资源。加强对各类资产的管理,对其合理有效利用,是传媒创造企业财富,获得利润的经济基础。流动资产是传媒企业的重要资产之一,是保证传媒企业进行正常的生产经营活动所必需的资产。通常流动资产占传媒企业资产的比重很大。传媒企业应统筹安排各种需要的资金支出,控制各类资产的规模,保持其合理结构,从而有效地组织资金运动,提高资金利用效果。

6.2.2.1 传媒流动资产

传媒流动资产是传媒企业可以在1年或者超过1年的一个营业时期内变现或者运用的资产。它在生产经营或者业务活动中参加循环、周转并不断改变其形态,流动性很大,周转期很短。它的内容包括货币资金,短期投资,应收、预付款项及可变现的存货资产。

传媒流动资产按生产过程中的作用可分为用于生产领域的流动资产和用于流通领域的流动资产;按管理方式可以分为定额流动资产和非定额流动资产。

6.2.2.2 传媒流动资产的特点

传媒流动资产的特点主要有以下几个方面:

(1)流动性大、周转期短

流动资金的消耗与补偿期限很短,可以在1年内或1个生产经营周期内发生作用。所以流动资金形态多变,消耗和补偿期限很短。

(2)流动资金的循环

流动资金在不断周转循环中,存在着资金分布并存性和资金运动继起性。流动资金的并存性和继起性是互为条件、互相制约的,两者共同影响流动资产的使用情况。随着资金的周转循环,流动资金不断改变其价值。流动资金在各个阶段的流动状况,标志着传媒企业的经营管理水平和经济效益。

6.2.2.3 传媒流动资金管理的原则和任务

传媒流动资金管理的任务主要是做好资金的筹集和使用,加强经济核算,提高经济效益,依法保障传媒组织权益。流动资金管理的任务与流动资金的管理原则密切相关,传媒企业应积极贯彻基本原则的要求,完成资金管理的任务。

流动资金管理的原则可概括为以下几个方面:

1)建立以市场为中心,服务于生产和流通的市场经济原则。

2)以加强经济核算和提高经济效益为原则,促进企业增加积累。

3)以科学化管理为原则,利用现代化的管理技术和方法,提高流动资金管理水平。

4)贯彻责、权、利相结合的原则,建立经营管理责任制。

6.3 传媒无形资产管理

对无形资产的有效管理利用是现代企业成熟的标志。长期以来,我国企业往往只重视有形资产的使用和管理,而对无形资产在企业生存、发展中的地位和作用缺乏足够的认识。以信息技术和网络技术为代表的高新技术在加速经济全球化的同时,正在全速把传媒企业带入知识经济时代。资产的重心从有形向无形转移,无形资产在传媒企业发展中的地位和作用日益提升,无形资产已经成为现代传媒企业的核心资源之一,成为最有竞争力的武器。我国传媒企业应顺应这个趋势,及时转变观念,调整经营思路,大力加强无形资产的有效管理,以更充分地发挥这类特殊资产在传媒产业经营中的巨大作用。

6.3.1 无形资产

6.3.1.1 无形资产的概念演变

传统意义上的资产主要是指有形资产,人们对无形资产的认识是随着实践的发展和现实的需要而不断提高的。20 世纪 60 年代中期之前,一些国家把商誉当作无形资产进行资产价值评估。后来,随着技术和贸易的发展,海外的理论工作者逐步将专利、专有技术、商标、版权、租赁权、特许权、土地使用权等纳入无形资产的研究范畴,知识产权成为研究的重点。到了 20 世纪 90 年代,随着知识经济的发展,人们对无形资产的理解进一步深化,一些学者开始将组织资本、人力资本也并入无形资产的研究范畴。至此,无形资产的内容已扩充为"用于商品或劳务的生产或供应、出租给其他单位,或为管理目的而持有的、没有实物形态的可辨认非货币性资产"。中国加入世界贸易组织后,随着高新技术产业的迅速发展,无形资产的作用逐渐增大,地位也在日益上升,它已经成为企业谋求生存发展的重要手段。

无形资产,相对于有形资产来说,通常是指自身拥有或使用的,那些不具有实物形态,但能以某些特殊资源存在并发挥作用的资产。无形资产与有形资产共同构成企业的全部资产。

《企业会计准则——无形资产》对无形资产的构成作出了明确的界定:企业无形资产可分为可辨认和不可辨认两种。前者包括专利权、非专利权、商标权、著作权、土地使用权、特许权等,后者专指商誉。无形资产的取得包括购入、投资方的投入、非货币交易投入、通过债务重组获得等多种形式。

6.3.1.2 无形资产的分类

依据不同标准和角度,无形资产可以划分成不同的种类。

(1)从外延上分类

无形资产从外延上可划分为两大类:技术性无形资产和经营性无形资产。技术性无形资产是为了使有形资产增值在技术上必需的权利。"技术上必需"是指有形资产使用中要解决的人与物的关系。典型的技术性无形资产是专利和专有技术,各种出版物的版权。如果没有这些无形资产,有形资产的使用会受到限制。经营性无形资产是为了使有形资产增值,在经营上必需的条件或权利。"经营上必需"是指有形资产使用中要解决的人与人的关系。

典型的经营性无形资产是经营许可权、商标和土地使用权。

(2)按性质分类

无形资产主要包括专利权、商标权、商号、版权、专营权、非专利技术、商誉等。

(3)根据无形资产的价值计量特点分类

无形资产通常分为可以确指的无形资产和不可确指的无形资产两大类。

6.3.2 传媒无形资产

6.3.2.1 传媒无形资产的内涵

企业组织的资产大体可分为有形资产和无形资产两种。有形资产指具有物质形态的资产。无形资产是指“特定主体控制的,不具有独立实体,对生产经营与服务持续发挥作用,并能带来经济利益的一切资源”。传媒组织的资产同样可以分为有形和无形两种,其无形资产包括媒体名称及商标、商誉、新闻信息网络及数据库、发行及传输网络、新闻传媒业特许经营权等。

6.3.2.2 传媒无形资产的内容

(1)传媒经营特许权、传媒名称(传媒商标、品牌)

传媒单位部门的名称也就是厂商名称。通常它在工商行政管理部门登记后取得法律的承认,在一定区域内受有关法律的保护。传媒名称也就是传媒商标,也是传媒品牌。传媒在网络上的名称,称之为域名。域名与厂商名称、商标有相似之处,它是企业在因特网上的标志。厂商名称、传媒名称(商标)和域名具有占有权、排他权、转让权。

传媒业涉及的是社会公共领域,它是公众的信息平台和公共论坛。从现代产业理论来看,公共领域公共部门必须实行社会化大生产,通常就其自然性质来说,这些领域和部门本身也适合于垄断性经营。在我国,凡属精神产品的生产传播的部门,都采取的是政府审批特许制度,未经许可,即使拥有巨额资金也不能涉足其中。传媒业在这一领域享有特许经营权,拥有合法的经营优势和特殊的政治地位。

厂商名称和(注册)商标、域名在企业的生产经营中发挥着识别、保护企业和企业商品的重要作用,它们是企业的权利类无形资产。厂商名称和(注册)商标,属于知识产权中的工业产权范畴,受到国际《保护工业产权的巴黎公约》和各国《商标法》的保护。单位部门享有所有权、独占权、专用权。任何其他单位部门和个人,不经所有者授权,擅自使用,则会受到法律的惩处。

(2)传媒精神产品

大众传媒业的主打产品是精神信息产品,是传媒人力资源活动的结晶,精神内容在其产品中占据绝对比重,构成绝对价值,而其产品的物质构成几乎可以忽略不计。传媒产品的功能就是帮助人们消除对事物、事情发生、发展情况的不确定性,满足人们求新、求知、求异、求乐的精神文化需求。它也是传媒业拥有的权利类(知识产权类)无形资产,也是传媒其他无形资产生成、积累、拓展的基础。因此,知识产权类无形资产的精神产品及其所有者——传媒单位法人和编辑记者,分别作为著作权(版权)保护的客体和主体,受到《著作权法》的保护。如前所述,传媒经营是对信息精神产品的特许经营、垄断经营,拥有强大的资源优势。

传媒只要正确处理好信息资源在时间、空间、数量上的合理配置,为社会公众提供的信息产品越多、越及时、越准确、越适用,这个媒介就越有吸引力,越有影响力,拥有的无形资产就越多,创造的财富就越多。

(3)传媒商誉(公信度、美誉度)

传媒业的产生源于社会公众对信息的大量需求和个人获取信息能力的有限等。为了弥补这种信息不对称现状,社会公众要求传媒为他们及时提供大量新鲜生动、真实可靠的信息。从传媒与受众的关系来说,传媒必须通过提供大量新鲜、真实、适用的精神作品来取得受众的信任和满意。

传媒要有公信度,这是一种社会契约。从传媒自身的生存和发展的需要来说,传媒必须对信息的真实性、适用性负责,这不仅是一种社会职业道德的要求,而且是传媒能否安身立命的基石。传媒如果生产传播的精神产品是虚假的、不真实的,这个传媒就要承担违背社会公约和道德的风险,就要承担失去大批受众的风险。

公信度实际上就是传媒的商誉,它是传媒业的核心竞争力。商誉通常是指一家企业提供的物质、精神产品质量好、服务好、讲信誉而获得的顾客的信任和好评,它是一种信誉类无形资产。传媒的商誉主要来自传媒的公信度、权威性和服务性。商誉的实质在于它具有能够为企业带来高于社会平均水平的赢利能力。对传媒来说,应当加强职业道德建设,视商誉为传媒的生命,对它极尽呵护之力。

(4)传媒网络

传媒网络作为无形资产的可确指部分就是报纸的发行量,电台、电视台的收听、收视率,网站的点击率等。

(5)传媒影响力、受众注意力

在传媒经济学中,有一个著名的传媒的“二次销售”理论。传媒首先以极其低廉的价格,将信息精神产品销售给受众,满足他们的精神文化需求。在这一过程中,媒介和受众产生了互动交换关系。受众根据传媒提供的产品和服务的质量高低,来决定对传媒投入多少注意力,投入多少信任。媒介通过自己的产品和服务,来吸引受众对传媒的注意力,从而实现自己的影响力。在首次销售中,大多数传媒是难以获得利润的,传媒的利润的实现大多来源于第二次销售,即将受众的注意力和传媒的影响力销售给广告客户从而获取利润。从这个意义上来说,传媒经济既是注意力经济,也是影响力经济。因此,传媒是一个特殊行业,无形资产的内涵较为丰富。

6.3.2.3 传媒无形资产的特性

与其他企业无形资产一样,传媒无形资产具有五个基本特点:

(1)非实体性

无形资产没有物质实体形态,报刊发行量、广播的收听率、电视的收视率是传媒无形资产的表现形式,传媒的权威性和影响力是传媒无形资产的另一种表现形式,而这更是传媒无形资产的核心部分。

(2)垄断性

无形资产往往是由特定主体垄断占有,这种垄断性有的是通过企业自身保护,有的则是借助法律保护并以长期生产经营服务中的信誉取得社会的公认。传媒是国家特许经营的行

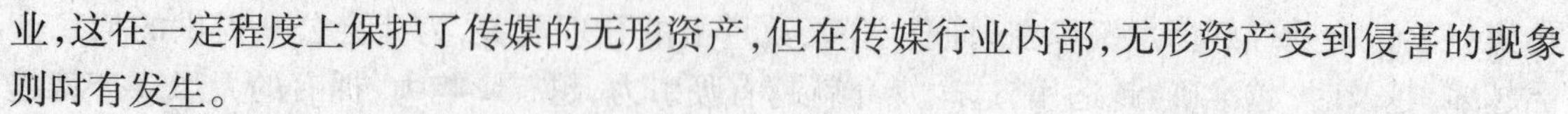

业，这在一定程度上保护了传媒的无形资产，但在传媒行业内部，无形资产受到侵害的现象则时有发生。

(3)增值性

无形资产具有强大的增值功能，不少名牌企业无形资产价值远远高于企业的有形资产和年销售额。无形资产为传媒集团带来了巨额的广告收入，这是无形资产增值性的最直接的表现。另外，一些传媒集团开展会展、演出甚至经营酒店等，无形资产对这些经营取得效益也发挥着作用。

(4)不确定性

无形资产能为所有者或占有者带来的未来经济利益具有不确定性。传媒无形资产给传媒集团所带来的经济利益取决于许多因素，如国家宏观经济的发展、消费者的偏好、传媒行业的成长、传媒市场的竞争等。传媒无形资产自身也在发生变化，有的传媒无形资产在升值，有的传媒无形资产在贬值，这取决于传媒集团的管理和运营情况。

(5)独立性

无形资产相对于有形资产而言有其相对独立性，它可以不依赖有形资产而独立发挥作用，它体现一种权利或取得经济效益的能力。

除了以上几个无形资产的共性外，传媒无形资产还有地域性及难以跨地区、跨行业发展等自身的特性。

除了少数几个国家级的传媒集团外，其他传媒集团都是由各省(市)机关报社、电视台和出版社等转制而来，这些传媒集团具有很强的地域性，虽然一些广电集团的广播电视节目通过卫星覆盖了全国，但由于节目内容具有很强的地域性，除了个别节目外，多数节目的受众范围仍然集中在当地。近几年，报业集团的跨地域经营有了一些进展，但也是主要在省内，向省外的扩张受到很强的限制。传媒集团的这个特点，使其无形资产具有很强的地域性。除中央的少数几个传媒集团外，其他地方传媒集团的电视和报纸品牌只有在当地才有知名度和影响力，也就是说地方传媒集团的无形资产只有在当地才具有很高的价值，离开当地，这种无形资产的价值就很难表现出来。

传媒是国家严格控制的领域，社会资本进入传媒领域的政策障碍很大，甚至传媒领域内的跨地区、跨媒体经营也有很大难度。另一方面，新闻媒体机构多年来是事业单位，20 世纪 90 年代之前，大多数新闻媒体机构依靠财政吃饭，只是近几年传媒产业的高速发展才催生出一批传媒集团。这种历史变革使传媒集团管理能力也不强，在传媒领域之外的经营很少有成功的。目前，传媒集团在传媒领域之外的经营主要集中在会展、演出、酒店等项目，传媒无形资产也只是通过广告或形象宣传等简单形式，对这些经营项目起到影响。

6.3.3 传媒无形资产管理

6.3.3.1 传媒无形资产管理的定义

传媒无形资产管理是指为达到一定传媒经营管理的最终目标而对传媒无形资源的开发、注册、利用、保护等进行预测、决策、计划、组织、分析、评价、协调和控制等管理工作或运营活动。

6.3.3.2 传媒无形资产管理的内容

目前，传媒无形资产管理的主要内容应该包括；

1）传媒无形资产管理组织与制度设计，如无形资产管理人员机构与体制、法律制度、基本特性与要素、内部控制因素等。

2）传媒无形资产战略管理，如无形资产发展调研、预测、规划与调整等。

3）传媒知识产权管理，如发明、专利、商标、版权等无形资产权益等。

4）传媒无形资产品牌价值管理，如商誉、名牌、形象、传媒组织文化管理等。

5）传媒无形资产人力资源管理，如人力资本管理与培训。

6）传媒无形资产评估管理，如业绩评价、评估程序、估价原则与方法等。

7）传媒无形资产危机管理，如社会责任、保险意识、风险分析、理性决策与反馈程序等。

8）宏观无形资产管理，如国家政策法规、公关服务、市场监督外部环境等。

9）传媒无形资产管理变革与创新，如高新科技创新使用、道德伦理、管理模式、理论观念创新发展等。

6.3.4 传媒无形资产管理的重要性

加强传媒无形资产管理对传媒组织发展具有十分重要的作用。在知识经济环境下，传媒企业赢利能力的扩大和价值的提升，在很大程度上依赖于传媒自身所拥有的无形资产。

首先，无形资产为传媒企业创造价值和超额利润。无形资产本身具有巨大价值，传媒组织无形资产的价值是巨大的，它可以形成传媒企业的核心竞争力，这是有形资产所无法比拟的。

其次，无形资产管理是传媒企业生产经营的重要因素。机器设备、原材料等有形资产是硬件，技术、知识信息、商誉等无形资产是软件，后者对前者进行优化使用和合理配置，使传媒企业产生较高的经济效益。传媒无形资产管理主要在降低生产成本、提高媒介产品质量和增强市场竞争力等方面发挥关键作用，创造价值并产生超额利润。因此，传媒无形资产是传媒组织在激烈的市场竞争中脱颖而出的决定因素，拥有一定规模与质量的无形资产是培育传媒组织核心竞争力的必要条件，其决定着传媒企业价值的大小。

再次，无形资产有利于传媒企业进行低成本扩张，实现规模经济。无形资产同有形资产一样，通过运营都可以实现价值增值。

6.3.5 我国传媒无形资产管理存在的问题

6.3.5.1 无形资产价值评估的标准和方法不明确

国务院国有资产监督管理委员会（简称国资委）《关于规范国有企业改制工作的意见》中规定企业的专利权、非专利技术、商标权、商誉等无形资产必须纳入评估范围。无形资产评估相关规定在规范评估行为的同时，忽略了对土地使用权和企业品牌以及特许经营权等无形资产的规范。此外，关于专利权、非专利技术、商标权、商誉等无形资产在我国也无成熟的评估标准，评估结果难以反映传媒企业的实际价值，具体操作起来误差很大。

无形资产和有形资产的评估方法基本一致，主要包括收益现值法、现行市价法、重置成本法。在实际中,收益现值法一般出现在以转让、投资为目的的评估中。涉及以成本、费用摊销为目的的评估一般采用重置成本法。现行市价法所得出的价格则只是真实交易中的一种参考价格。无形资产评估方法和计算口径多样,经常会造成采用不同评估方法对同一对象进行评估所得的结果相距甚远的情况。不同评估方法得出的评估额相差较大,即使几种方法配合使用,仍会有较大误差。无形资产的价值评估比实物资产价值评估的难度更大的原因在于无形资产价值评估中主观判断分析的因素更多。同样的资产,由不同的评估人员来进行评估,评估结果会不相同。因而有人说:"无形资产评估是一种艺术。"这说明了传媒无形资产评估的动态性和随机性。当对同一无形资产使用多种评估方法时,注册资本评估师应当对取得的各种价值结论进行比较,分析可能存在的问题并做相应调整,确定最终的评估价值。

6.3.5.2 无形资产管理环节制度缺乏

由于当前我国传媒组织缺乏相应的管理机制、人员和制度,传媒无形资产价值得不到提升,严重影响了无形资产作用的有效发挥。传媒从业人员无法利用科学知识有效地管理和使用无形资产,就造成无形资产的流失,导致无形资产严重浪费。另外,由于受到过去计划经济较长时期的影响,我国市场经济体制虽然已经确立,但经济的市场化程度并不高,完善的市场化体系还没有建立起来,这严重阻碍了无形资产的商品化、市场化、社会化进程。

6.3.5.3 部分无形资产不被重视甚至流失

一些传媒企业的领导者商标保护观念不强,未及时注册商标,使得自己的商标被人抢注,商标被盗用或随意授权使用商标,导致无形资产的形象受到破坏。国内许多传媒企业只注重有形资产的管理和经营,却不大重视无形资产的利用和保护。近年来,媒介品牌被抢注为商标的事件频繁发生,如央视的"大风车"被抢注在儿童食品、服装、玩具上;"东方之子"、"焦点访谈"被抢注在白酒上。江西电视台的台标被抢注到服装上,安徽电视台的台标被抢注到了烟草类别上。

6.3.5.4 缺少专门的无形资产管理人员和机构

首先,传媒企业缺少专门的无形资产管理人员和机构,势必因人员的非专业化而影响无形资产的管理水平。其次,传媒企业在无形资产的培育和研发阶段往往缺少详细的投资预算以及可行性分析,没有切实考量投入的成本与预期收益的关系,从而无法实现获取超额利润的目的。再次,传媒企业常常忽视无形资产的维护,知识产权侵权事件时有发生。

6.3.6 传媒无形资产管理的措施

对无形资产的有效管理利用是传媒企业成熟的标志。长期以来,我国传媒企业往往只重视对有形资产的使用和管理,对无形资产在传媒企业生存、发展中的地位和作用缺乏足够的认识。处在知识经济时代,我国传媒企业应尽快进行无形资产管理革新,适应未来发展趋势,以求在国际和国内竞争中占据优势。

6.3.6.1 注重传媒企业无形资产的开发

传媒企业应该加大研究开发生产经费的投入,提高传媒企业的竞争力。这就要求传媒企业在激烈的市场竞争中,采用先进的分析方法,与竞争者及同行业中的领先者研究对比,找出不足与先进经验,将先进的管理模式及开发策略结合本公司的自身特点加以推广,使传媒企业保持无形资产开发上强大的竞争力。

此外,知识经济时代,信息在社会上无所不在地高速传播着,传媒企业应重视品牌在公众中的展露情况,利用各种渠道,安排周密的计划,制订切实可行的广告宣传预算,设计具有特色的品牌标志。

6.3.6.2 提高认识,增强无形资产管理意识

无形资产是传媒企业资产的重要组成部分,虽没有实物形态,但一经转让或投资,其本身的内在价值就会得到充分确认。加强无形资产管理,可为传媒企业带来可观的经济效益,因此要加强对无形资产的宣传。传媒企业各级管理人员要从思想上加强对无形资产管理重要性的认识,彻底改变"重有形轻无形"的管理思路。

6.3.6.3 设置无形资产管理部门,配备专门的无形资产管理人员

以知识为基础的无形资产与人力资源的关系是非常紧密的,无形资产数量的多少和质量的高低都由人力资源的水平和素质决定,因此,传媒企业要不断营造创新的学术环境和政策环境,逐步形成尊重知识、尊重技术、尊重人才的良好氛围,并建立起激励和约束相配套的人力资源管理制度,鼓励传媒企业员工充分发挥其潜能,不断开发新技术新成果,使无形资产步入良性循环的轨道。

无形资产管理所涉及的层面非常广泛,比如法律、营销、管理、统计、财务等,对人员专业技能掌握的要求非常高,所以无形资产管理人员必须是专业的、高素质的。他们不但要具有渊博的学识,还要有很强的法制观念。企业要定期对无形资产管理人员进行培训,提高队伍的整体素质。这个队伍的素质在很大程度上制约了无形资产的保值与增值,所以培训是十分必要的,这可以让参与管理的人员了解到无形资产最有效的管理方法以及有关无形资产管理的最新知识。

6.3.6.4 设计专门的无形资产管理制度

完善无形资产管理的相关制度是传媒企业加强无形资产管理的重要手段。传媒企业不仅要设置专门机构,配备专业人员,并且要建立一套行之有效的管理制度,要明确无形资产的管理对象、管理方式、程序与措施,做好无形资产的开发、利用与创新。

建立无形资产的内部控制制度。内部控制制度是指各级管理部门在部门分工的基础上,通过采取一系列制度化、规范化的方法而形成的一整套严密的控制机制。传媒企业建立、健全有效的管理制度和内部控制制度,包括无形资产的研发管理制度、实施管理制度、评估管理制度以及档案管理制度等。

6.3.6.5 统一无形资产评估标准和合理选择评估方法

无形资产评估的标准是保障评估工作顺利进行、评估结果正确有效的重要前提,因此需要以法律的形式明确相关标准,评估结果才能合理科学,真正实现传媒企业无形资产的保值增值。

无形资产种类很多,各类无形资产的评估规律不尽相同,随着知识经济的迅猛发展,无形资产评估越来越复杂,仅靠单一的评估准则是不行的,所以,建立资产评估准则体系是非常重要的。在可能的条件下,要尽可能采取多种评估途径进行评估,把成本途径、市场途径

和收益途径有机地结合起来,综合各种评估途径的结论得出最终评价结果。

6.3.6.6 加强无形资产管理,注重传媒形象、商誉和品牌

传媒形象、品牌和商誉作为传媒无形资产的核心内容之一,是决定传媒竞争力的重要因素。当前我国很多传媒组织缺乏名牌意识,不注重知识产权保护,面临激烈的市场竞争,尤其是国外传媒集团的巨大压力,就会丧失竞争优势,对外开放的最终结果可能不是利用外资,而是外资利用了我们。这一切都表明了我国传媒企业加强无形资产管理,通过培养传媒形象、商誉和品牌树立传媒长期竞争优势,促进企业发展的必要性和紧迫性。

6.3.6.7 加强无形资产的危机管理

快速评价决策效果,及时纠正无形资产经营决策失误,发现问题立即采取补救措施,将损失降低到最低程度。宏观上要健全无形资产管理方面的法律法规。微观上要加强传媒企业内部无形资产管理的制度建设。制订各类无形资产管理的规章制度并严格执行,建立健全无形资产管理的责任制,通过苦练内功,改善无形资产管理。

6.3.6.8 搞好无形资产的营运管理

传媒企业要发挥自身优势,就要充分利用自身特有无形资产,通过无形资产的投资合作,推动传媒企业的低成本扩张。管理者可以用传媒企业的品牌进行投资,与国外拥有先进技术的传媒集团实行强强合作,优势互补。

6.3.6.9 加速建立传媒无形资产信息系统

建立无形资产信息系统,有效预防无形资产资源的流失,设立高素质的市场部,系统、全面地收集与研究信息。传媒应当不断推动无形资产信息管理的科学化与规范化,以充分发挥无形资产信息系统管理软件在本世纪现代化管理中的重大作用。

★思考题

1. 试举例谈谈传媒资产管理在传媒市场运营中的重要性,以及如何构建、完善传媒资产管理系统。

2. 浅析传媒无形资产在传媒经营管理中的价值,在传媒市场运营中如何发挥传媒无形资产价值效益最大化?

7 传媒生产管理

导言

本章学习目标

1. 学习媒体采编业务的基本内容与管理方式。

2. 了解报纸印刷与出版、广播电视制作与播出的基本流程。

3. 充分认识媒体质量控制管理的重要性。

本章重点

1. 理解采编业务管理与生产管理的关系。

2. 学习报纸和广播电视的采编流程与特点。

3. 广播电视播出与制作管理流程。

本章难点

1. "采编合一"与"采编分离"。

2. 电视制片人制。

7.1 传媒采编管理

7.1.1 采编业务的定义及重要性

7.1.1.1 什么是采编业务

在“内容为王”的传媒时代，无论是对报刊、杂志、广播、电视，还是新兴的网络媒体来说，以采编业务为核心的内容生产都具有极其重要的地位。传媒的采编业务是指，媒介内容的采集和编辑业务，这是传媒产业生产的前期阶段和第一个环节。对报纸来说，采编业务是报纸的前期阶段，或者说是印前阶段。对广播电视来说，新闻性节目的制作是整个广播电视节目制作的重要组成部分。对信息重合度较高的网络新闻媒体来说，包括文字、音频和视频在内的采编业务是形成网站核心竞争力的源泉。

报纸、杂志、广播电视和新兴的网络媒体在采编业务上虽然都拥有大致相同的工作步骤，但基于各自的特性，又有着许多差别。主要包括以下两个方面：

1）从人员配置上看，纸质媒体多为记者的“独立作战”，而电视节目的集体创造性较强，经常需要主持、编导、摄像、后期制作等人员合作共同完成。

2）从采编业务的构成要素来看，纸质媒体作为平面媒介，以深度见长，因此更强调内容。在采编环节要突出对重点内容的处理和差错率的把关，而电子媒体因视听兼备，则更强调节目的表现形式以及采编内容的策划和包装。

7.1.1.2 采编业务管理与生产管理的关系

1）媒介采编业务是所有媒介产品生产的起点，媒介采编管理是媒介生产管理开展的重心。因此，要始终把媒介采编业务放在媒介生产管理的首要地位。

2）采编业务主要是对“事”的管理，生产管理主要是对“物”的管理。在既定的标准下，采编业务管理要求注重机动性、灵活性，能够对突发事件作出迅速有效的反应。生产管理则注重程序性、稳定性，要求有条不紊地执行生产计划。

3）对管理人员的素质要求不同。采编业务管理要求有高度的政治思想觉悟和新闻敏感性，要有政治家办报或办台的意识，同时也要考虑媒介产品与劳务的市场营销，而生产管理人员则要有高度的市场敏感性与较强的企业家的经营意识，但也不能忽视政治素质的培养。

7.1.2 报纸的采编管理

7.1.2.1 报纸采编业务的基本流程

新闻采编的流程管理坚持效能原则，尤其是一些设有分社、地方记者站或地方版的大报，要精简发稿的层次和环节，要力求生产过程的科学化、一体化，这是知识经济发展对采编部门提出的新要求。随着知识经济时代的来临，企业管理由支配员工做简单劳动，逐步转向高度信任个人做复杂劳动，组织结构由复杂变简单。

采编业务的管理不仅是整个报纸生产的起点,而且是重中之重。目前,国内不少报社都遵循新闻工作的规律和特点,把采编部门的组织分工设计成采、编、播快速反应的组织结构,根据自身报纸的性质和定位,采编部门通常包括要闻部、经济部、文化部、体育部、特刊部和机动记者组等,同时,各个专刊和版面也会设立总编辑和版面编辑记者,从而确保采编部门人员分工明确,报道及时有效。

以国内一家省会城市的都市报为例,该报社编辑部决定针对近日某农产品价格大幅飙升的现象做一篇深入报道。编辑部首先将这一任务依照先后顺序分为三大块:收集信息、写作报道、编辑出版。然后分别由采访者、写作者和编辑者完成这三大任务。在编辑部的工作流程中,所有的任务都必须落实到人。记者要明确知道自己必须在什么时间采写出关于什么事件的报道,也可以让编辑明了接到这样的报道,应该如何使用,放在什么版面和位置,用什么标题和字号。同时,记者外出采写新闻,特别是多名记者共同协作报道时,编辑应该对其活动予以协调和控制,确保资源使用的最优化。

与中国报纸相比,美国报纸的编辑拥有更大的权力,通常是编辑直接指挥记者,不设中间环节,即通常说的"大编辑,小记者",主编或编辑决定记者的工作方向、工作任务,并对其工作质量和勤勉程度予以评价。

7.1.2.2 采编合一与采编分离

对报纸来讲,信息的采集和编辑是最关键的环节。但由于两者是不同的业务,因此记者和编辑的工作性质也存在着很大差别。记者要外出采访收集各类信息,其工作方式是动态的;编辑则不但要保持和强调记者的报道质量和特色,还要根据版面等要求有条理地呈现给读者,其工作性质是属于静态的。要保证编辑部的正常运作,无疑需要记者和编辑协调一致、高效合作。在长期的新闻实践过程中,报社根据自身的实际情况形成了两种最基本的采编业务模式,即采编合一制与采编分离制。

(1)采编合一制

采编合一指用任务目标将采与编锁定在一起,分别设立几大新闻采编中心,每个中心既负责新闻的采访又负责新闻的编辑。通常在报社人员不足或规模较小的情况下,可以采用采编合一制。实施采编合一制,能使采编人员彼此了解对方的特性与苦衷,可以减少一些摩擦。此外,稿件流程也能得到简化,编辑与记者对如何处理稿件的看法能进行更多交流,不至于发生编辑认为对某则新闻只需轻描淡写,而记者投入过多精力的情况,而且,还可以避免对同一新闻重复发稿的现象。同时,人力资源也得到了充分利用,可以减少用人数量,从而降低成本。

但也应警惕采编合一带来的一些弊端:一是容易形成个人包版制,有时会出现版面质量下滑的现象;二是编辑会顾及记者的要求和"面子",从而导致编辑作为记者之后的"把关人"作用不突出,这也不利于编辑人员自身素质的提高;三是采编合一较为适应周期长、时效慢的周报运作,对于日报来说,实施采编分离并辅以编采交流更为可取。

(2)"采编分离"制

"采编分离"是记者和编辑各司其职的流水线工作方法。常见的做法是实施责编制,建立"分管总编—责任编辑—记者、编辑"三级业务管理与指挥体制。在这种体制下,记者按领域分工“跑口”(采访不同的行业),编辑、责任编辑按版面分工组版、把关。责任编辑是版面的创意者、策划者、组织者和把关人,他们对编辑、记者有指挥权,编辑、记者则按责任编辑的意图采写稿件和组编版面。

在计划经济时代,我国许多采用采编分离制的报社通常会设立各类新闻的采访部和编辑部,如设立经济新闻采访部的同时,还会设立经济新闻编辑部,这是最为典型和原始的采编分离模式。但这种做法很容易造成记者和编辑工作内容的“断裂”,记者只负责采访写稿,而编辑部则处于被动坐等的消极状态,两者沟通较少,工作效率低下,不利于发挥采编人员的主观能动性。随着社会的发展和报社体制改革的推动,目前这种较为落后的采编分离模式已经基本被淘汰,很多报社都积极尝试和推动适合自身模式的新型采编分离。

北京青年报于2003年底进行了采编分离改革。在新的体制下,编辑部划分为编辑中心、采访中心和相关部门三个部分。其中,编辑中心下设要闻版组、本市版组、国内国际版组、财经版组、体育版组、文化版组等10个版组;采访中心共设青年时政部、都市新闻部、经济新闻部、副刊部、特稿部、摄影部等9个部室。多数采访部门已没有与其相对的编辑部门,记者只是供稿,可以向多个版组发稿。而编辑对记者的稿件负责,在业务上可以用电话、网络等手段指挥相关记者,同时,明确规定编辑不准写稿,记者不能编版。

这种新采编分离的优点是新闻质量有了可靠的体制上的保障,编辑和记者权责分明,充分发挥了编辑工作的主动性和创造性。需要明确的是,采编分离绝不是记者和编辑的“老死不相往来”,而只是在岗位明确、职责分工基础上的相对分离。分离并不是目的,而是要达到在分离的过程中相互制约、相互协调,创造出高效高质的新闻作品的效果。

7.1.2.3 报社采编机构设置

在我国,报社主要包括两种类型:一种是事业型的机关党报;另一种是产业型的自主经营的报社。

(1)事业型报社

在事业型的报社中,由于报社是国家的宣传舆论机关,不需要从事经济活动,报社的主要模式是编委会领导下的总编辑负责制。在这种管理体制中,报社编辑委员会是报社各项事务的最高决策机构,全面领导和监督报社编辑部门、经营部门和行政后勤部门的工作。在这种体制下,总编辑实际上只是一个召集人,负责召集编委会会议,具体组织实施编委会的决议,主持报社的日常工作。总编辑由党授权管理同级党的机关报的编辑出版业务。

这种类型报纸的典型例子就是《人民日报》,该机制的好处在于能够有效地保证报纸时刻都在党的领导下开展舆论宣传工作。

(2)产业型报社

产业型报社实行社长领导下的总编辑和总经理分工负责制。在产业型的报社中,社长领导下的总编辑和总经理分工负责制是一种比较成功的新的组织管理体制,也叫“两驾马车”式的领导机制。在这一管理体制中,社长是报社的最高行政负责人。

这种体制下的总编辑和编委会只负责报纸的编辑方针、报道计划、具体采编业务的组织和实施,一般不过问经营部门和行政部门的事务。在编委会内部又通常设立一些更为细化的专业部门,如时政新闻部、经济新闻部、社会新闻部等。编委会由报社主要领导成员组成,主要媒体(就报业集团而言)的总编辑任编委会主任。

7.1.3 广播电视采编业务管理

7.1.3.1 广播:从主持人中心制到制作人中心制

在广播节目制作模式的变革中,"珠江模式"可以说是大胆创新和改革的标兵。1986年,作为广东电台第一个系列台的珠江经济广播电台,经过一系列改革,把节目主持人放在整个节目制作的中心位置,节目的采、编、播、控全部由主持人独立负责完成,主持人、大板块、直播式、开放性等基本元素构成了一种全新的节目样式。打破了陈旧死板的行政管理体制,形成了以主持人作为节目制作中心人物和总负责人的主持人中心制。

可以看出,主持人在成为节目制作的中心人物和总负责人后,他或她的身份已经不是单纯的主持人,而应该看做是整个节目的制作人,只不过这位制作人本身还担任主持人的角色而已。所以,主持人中心制在本质上可以看做是制作人中心制。制作人中心制强调主持人的关键作用,但并不将其作为节目定位的唯一因素,会依靠多方力量调动更多社会资源来提高节目制作的质量。

与传统的广播节目制作方式相比,制作人中心制把原来的调拨节目经费、分配包干等行政领导负责制和岗位负责制,转变为总监制负责下的节目制作人目标责任制,依据收听率和广告投放率等,将节目作为信息产业的产品进行生产,注重运作的收支平衡。制作人中心制无疑更加注重以受众为中心的市场导向,强调经济效益。

7.1.3.2 电视制片人制

(1)电视制片人制的含义

什么是电视制片人?《广播电视辞典》给出了这样的定义:"电视节目制片人——电视节目制作集体中的总负责人。负责拟订选题与拍摄计划,组织导演、编剧、摄影、录像、录音、演员等人员,协调各方人员有效率地工作,指导监督制片工艺处理等。"在西方,节目制片人(producer)实际上是电视资本家的代理人。在我国,电视节目制片人通常既是节目制作的行政主管,又是节目艺术质量的把关人。如同广播节目的制作人,电视节目的制作中同样需要一位主导人物和总负责人,有能力、有资源、有经验,能够承担起节目的策划、制作、包装、推介、优化等一系列工作。这个人就是电视节目的制片人。

电视制片人制就是以制片人为中心的影视节目制作和销售的经营与管理制度的简称,或称影视节目经营与管理体制。在全球电视商业化和产业化的浪潮下,电视制片人制已经成为世界范围内最主流的制片管理模式。

(2)我国电视制片人制的起源和分类

我国电视制片人制起源于20世纪80年代中期,改革开放后的社会主义市场经济成为其诞生的土壤。最先是由中国电视剧制作中心在《红楼梦》等电视剧的拍摄中,引入了电视"制片人"的管理机制。随后,中央电视台于1993年5月在第一个早间新闻杂志性栏目《东方时空》中试行了制片人负责制。1997年,约有78%的电视台实行或试行了这一制度。

在美国除了受聘于联播网、电视台或某制作部门的受聘制片人,还存在着大量独立制片人。这些独立制片人是拥有制作公司并向各联播网和电视台出售节目的企业家。他们拥有一套创作机构,负责提供节目的策划、剧本、导演和摄制组等,把制作好的节目向买方出售。

与西方这种自立门户、自产自销、自负盈亏的独立制片人负责制不同,我国电视制片人基本上是在电视台内部产生为完成某一特定的节目制作或某一栏目的经营而特设的制片人。这些制片人绝大部分来自台内的科长、组长、编导、记者。

电视制片人负责制的实行是我国电视节目运作机制的一项重大改革,对于调动制片人员的积极性和创造力,提高电视节目质量起到了重要的推动作用。

按节目类型来分,目前我国主要有四类制片人:电视栏目制片人、电视剧制片人、电视文艺节目制片人和电视专题节目制片人。按节目资金来源,可以大致分为三种类型:依附型,节目制作经费全部来自电视台;半独立型,从电视台领取部分制作经费;独立型,独立制作节目自负盈亏,与西方的独立制作人类似。依附型和半独立型的制片人通常是工作在各级电视台的制片人,他们是电视台的人事部门或行政领导任命或指定的,必须对上级领导负责,不能独立行使职权。

我国电视制片人制通常由制片人承包电视节日板块,全权负责该栏目的制作、财务、人事分配等一切事务。栏目中除制片人和少数几个正式职工外,大多数职工来自社会招聘,制作人与这些人之间相当于雇用和被雇用的关系,收入上也不再是平均分配吃大锅饭,而是制订奖惩机制,根据表现优劣给予相应薪水。这对调动节目制作人员的积极性、促使资源的高效流动和利用具有非常积极的作用。例如,中央电视台的品牌节目《东方时空》就是在执行了这种新机制后在节目内容、包装和制作上都实现了新的突破,获得巨大成功。

(3)我国独具特色的电视制片人制——双轨制

作为精神产品的生产者,新闻媒体既属于上层建筑范畴,又属于信息(娱乐)产业。"事业性质、企业管理"已经成为我国新闻媒体的一个模式。电视这种媒介形态自然也不例外。目前我国电视管理体制普遍实行的是双轨制:电视一方面是党和人民的喉舌,肩负着引导舆论、树立社会主流价值观的任务;另一方面又要作为一个经济实体,需要通过提高节目产品的质量,吸引受众和广告商的青睐,创造一定的经济效益。

具体来看,新闻导向类节目由电视台内部自制,实行有限化地执行制片人制,主要服务于意识导向目标,兼顾市场目标与公益目标。制片人负责栏目的策划、选题、拍摄等生产环节,同时拥有人事管理权和经费使用权,但不负责节目的前期融资和后期的发行销售。对非新闻类节目实行完全市场化的独立制片人制,把商业类节目逐步推向市场,完全实行公司化运作,主要服务于市场目标,同时兼顾导向目标与公益目标。电视台根据自身需要直接向市场购买节目,这对降低电视制片管理成本,提高制片管理效率具有很好的作用。

7.2 传媒生产制作管理

7.2.1 传媒生产的基本流程与特点

7.2.1.1 认识生产流程管理

(1)什么是生产流程管理

生产流程指为达到某种特定的管理目标,而需要的一系列步骤和动作。生产流程

(production process),在工业生产中又叫"工艺流程"或"加工流程",是指在生产工艺中,从原料投入到成品产出,通过一定的设备按顺序连续地进行加工的过程,也指产品从原材料到成品的制作过程中要素的组合。虽然不同产品的生产,具体步骤和流程往往有很大差异,但从管理学角度来看,所有产品都应该具有一个符合自身特点的生产流程。生产流程作为产品生产的必要步骤,规定着生产制作应走的方向,也是科学生产的保障。

流程管理的核心是流程,流程是企业运作的基础,企业所有的业务都是需要流程来驱动,流程把相关的信息数据根据一定的条件从一个人(部门)输送到其他人员(部门),得到相应的结果以后再返回到相关的人(或部门)。而流程管理(process management),是一种以规范化的构造端到端的卓越业务流程为中心,以持续地提高组织业务绩效为目的的系统化方法。它应该是一个操作性的定位描述,指的是流程分析、资源分配、时间安排、流程质量与效率测评、流程优化等。因为流程管理是为了客户需求而设计的,因而这种流程会随着内环境和外环境的变化而变化。

(2)流程管理的优势

在现代企业运作中,企业的管理者逐步认识到流程决定绩效,流程管理也因此被给予越来越多的研究和关注。首先,流程为企业的行动指南,避免任务执行者在每次行动之前都要重新考虑和安排步骤,浪费时间和精力;其次,明确的流程使得执行者能够集中力量办"大事",便于把时间和资源集中在目标和结果上,而非具体过程的细枝末节上;第三,对企业员工来说,流程是工作指导和行为规范,能使包括临时人员在内的所有员工快速掌握操作步骤;第四,在以上三个优势的基础上,科学的流程管理必然会大幅提高生产效率,从而降低生产成本,为企业带来竞争优势。

7.2.1.2 生产流程应具备的特点

对任何企业来讲,一组能够真正发挥作用的流程,必须具备以下特征:

(1)规定的清晰性

一个确定的生产流程,应该能够清晰地规定这个产品生产的工作流程和目标,并且这些规定具有切实的可行性。也就是说,从效率最优的立场出发形成的流程,其构成环节应该是恰到好处的,并且每个环节的性质与任务可以明示出来,上下环节之间的联系不应该存在过多冗余信息。

(2)需求的相关性

生产流程是由与产品生产的必然需求信息相关的诸多操作步骤构成的。一个完整的生产流程,可以分解成一系列操作,而这些操作步骤之间是互相衔接的关系。

(3)流程的伸缩性

生产流程虽然需要明确的规定和步骤,但并不是完全固定且不可改变的。一个合理的流程应该能够适应变化的环境,具有充分的可收缩性,能根据环境的变化及时作出调整而不损害整体的生产效益。

7.2.1.3 传媒生产的基本流程及组织模式

(1)传媒生产的基本流程

作为市场主体的媒体,其业务包括采编、制作、发行、广告(二次售卖)诸多环节。其中,内容的采编无疑是整个传媒生产线上最上游和最核心的环节，也是传媒业务的生命线。在改革开放之前，报刊发行和广播电视播出完全依靠行政指令，媒体几乎没有广告，因此，当时媒体的生产流程基本上就是采编和制作两个环节。但随着媒体市场化程度的推进，产品包装、发行营销和广告的地位也日益重要。媒体的生产管理也从早前单一的采编管理丰富为多个职能部门之间的协调管理。因此，媒体内部的众多流程可以分为两大类：一是在单个部门内投入并形成产出、围绕着职能线性组织运转的子流程；二是横跨多个职能部门、没有一个人对整个流程负全责的跨职能流程。

具体来看，不同媒介形式的生产流程存在着差异。以报纸为例，其生产流程就包括记者的新闻采写，编辑的排版修稿，最后的出版印刷三个环节的几十道工序。仅组版工作就包括版面编辑画出版草图、值班总编审核草图、技术工人按要求完成组版、按值班总编要求完成修改、按检查要求完成修改、按一读要求完成修改等总计近40道工序。而完整的版面流程应当包括版面的规划、制作、整合、出版、仓储以及多渠道发布等多个环节。

(2)传媒生产的流程再造

在中国媒体的生产中，流程烦琐几乎是各类媒体共同的弊病。随着传媒市场竞争日趋激烈，各家媒体都急需提高核心竞争力，对生产流程的再造也势在必行。

生产流程再造，首先需要简化流程，具体方法包括：减少工作程序；重新构筑信息传递系统，减少沟通障碍；明确划分流程，寻找问题改进区域。在简化之后还需要对所分解的流程进行整合。一项工作从一个人转交给另一个人时，都有发生错误的可能，为减少错误，便增加了许多“保障”。再造可以把多个人从事的简单活动合并为一个人的工作，加快物流和信息流的速度；还可以指定一个负责一个产品或服务的全过程，让这些人成为读者与组织的“单一接触点”。

(3)传媒生产流程的协调控制

流程化生产的一个特点是不同的流程可以拆解，提供给不同的部门同步来完成，达到提高效率的目的。这种不同部门围绕产品进行的生产就构成了供应链。对媒体来说，以内容生产为核心，传媒的生产经营性业务同样涉及不同部门和多方资源，从传统的制作加工、出版发行、广告经营三大项目扩展到传媒业资源经营、物流配送、品牌经营等，原来单一的各自独立的生产经营走向了综合的、连锁的经营，这就需要建立一种供应链的协调机制，实现供应链的同步化运作。

供应链的协调控制模式分为中心化协调、分散协调和混合式协调三种。中心化协调控制模式把供应链作为一个整体纳入一个系统，采用集中方式决策，因而忽视了代理的自主性，对不确定性的反应比较迟缓，很难适应市场需求的变化。分散协调控制过分强调代理模块的独立性，资源共享程度低，缺乏沟通与交流，很难做到供应链的同步化。目前来看，较好的控制模式是分散与集中相结合的混合模式。各个部门一方面保持各自的独立性运作，另一方面参与整个供应链的同步化运作体系，保持了独立性与协调性的统一。

7.2.2 报纸的印务管理

报纸印务管理主要包括印前、印中和印后三个大环节。具体来看，印前主要是排版制版；印中指进入印厂印刷，涉及胶印技术、印刷质量管理、自动分发、新闻纸和油墨管理；印后则是发行和反馈。本小节内容就将主要围绕这三个环节来介绍报纸的印务管理和生产流程。

7.2.2.1 报纸的排版制版

(1)报业生产电子化——电子排版

电子排版是指采用电子计算机激光照相排版系统编排版面的新工艺。电子排版在报业中的普及,可以说是报业生产自动化革新中的光辉一页。

20世纪80年代初期,美国一些公司研制出几种新的电子出版系统,它们可以使编辑在电脑终端显示器上编排出整个版面。80年代末期欧美发达国家的许多报社开始普遍采用电脑加工稿件和编排版面。在我国,以北京大学王选教授为代表的科研人员研制出首套汉字电子出版系统,标志着我国印刷出版从“铅与火”的热排时代跨入了“光与电”的冷排时代。

1995年,光明日报率先采用方正新闻综合业务网,这是我国报业技术发展历史上的又一个里程碑,标志着我国报业生产进入完全电子化的时代。这套方正新闻综合业务网由以下几个部分组成:采编流程管理系统,新一代报纸组版系统,广告管理、制作和创意设计系统,基于国际标准页面描述语言 PostScript 的远程传版系统和资料检索系统,整个系统在 MS Windows NT 环境下运行。其中采编流程管理系统是该网络的核心部分,采、编、改、排、签发都在网络上进行。报业生产电子化为提高编辑工作的效率和质量创造了十分有利的条件,但同时也对采编人员提出了更高的要求,需要采编人员不断适应新技术。

(2)报纸的制版管理

1)彩色桌面出版系统,即 Colorful Desk Top Publishing,简写为 CDTP。它是20世纪90年代出现的比较实用的印前技术。它的问世解决了电子分色机处理文字功能弱,不能很好地制作图文合一的阴图底片的缺陷,使用户可以方便地设计出丰富多彩的出版物,从总体结构上分为输入、加工处理和输出三大部分。

输入设备的基本功能是对原稿进行扫描、分色并输入系统。除文字输入与计算机排版系统相同之外,图像的输入可以采用多种设备,如扫描仪、电子分色机、摄像机、绘图仪以及卫星地面接收站等,使用较多的是扫描仪。

加工处理设备统称为图文工作站。基本功能是对进入系统的原稿数据进行加工处理,如校色、修版、拼版和创意制作,并加上文字、符号等,构成完整的图文合一的页面,再传送到输出设备。

输出设备是彩色桌面出版系统生成最终产品的设备,主要由高精度的激光照排机(也叫图文记录仪)和 RIP(光栅图像处理器)两部分组成。激光照排机利用激光,将光束聚集成光点,打到感光材料上使其感光,经显影后成为黑白底片。RIP 接受 PostScript 语言的版面,将其转换成光栅图像,再从照排机输出。

2)电脑直接制版系统。电脑直接制版技术是一种使用数字式数据和某种光源将图像直接复制在印版上的工艺方法。该系统包括图像扫描、排版、打样和制版的软硬件,是当前最适合报纸出版、效率最高的高质量印前制作系统。

标准的电脑直接制版系统包含以下几个关键部分:带有相关软件的计算机、光栅图像处理器、印版记录仪、印版冲洗机、数字式校样机以及相应的印版。与传统的软片晒版工艺相比，可减少工序、节省劳动力和原料，制作更快、成本更低（图 7-1）。

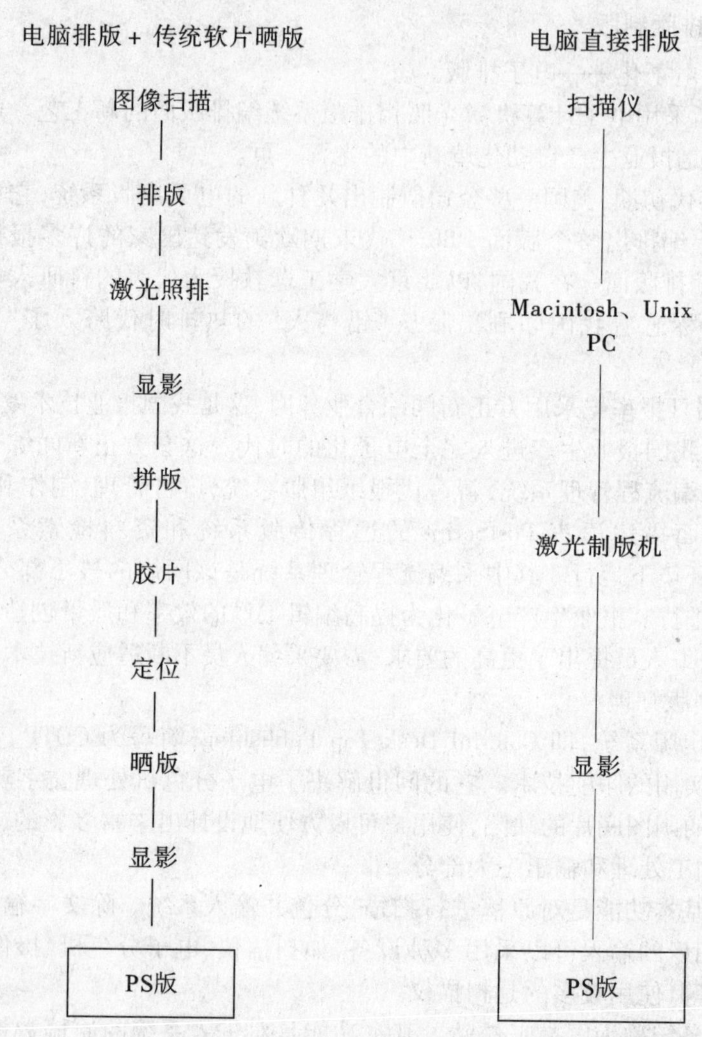

图 7-1　电脑直接制版工艺与传统软片晒版工艺的印前制作流程比较

7.2.2.2　报纸的印刷管理

印刷是报纸内容直接物化的过程，决定着内容产品最后的物理呈现，直接影响着受众的阅读感受，也关系到报业的成本控制。因此，近年来国内各报业集团和报社都把印刷业作为打造传媒产业链的重要组成部分。

(1)胶印技术

目前，报纸的印刷技术主要采用胶印，即现在日常所说的平版印刷。胶印版面的图文部分和空白部分几乎处于同一平面上，这点与凸版印刷和凹版印刷不同。它的基本原理是利用油、水不相混合的特性，在印版表面使图文形成亲油区，非印刷的空白部分形成亲水区。印刷时，印版的图文部分着墨拒水，空白部分亲水拒墨，经过橡皮布的转印，在承印材料上留下色彩柔和、层次丰富的印迹。

胶印是现代印刷中的主要方法。由于所印产品色调细腻,能将原稿特性完整地还原在产品上,因此,绝大部分彩色印件都采用胶印。

(2)新闻纸和油墨

新闻纸占据报纸成本的70%左右,是报业经营中的重要原材料。近些年新闻纸价格的大幅飙升,使得报纸的成本不断上升,直接触及了报业生存的命脉。如何开源节流,控制报纸成本的上升,已经成为各报业集团的当务之急。

目前,我国使用的新闻纸分一号、二号两种,用机械木浆并配有少量化学木浆制造,主要用于印刷报纸和杂志,纸质松软,吸墨性好,拉力和表面强度能适应轮转印刷机的要求。新闻纸存放时间长或受阳光照射,容易发黄、变脆,所以不宜印刷图书。

为了读者携带和阅读方便,更为了节约纸张成本,近年来许多报纸都积极开展"瘦身"运动。一种方法是将现有报纸在裁切长度不变的情况下,将纸张幅面缩小。另一种是将报纸版面整个变小,如将传统的对开报纸变为柏林版式的报纸。

由于高速印刷的报纸正反面着墨的时间间隔仅有十分之几秒,一方面要求新闻纸吸油性能好,同时要求油墨具有快干性。因此,油墨产品的发展方向是"高速、多色、快干"。

胶版印刷使用的油墨有快固着胶印油墨、轮转胶印油墨和TOW型胶印轮转油墨。目前,随着我国技术含量不断升高,主要大报已经不再使用上世纪八九十年代广泛使用的感光树脂版印刷机,而是购置了卷筒纸报纸印刷机,高速彩印,电脑分色,轮转胶印。由于很多报纸还提供夹页广告服务,报纸印刷企业也涉足以前由商业印刷厂印刷的直投DM产品、夹页广告、免费杂志等商业产品,添置了一些单张纸印刷机、半商业轮转机以及相应的印后设备。

7.2.2.3 报纸的发行管理

在市场经济体制中,报社打破了过去"大锅饭"的行政体制管理,成了自负盈亏的市场主体。发行也由行政任务变成了市场化运作。报纸的发行主要有两种类型:一种是报社自营,指报社既是报纸的生产者,又是报纸的销售者,在报社内部设有专门的职能部门(如发行部)负责发行业务;另一种是委托办理,指报社将发行业务委托或交给其他组织代为销售,如邮局、专业发行公司、连锁书店等,而报社的发行部门只是负责报纸与委托组织之间的沟通协调工作。

由于报业遵循的是"二次售卖"的原理,即第一次销售报纸的内容,靠受众购买报纸获得订阅或零售收入;第二次是销售媒体影响力,即发行量的大小代表了该报纸在市场中的影响力,从而吸引广告商投放广告,获得广告收入,因此,报社都希望尽可能扩大发行量,以此扩大报纸的社会影响力和知名度,获得广告商的青睐。

从作业流程来看,报纸发行通常有售价确定、选择销售渠道、推广宣传、汇总印数、运输分发、回笼资金、信息收集等主要作业环节。随着市场竞争的日趋激烈,各报业集团和报社越来越注重销售渠道的建设,构筑自己的发行网络。目前我国报刊的销售渠道多种多样,主要有以下三种基本类型:

1)主渠道,即在全国范围内拥有跨区域的发送网络、规模性运输设备、巨大的仓储和稳定的业务处理能力,如邮政局和新华书店。

2)报社自建渠道,也称为"自办发行"。报社自己建立发行网络和队伍,直接向读者销售自己生产的报纸。

3)多种形式渠道,包括专业发行公司、网络式的连锁零售、俱乐部会员制,网络销售等。

7.2.3 广播电视的制作与播出管理

7.2.3.1 广播电视节目制作的流程管理

从制作流程来看,广播电视节目的生产制作流程笼统地分为前期制作和后期制作。前期制作就是策划、采访、录音、录像;后期制作包括剪辑、配音、配字幕。

(1)广播节目制作的流程

一个广播节目的内容往往采用多种来源的录音素材,既有室外(如新闻现场)录音和音响,也有室内(如播音室)录音和音响。在录音素材采集后需要对整个节目进行修改和调音等深加工,也就产生了广播节目制作的前期和后期之分。

在实践中,一般把新闻、专题性节目的语言录音,文艺节目采集的音乐、戏曲等录音,以及现场实况录音等称为前期录音,即通常说的"前期制作"。若对所录制的音响素材和节目磁带进行复制、剪辑、润饰等后期加工,就称为"后期制作"。在后期制作中,可以根据节目的需要,加入人工混响、电子效果等内容,以使节目的音响效果增色。

(2)电视节目制作的流程

与广播节目相比,电视节目本身形态的多样性决定了其制作过程的更为复杂性。新闻及体育节目的策划分别由新闻部与体育部负责,其他的娱乐性及社会教育性节目的策划、编导等由节目部负责。节目的制作包括节目的拍摄、录像、剪辑及各种效果的制作,由制作中心负责。节目内容的好坏与节目的策划、编导有关,而电视画面与声音质量的好坏则由制作设备及技术来决定。

以新闻部门为例,节目的制作可以表示为:选题论证—前期筹备—节目素材搜集—采访编辑合成—录制—审查—修改—审查—播出—反馈—改进。

除了把电视节目的制作过程简单地分为"前期制作"和"后期制作"外,还可以分为制作前阶段(构思阶段)、搭景和排练阶段、制作阶段(摄制阶段)、制作后阶段(编辑混录阶段),如图 7-2 所示。

此外,除了自制节目,电视台常常从传媒市场上购买一些节目。外购节目的作业流程一般为:试片—比价—购片—审核—宣传—播出监看—评估。

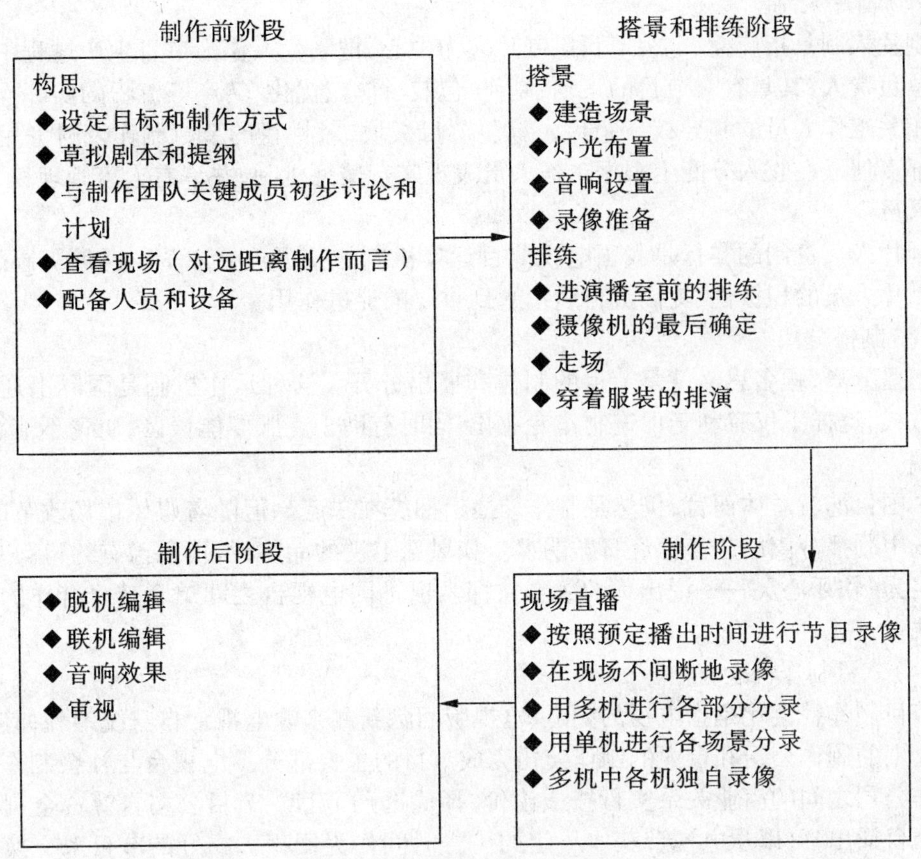

图 7-2　电视制作的四个阶段

7.2.3.2　广播电视节目制作的组织设计

节目的生产和播出管理都要通过组织来体现，节目流程不一样，其组织设计也有自己的特色。

(1) 频道制与中心制

为了便于对内容定位不同的频道进行管理，广播电视台往往推行频道制，如新闻频道、体育频道、军事频道等，为频道设立总监，由其负责频道的节目生产和编播，进行广告创收等。但一个频道不同时段内节目往往在性质、定位、内容上存在一定区别，因此就形成了以电视节目形态来组织生产的行政管理方式，组建不同的节目中心，如新闻频道就设有新闻中心、社会教育中心，分别负责消息类新闻和专题类节目的制作。这种方式可以把同类产品的生产统筹起来，使资源得到优化配置，有利于效率的提高。还有的电视台在实践中综合了频道制和中心制，针对实际情况与节目生产组织情况采用比较灵活的权变管理。

经过多年的探索，许多电视台都经历了从频道制到中心制的转换，使媒体资源得到进一步的优化配置，如中央电视台 13 个频道的节目部门整合为新闻、海外、社教、经济、青少、体育、文艺等 15 个中心。

(2)制片人制

制片人制是指广播、电视节目以制片人为中心,把制片人作为节目生产过程中的主导人物和总负责人,其具有对节目的策划、制作、包装、推介、优化、转产等流程的实际操作经营权和对相关工作人员的领导权。制片人承包节目板块,对栏目的节目制作及财务用人分配等负全部责任。在收入分配上根据工作人员表现实行奖惩机制,并享有人事管理权,有权解聘外聘人员。

制片人负责制的实行是我国电视节目运作机制的一项重大改革。这种机制的实行,对调动制片人员的积极性、提高节目质量起到重要的促进作用。

(3)制播分离

制播分离,顾名思义就是节目的制作和播出分开。这种运作机制是国际上通行的电视运作方式,这样不仅有利于促进制作专业化,同时有助于克服职能误区、职责不清、敷衍播出的弊端。

中国目前就总体而言,仍然是制作和播出捆绑在一起。但随着媒体市场改革的深化,电视市场中制播分离的趋势已经日益明显。如凤凰卫视的品牌栏目《鲁豫有约》落户湖南卫视后更名为《快乐心灵——说出你的故事》,探索出不同电视台之间单个节目合作的制播分离新形式。

(4)节目制作社会化

节目制作社会化是指电视的频道、电视版面除新闻来源电视台自身统筹外,其他的主要由社会上的制作公司和台内的制作公司完成节目的主要部分。电视台与社会制作公司和台内制作公司之间的商业关系实行按质论价,择优选购节目。节目公司自筹资金制作节目送交电视台播出,可以从电视台获取一定的广告时间作为回报。靠好的节目来交换电视台的贴片广告,投资小见效快,是电视台赢利的主要方式。随着制播分离,节目制作的社会化已经是大势所趋。

7.3 传媒产品质量控制

对媒介而言,重要的不仅是内容产品的高质量,而且还有质量的稳定性,因此,对产品质量的严格把关和控制就显得尤为重要,因为这直接关系到媒体的市场竞争力。不断地提高产品质量和服务水平,已经成为所有传媒企业追求的基本目标。

从管理学的角度来看,质量控制是指企业的质量管理部门介入到生产制作过程的全程之中,从原材料进厂、生产组装、成品出厂以及用户服务全部都处于质量管理部门的监控之下,对制作过程各环节和工序进行动态纠错,以保证产品的优良品质,并预防质量事故的发生。质检环节可分为入厂检验、制作过程检验和产品质量保证三个部分。

现代企业质量控制管理的方法和规则同样适用于媒体。以电视节目为例,电视节目作为产品,其制作和播出环节从拍摄、后期编辑、特技、字幕、录音到播出等类似于工厂的生产过程,存在着质量控制的必要性和可能性,同时,电视节目对其亮度、色度、伴音等技术指标有着标准化的要求,这就是电视台进行质量控制的起点。

目前,国内许多电视台都开始借鉴现代管理学中的科学质量管理方法,以频道或部门为单位逐步优化节目制作与管理运行机制,如中央电视台新闻评论部编写了标准工作手册,明确了评论部质量管理体系的方针、目标、承诺、组织结构、运作形式,各组、各岗位工作职责,评论部传播实现过程等内容。这份文件明确了节目制作的具体标准,完善了新的制度体系,从而纠正了管理工作中不合理之处,并有效降低了错误率。这一管理体系成为我国媒体行业质量管理应用的成功典范。

7.3.1 建立并完善质量责任制

质量责任制是组织中形成文件的一种规章制度,规定了每个职能部门和每个岗位的员工在质量工作中的职责和权限,是与考核奖惩相结合的一种质量管理制度和手段。质量责任制的核心在于明确职责、落实责任,使员工能更好地参与质量管理工作,确保产品质量。

贯彻落实质量责任制,可以从以下三个方面进行。

(1)培训工作

让每个员工都能熟悉本岗位应该做什么、怎样做;工作要求达到的结果是什么,工作的好坏对结果产生的影响有哪些;工作中会发生什么问题,如果发生,会导致什么结果以及应采取什么措施预防或防止问题的再发生。必要时,应有相应的操作规程或作业指导书等文件作为指导。

(2)考核上岗

对每个岗位人员适应岗位工作要求的能力和技能进行考核,具备岗位能力保证的人员方准许上岗。

(3)结合激励措施

贯彻落实质量责任制要与考评、奖惩等激励措施相结合,充分体现"责权一致"、"优质优价"的原则,以岗位责任制为基础,同各项工作标准结合起来,使质量指标在工资、奖金分配上具有决定权。

质量责任制的建立健全要与贯彻 ISO9000 族标准相结合。同时,贯彻中坚持和强化质量责任制,使质量管理体系的运行和控制得到了有力保证。但要预防发生质量责任制的规定与质量管理体系文件的规定不一致的情况,如质量管理体系中的过程和活动的职责未能在岗位职责中体现,造成"两张皮"现象。

7.3.2 建立审读制和受众反馈机制

审读是提升媒介产品质量的重要环节,具有引导示范、监督警示、沟通交流的作用。审读的重要性在于保证稿件取舍决策的正确性,而稿件取舍决策的正确性是保证媒介产品质量的基本条件。编辑部内部的审读要制度化、常规化、经常化,尤其是在以责任编辑为工作流程核心的编辑部,这项机制的建立与实施对强化责任编辑的责任心,提高其工作积极性和创造能力具有非常重要的作用。

同时,要建立受众反馈机制。受众是媒体外监督的重要力量。对受众的反馈意见要及时回复,维护读者的审读热情,这也是建立受众忠诚度、提高媒介产品质量的一条重要途径。

案例分析

(1)《人民日报》的编辑体制

《人民日报》的编辑部由总编辑负责,总编辑受社长领导。在总编辑下面有4位副总编辑,他们每一个人负责一、两个专业部的工作。《人民日报》的专业部有7个,分别是经济部、国内政治部、教科文部、文艺部、国际部、评论部和理论部。在这些专业部里,除国际部(负责管理《人民日报》驻外记者站)外,其余各部采用的都是采编合一的体制。编辑部的其他部门有记者部、群众工作部和总编室。记者部虽名为"记者部",但部内却并没有记者,它是负责管理国内驻各地记者站的机构。群众工作部负责接待群众来访、听取群众意见,并与通讯员和联络员进行联系。总编室则是编委会的执行机构,是介于编委会和各专业部之间的职能机构,负责一些必须统一进行的工作,比如负责要闻版的编辑工作,协调每天报纸各版的内容和形式,兼管与全编辑部工作有关的摄影、美术、资料、图书、电讯、技术等工作。总编室的地位和各专业部是平等的,没有直接指挥专业部的权力,它负责编辑四块要闻版中的三块(剩下的一块由国际部负责)。《人民日报》编辑体制如图7-3所示。

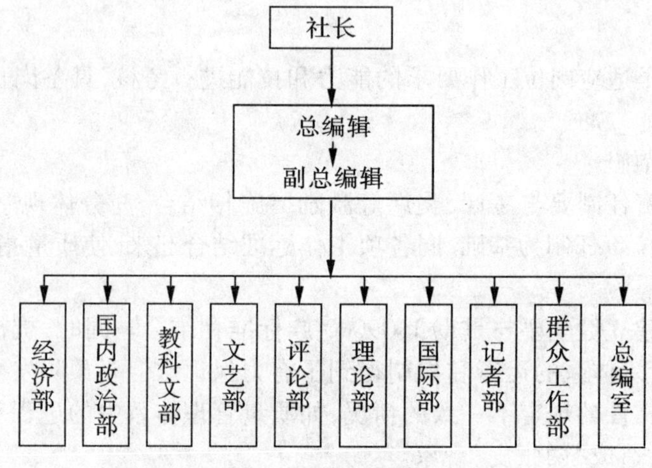

图7-3 《人民日报》编辑体制示意图

(2)《纽约时报》的编辑体制

《纽约时报》1851年创刊,至今已有160多年的历史,如今它享有"美国权力机构的圣经"和"档案纪录报"的盛誉,基本上左右着美国和西方的舆论,承担着保持西方新闻事业水准的责任。

在《纽约时报》编辑部内,编辑和记者的工作是分开的,编辑指挥记者,这两个职位并非只由一人担任。我们国家传统意义上的编辑相当于《纽约时报》的文字编辑,主要负责文字的增删、修改、润色工作以及版面设计,编辑的地位与记者是平等的。而在《纽约时报》,编辑有权指挥记者,如有新闻事件发生时,编辑会对整个事件做一个判断,然后将自己的意图告知记者,由记者完成采访工作。编辑的地位高于记者,其薪金也比记者高,这就对编辑提出了很高的要求。

在《纽约时报》，编辑并不是任何人都可以当的，一般都是由资深的新闻人担任，记者需要经过长期的实际采访锻炼，对新闻业务相当熟练之后才有可能成为编辑。《纽约时报》编辑部分为新闻和副刊两大类。各大类下又按报道的内容分为部或组，如新闻类的本市新闻部、国内新闻部和财经部等，副刊类的科学部、星期天刊部等。特别报道部没有记者，只有一位主编，由他根据情况从各部调用记者。版面编辑部由于只负责版面的设计，其下只有编辑，没有记者。

《纽约时报》的新闻和言论是分开的，社论版主编与总编辑一样向发行人负责，彼此不能管辖和干涉，总编辑不参加社论委员会的会议，社论版主编也不插手新闻编辑部的工作。《纽约时报》编辑体制如图 7-4 所示。

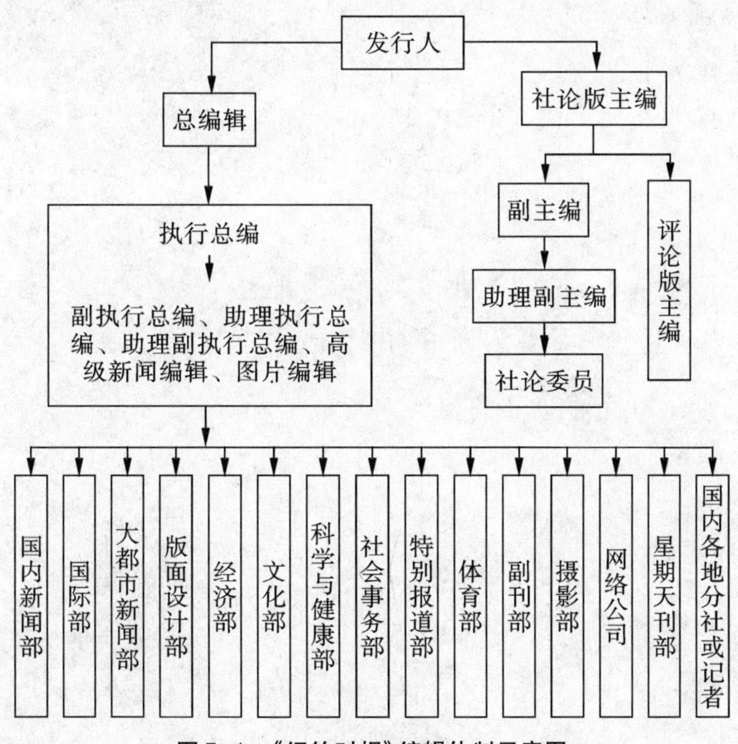

图 7-4 《纽约时报》编辑体制示意图

（刘文燕:《〈人民日报〉、〈纽约时报〉》编辑体制比较研究）

◘实训题

1.《人民日报》与《纽约时报》各属于哪种采编体制？二者各自的特点是什么？

2.《纽约时报》的采编体制对我国报纸有哪些启示意义？

★思考题

1. 结合相关案例,分析当前中国制片人制具体有哪些优点与不足。

2. 实现传媒质量控制的关键是什么?具体有哪些措施?

8　传媒市场营销

导言

本章学习目标

1. 明确传媒市场营销与传媒市场营销管理的内涵。

2. 把握传媒市场营销的 STP 战略与 4P 组合要素。

3. 学会用市场营销的 STP 战略分析传媒市场营销，并运用 4P 组合设计实施传媒市场营销。

4. 加强传媒市场营销管理的制度建设。

本章重点

1. 传媒市场。

2. 传媒市场营销 4P 组合策略。

本章难点

1. 传媒细分市场评估。

2. 传媒市场营销管理的过程。

8.1 传媒市场营销概论

8.1.1 市场营销概述

市场营销就是商品或服务从生产者手中移交到消费者手中的一种过程，是企业或其他组织以满足消费者需要为中心进行的一系列营销活动，市场营销学是系统地研究市场营销活动规律性的一门科学。

8.1.1.1 市场营销的概念

总的说来，对于市场营销的定义，不同的学者有不同的说法，比较有代表性的观点有以下几种。

美国市场营销协会下的定义：市场营销是创造、沟通与传送价值给顾客，及经营顾客关系，以便让组织与其利益关系人受益的一种组织功能与程序。

菲利普·科特勒下的定义强调了营销的价值导向：市场营销是个人和集体通过创造并同他人交换产品和价值以满足需求和欲望的一种社会和管理过程。

市场营销策略是企业以顾客需要为出发点，根据经验获得顾客需求量以及购买力的信息、商业界的期望值，有计划地组织各项经营活动，通过相互协调一致的产品策略、价格策略、渠道策略和促销策略，为顾客提供满意的商品和服务而实现企业目标的过程。

所谓市场营销，就是在变化的市场环境中，为满足消费者需求，实现营销目标所进行的整体商务活动过程。它包括市场调研、选择目标市场、产品开发、价格制定、渠道选择、产品促销、产品储存和运输、产品销售、售后服务等一系列与市场有关的企业经营活动。

虽然不同的学者或者机构对营销的定义都不相同，但从这些定义中可以归纳出以下几点：

1)市场营销是一个综合的经营管理过程，贯穿于企业经营活动全过程。

2)市场营销是以满足顾客需要为中心来组织企业经营活动，通过满足需要达到企业获利和发展的目标。

3)市场营销以整体性的经营手段来适应和影响需求。

综上所述，我们可以对市场营销给出一个定义，即市场营销是企业在变化的市场营销环境中，以顾客需要与需求为出发点，有计划地组织各项有效的经营活动，为顾客提供满意的商品和服务，及经营顾客关系而实现企业目标的动态整合过程。

8.1.1.2 营销观念的演变过程

营销观念是指企业在组织和谋划营销管理的过程中所依据的指导思想和行为准则，其实质是在处理企业、顾客和社会三者利益关系方面所持的态度、思想和观念。随着社会经济的发展和市场形势的不断演变，企业营销活动观念因出发点、目的、手段不同，经历了由传统营销观念向现代营销观念的转变。

(1)传统营销观念包括生产观念、产品观念和推销观念

生产观念即企业的一切经营活动以生产为中心,围绕生产来安排一切业务,生产什么产品就销售什么产品。企业的中心任务是集中一切力量增加产量、降低成本,提高销售效率,而很少考虑或者没有必要去考虑消费者的不同需求。

产品观念认为,消费者或用户总是欢迎那些质量高、性能好、有特色、价格合理的产品;物美价廉的产品一定会产生良好的市场反应,顾客就会自动找上门来;因此无需花大力气开展营销活动。产品观念比生产观念多了一层竞争的色彩,并且考虑到了消费者或用户在产品质量、性能、特色和价格方面的愿望。

推销观念是生产观念的发展和延伸。其基本内容是:产品的销路是企业生存、发展的关键,如果不经过销售努力,消费者就不会大量购买本企业产品。换句话说,只要企业努力推销什么产品,消费者或用户就会更多地购买什么产品,因此企业的中心任务是把已生产出来的产品,充分运用推销术和广告术,向买主大肆兜售,以期压倒竞争者,提高市场占有率,取得短期利润。

(2)现代营销观念包括市场营销观念、社会营销观念和大市场整体营销观念

市场营销观念是企业经营思想上的一次根本性的变革,是一种以顾客的需要和欲望为导向的经营思想,它以整体营销为手段来取得顾客的满意,从而实现企业的长远利益。传统的经营思想都是以生产为中心,以卖方的需要为中心,着眼于将已生产出来的商品变成货币,而市场营销观念则是以买方需要为中心,即以市场、顾客为中心,市场需要什么,就生产什么和销售什么,按需生产,以销定产;并且,在产品售出后,还要了解顾客对产品有什么意见和要求,据此改进产品的生产和经营,同时还要为顾客提供各种售后服务,力求比竞争对手更有效、更充分地满足顾客的一切需要。通过满足需要来获取顾客的信任和自己的长远利益。

社会营销观念,就是指企业的生产经营,不仅要满足消费者的需要和欲望,而且要符合消费者自身和社会的长远利益,要正确处理消费者需要、消费者利益、企业利益和社会长远利益之间的矛盾。这显然有别于单纯的市场营销,它增加了两个考虑因素:一个是消费者的潜在需要,即不仅要考虑消费者已存在的欲望,同时要兼顾他们的需要和利益。营销人员应当发掘这些潜在的需要,而不仅仅是迎合已存在的需要。另一个考虑因素是社会和个人的长远利益,不能满足眼前的、一时的生理上或心理上的某种需要,还必须考虑到个人和社会的长期福利,如是否有利于消费者的身心健康,是否有利于社会的发展和进步,是否可以减少资源浪费和防止环境污染等。

大市场整体营销观念表现为营销的可持续发展性,它是生态的、社会的、大市场的、整体营销观念的综合体现。与传统观念相比,大市场整体营销观念在营销目的、出发点、着重点以及组织、策略与手段上更加完善。

8.1.2 传媒市场

8.1.2.1 传媒市场概念

一般说来,市场是买卖双方进行交换的场所。但从市场营销学角度看,卖方组成行业,买方组成市场。行业和市场构成了简单的市场营销系统。现代市场经济中的市场是由诸多

种类的市场及多种流程联结而成的。

市场体系是由各类专业市场组成的完整体系，既包括最终的产品市场，也包括为产品生产提供资源的要素市场，如金融市场、劳务市场、技术市场、信息市场、房地产市场等，还包括对作为市场行为主体企业的资产进行交易的资产市场。在市场体系中的各专业市场均有其特殊功能，它们互相依存、相互制约，共同作用于社会经济。

无论是人才、资金、技术设备，还是生产资料，对于传媒市场而言，最终作用的结果是报纸、电视、电台的节目等传媒产品，因此我们所讲的传媒市场主要涉及传媒的产品市场，即传媒组织作为市场产品的生产者与提供者，所面向的产品市场。

8.1.2.2 传媒市场的二重性

传媒市场作为市场的重要组成部分，与其他产业市场既有共性，又有其特性。

依照市场形成具备的三个基本条件，传媒市场也必须具有三个要素：①存在可供交换的产品；②存在着产品的买方和卖方，即媒介组织和具有购买欲望及购买能力的买方；③具备买卖双方都能接受的交易价格、行为规范及其他条件。

与其他产业相比，传媒产业运作的市场空间又独具特性。

如图 8-1 所示，在传媒市场运营中，存在三种主要的力量，即受众、媒体组织与广告客户。传媒市场主要涉及媒介的产品市场，媒体组织是市场产品的生产者、卖方，受众群体与广告客户是媒介市场的消费者。媒体组织作为整个传媒市场运营中的主导力量，通过提供不同的产品满足受众群体与广告客户的不同需求。这种针对不同消费者的两次产品出售，有别于一般产业产品的一次销售，使得传媒运营具有双重属性。

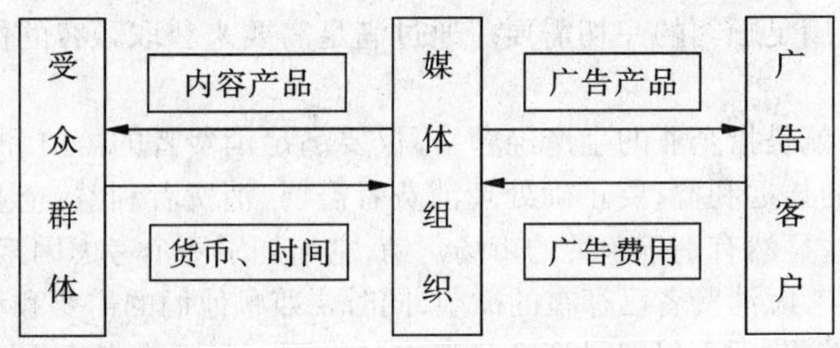

图 8-1 传媒市场运营示意图

(1)传媒运作的第一个市场是内容产品市场

面向传媒市场的受众消费者，进行的是传媒销售和交换其产品与劳务的第一次售卖。作为内容产品的生产者，传媒组织以符号（声音、文字、图像、动画等）的形式把生产、编辑的广告信息、社会信息、知识信息等内容，经过包装之后，以报纸、杂志、图书、广播电视节目、电影和光盘等各种传媒渠道投入市场，以一定价格卖给对其内容感兴趣的受众，以获取受众的时间或金钱。而作为内容产品消费者的受众，不论其消费需求是否得到某种程度的满足，因为其对传媒产品的接触与消费，要付出一定的时间与货币。

当然，并不是所有传媒产品都需要受众付费，如对广播和电视来讲，受众是不付费的，但他们付出的是宝贵的时间。

(2)媒介运作的第二个市场是广告市场

广告市场是媒介产品的第二个市场。在这个市场上,作为卖方的传媒组织提供广告产品,也就是广告客户传播其广告作品所需的传播渠道,如报纸杂志的版面、广播电视的时间等。同时广告客户作为消费者,要付出给媒介一定的使用费。广告收入目前是大多数媒体的主要经济来源,因此,国内的媒体都通过不同的营销策略来提高其广告市场份额。对于媒体组织来说,其广告业务来源主要有广告主与广告公司两种,其中最主要的是广告公司。在以"消费者为中心"的时代,媒体应积极转变广告经营策略,做好对广告客户的服务工作,以保证媒介广告收入。

8.1.2.3 传媒市场的关联性

传媒的两个市场运作并不是分离的,而是具有相关性。

(1)受众市场是获取广告市场的前提

消费行为的发生,是基于消费者某种需求或欲望的满足。媒介选择与广告发布是广告活动能否实现预期效果的关键所在。此外,广告媒介的使用费占据广告费用总额的绝大多数,因此广告客户很注重对广告传播媒介的选择。广告客户选择媒介的主要依据是媒介的受众数量或者说媒介受众的覆盖范围。从表面看来,媒介作为卖方,把广告产品即版面和时间出售给广告客户,因此作为消费者的广告客户要向媒介支付广告费用。从实质上看,广告客户购买的不是媒介的版面和节目时间,而是媒介某个具体的版面和节目时间所获取的或"受众注意力"。具体表现为媒介首先通过提供内容产品给受众,从而引起受众的注意,然后把受众注意力转卖给广告客户,以实现媒体组织的赢利目标。受众注意力是一种稀缺资源,能否获得这种稀缺的资源是决定媒体组织能否获取市场竞争优势的关键,因此,媒体组织必须通过高质量的内容产品来满足受众的需求,提升媒介组织自身的声誉与影响力,并采用具有创新性的营销策略,最终才能获取受众市场,进而获取广告市场。

(2)广告市场有利于媒介获取受众市场

传媒参与市场竞争,通过高质量的内容产品获取受众市场,前提是需要有强大的资本力量作为后盾。雄厚的资本力量能够使媒介组织通过引进先进的生产设备、培养先进的生产营销理念、吸引高素质的传媒人才、设置科学的内容生产流程等方式提高媒介产品的质量。

而广告收入是媒介的主要经济来源,开拓媒介广告市场,提高广告赢利能力,积累媒介的资本实力,能够有效地提升媒介产品的内容质量,有利于保证媒介受众市场的获取。

8.1.3 传媒市场营销

传媒市场营销是媒介组织为了取得良好的传播效果与经济效益,扩大对市场的影响力与占有率,在变化的媒介市场营销环境中,以受众和广告客户的需要与需求为出发点,对其营销经营活动进行有效的计划、控制和组织,为客户提供满意的媒介产品和服务及经营客户关系而实现传媒组织目标的动态整合过程。

对于这个概念,我们可以从以下几个方面理解:

(1)传媒市场营销的目的是扩大对市场的影响力与占有率

传媒加强经营管理的目的在于依据媒介的战略目标,运用媒介的人力、财力、物力以及其他社会资源,通过计划、组织、领导和控制等手段,实现媒介社会效益和经济效益最大化。

传媒市场营销是传媒经营管理的一个重要组成部分，因此其最终目的也是服务于传媒经营的目标，即实现媒介社会效益和经济效益最大化。

(2)传媒市场营销的前提是要考虑变化的媒介市场营销环境

媒介的发展与其他产业的发展一样，是一个系统的工程，参与市场经营，必然要考虑其生存发展的媒介环境要素。媒介环境是指决定或影响媒介生存和发展的外部环境和内部环境要素的总和。

所谓外部环境，是指存在于媒介组织周围，影响媒介发展的各种客观因素与力量的总和，这种外在的不以营销者意志为转移的环境因素，具有强制性和不可控性。外部环境因素可分为媒介的宏观环境和微观环境两个方面。媒介市场营销的宏观环境，包括政治环境、法律环境、经济环境、自然环境、科技环境、人口环境和社会文化环境。其中政治环境、法律环境、经济环境能够影响和制约传媒市场运营的方向和整体的运营水平。自然环境、科技环境、人口环境和社会文化环境，能够决定和影响市场客户对媒介的参与程度和需求程度，而客户需求的变化也影响媒介的传播内容与市场定位。媒介市场营销的微观环境是媒介生存与发展的具体环境，也可称为行业环境。

内部环境要素是媒介组织自身内部所拥有的资源与能力，是媒介组织生产经营管理的基础。

我们这里所说的媒介市场营销环境主要指媒介外部的宏观环境与微观环境，是媒介组织不可控的要素。媒介市场营销应以媒介外部环境为依据，在积极主动了解、预测与适应环境的同时，也可以通过营销努力去影响环境，使之更有利于媒介组织的生存与发展，有利于提高媒介营销活动的有效性。因此，重视媒介市场营销环境及其变化是传媒市场营销的前提。

(3)传媒市场营销的出发点和关键在于提供满意的产品和服务及经营客户关系

传媒组织生产什么样的媒介产品，采取怎样的营销手段，并不仅仅由传媒自身决定，其出发点和关键在于能够通过市场研究寻求受众客户与广告客户的需要与需求，并通过生产高质量的媒介产品以满足他们的需求，采取配套的、有效的市场营销策略提高媒介组织的市场占有率与影响力，以最终实现传媒组织的营销目标。

客户关系主要是指产品生产者、供应商、购买者与消费者之间的关系，经营客户关系的目的是维系生产者与客户之间良好的沟通，最终能够提高生产者的销售与利润，但绝不是“利润至上”或“销售至上”。传媒组织经营客户关系，应树立“以客户为中心”的理念，做好客户的服务工作。做好客户关系经营，能够提升传媒客户的忠诚度与传媒组织的核心竞争力，并且有利于增强传媒组织对市场的灵敏度，最终有利于传媒组织经济效益和社会效益的实现。

(4)传媒市场营销是动态整合的过程

传媒市场营销，并不是一个简单、孤立的环节，而是动态整合的过程。它贯穿于传媒经营管理的全过程，从媒介的战略设计、发现和评价市场机会、细分市场和选择目标市场、媒介产品的生产设计与经营、发展市场营销组合和决定市场营销预算到执行和控制市场营销计划等环节都要服务于传媒的整体市场营销，每个环节都关乎传媒市场营销最终的成果。

8.2 传媒市场营销STP战略

随着我国传媒市场的不断成熟和发展,传媒组织作为一种特殊企业进入市场,成为整个市场体系的特殊组成部分。营销大师菲利普·科特勒说过,"不要去购买市场份额,而应该想办法怎样去赢得它",因此,如同企业参与市场竞争一样,市场营销战略中的STP战略也被广泛运用于传媒市场中。市场细分成为传媒市场化的必然结果。传媒组织开始将目标受众集中于具有特殊消费需求的"小众",选择特定的市场,在此基础上根据市场的内在规律和消费者群体的特定需求,对其媒介产品进行正确的定位,使其具有独特的内容风格。媒介产品的专门化和专业化,能够较好地满足某些特定领域客户的需求,从而实现传媒组织的市场营销目标。

8.2.1 STP营销战略概述

STP营销又称目标市场营销,这里S代表"segmenting market",即市场细分;T代表"targeting market",即选择目标市场;P代表"positioning",即定位。

STP理论,也称作市场定位理论,其根本要义在于选择确定目标消费者或客户。根据STP理论,市场是一个综合体,是多层次、多元化的消费需求集合体,任何企业都无法满足所有的需求。企业应该根据不同需求、购买力等因素把市场分为由相似需求构成的消费群,即若干子市场,这就是市场细分。企业可以根据自身战略和产品情况从子市场中选取有一定规模和发展前景,并且符合公司的目标和能力的细分市场作为公司的目标市场。然后,企业需要将产品定位在目标消费者所偏好的位置上,并通过一系列营销活动向目标消费者传达这种独特的竞争卖点。

因此,简单地讲,目标市场营销有三个主要步骤:第一步,市场细分,根据购买者对产品或营销组合的不同需要,将市场分为若干不同的顾客群体,并勾勒出细分市场的轮廓。第二步,确定目标市场,选择要进入的一个或多个细分市场。第三步,定位,建立并在市场上传播该产品的关键特征,从而在消费者心目中树立某种区别于其他竞争者的形象,以赢得市场竞争。

8.2.2 传媒市场细分

市场细分是营销战略规划的主要组成部分,是20世纪50年代由美国营销学专家温德尔·史密斯提出的,这一理论被认为是营销学研究成果中继"以消费者为中心"后的又一次革命。

依照温德尔·史密斯提出的市场细分的概念,我们可以把传媒市场细分界定为:通过市场调研,依据传媒消费者的需要和欲望、购买行为和购买习惯等方面的差异,将传媒可进入的市场分割为若干个具有相似欲望和需求的分市场或子市场,以用来确定传媒市场目标的过程。它建立在充分认识市场的基础上,是进行市场目标化的前提。

8.2.2.1 传媒市场细分的必要性

市场从一个大众市场转变为分散的,具有年龄、性别、地理、生活方式、民族、教育程度等差别特征的微观市场，每一个群体都有自己强烈的爱好和消费特征，只有通过越来越差别化的产品和营销方式，才能获取消费者的满意。传媒组织作为传媒市场运营的主体，必须要选对其服务的消费群体，研究并满足目标消费者的需求。传媒市场营销的出发点与关键就在于为客户提供满意的媒介产品和服务。此外，由于传媒自身的资源限制和市场竞争，任何一种媒介产品在实际的市场运作中都不可能满足市场上所有消费群体的需求，不可能以整个媒介市场为营销对象，而只能在整个市场中寻找自己所需要而且可以满足的那部分消费者和他们的部分需求。因此，传媒市场营销的前提是做好市场细分工作。

此外，传媒市场细分对传媒市场营销起着极其重要的作用，主要表现在：

(1)有利于发现市场机会，开拓新市场

传媒营销策略的起点是发现市场机会。通过市场细分，媒体可以对每一个细分市场的购买潜力、满足程度、竞争情况等进行分析对比，探索出有利于本媒体的市场机会，使媒体及时改变既有的营销策略，或根据本媒体现有的资源与能力调整，开发生产新的媒介产品内容，掌握信息内容传播更新换代的主动权，开拓新市场，以更好地满足传媒市场受众与广告商两类消费者的需求。

(2)有利于选择目标市场和制订市场营销策略

传媒市场细分后的子市场比较具体，传媒组织可以根据自己的经营思想、方针及资源和营销力量，确定自己的服务对象，即目标市场。针对较小的目标市场，便于传媒组织制订特殊的营销策略，同时，在细分的市场上，容易了解信息和反馈消费者的需求变化，传媒组织可迅速改变营销策略，制订相应的对策，以适应传媒市场需求的变化，提高媒介的应变能力和竞争力。

(3)有利于集中人力、物力投入目标市场

任何一个媒介的人力、物力、资金都是有限的。通过细分市场，传媒组织可以选择适合自己的目标受众市场，可以集中人力、财力、物力，去争取局部市场上的优势，然后再占领自己的目标市场。

(4)有利于提高传播效果与经济效益，实现传媒市场营销的目标

前面三个方面的作用都能使传媒组织提高传播效果与经济效益。满足受众的需要，能够使传媒组织获取良好的传播效益，然后把所获取的受众资源转嫁给广告客户，实现传媒市场营销的经济效益。

8.2.2.2 传媒市场细分的主要依据

传媒细分市场主要是从受众消费者的角度进行划分的。媒介消费者在选择何种媒介传播方式时，往往受多种因素的影响，其中最突出的有年龄、教育程度、收入水平、职业、性别、性格等，这都是进行媒介市场细分时可供选择的标准和依据。

不同类型的传媒受众市场，细分的因素也有所不同。在受众市场上影响受众购买行为的因素众多，可以把这些因素归纳为四类：地理、人口、心理、行为。

(1)按照受众所处的地理位置细分

按照受众所处的地理位置，可以将市场分为地区、城市和农村。城市又可以分为发达城市、中等城市、落后城市；农村可以分为发达农村、中等农村、落后农村。不同地区由于自然条件、风俗习惯、文化传统、经济发展水平的差异，对传媒产品的需求也存在着差异。城乡差

别导致了城乡受众对传媒产品消费的差异性。按地理因素细分市场,有利于开拓不同区域市场,扩大市场份额。

(2)按照受众的人口细分

按照受众的人口细分指的是根据受众年龄、性别、家庭人口、家庭生命周期、收入、职业、教育、宗教、种族、国籍等,把市场细分。人口因素对受众需求影响最大,且容易辨认和衡量,因此,人口因素应该是受众市场最主要的细分标准。人口标准比较稳定,取得各种变量的资料比较容易,所以常常成为传媒进行市场细分的重要标准。

(3)按照受众的心理细分

按社会阶层(上、中、下层)、生活方式(朴素型、追求时尚型、大众型)、个性特征(保守或前卫、内向或外向、独立或依赖)等,把受众分成不同的群体。

心理因素不同,受众传媒消费方式和动机自然不同。受众需求受个人生活方式及其性格等心理因素的影响,往往比受其他因素的影响更深。一些以青年人为目标受众的时尚类广播电视节目、报刊,在进行受众调查时常常发现,他们的传媒产品也被一些中老年受众关注着,而引起关注的原因很简单,这些中老年人关注和购买这类时尚传媒产品的原因是,让自己感觉更年轻。应该注意到心理因素是一个难以掌握和区分的复杂因素,一般是通过受众的外在表现和购买行动、文化背景等加以区分的。我国新闻传媒较少依据受众心理因素进行传媒市场细分。

(4)按照受众的行为细分

按照受众对媒介产品的了解程度、态度、使用以及反应,把受众分成不同群体。受众行为包括接收(购买)时机(有想法去接收、实行了接收行为、经常性地接收)、寻求利益(受众从中寻求最为主要的利益)、用户状况(非用户、以前用户、潜在用户、初次用户、经常用户)、使用率(偶尔使用、一般使用、经常使用)等。受众行为是一种外在的表现,比人们内在的心理活动更容易判断,因此受众行为因素是更为重要的细分标准。

8.2.2.3 传媒市场细分的条件

传媒营销与其他企业营销一样,进行市场细分的目的是通过对顾客需求差异予以定位,以取得较大的经济效益。众所周知,产品的差异化必然导致生产成本和推销费用的相应增加,所以传媒必须在市场细分所得收益与市场细分所增成本之间进行权衡。虽然细分有许多方法,但是并非所有细分方法都能行之有效。要想使细分市场充分发挥作用,必须使细分市场具备以下四个特征:

(1)可衡量性

可衡量性指传媒细分市场必须是可以识别和衡量的,也就是说能够对所选择的细分市场的规模、购买力和特征作出比较准确的判断。

(2)可受益性

可受益性指传媒选定的细分市场容量足以使传媒获利。在进行市场细分时,要考虑细分市场上消费者的数量、消费能力与消费欲望大小。

(3)差异性

差异性指细分市场在观念上能被区别,并对不同的营销组合因素和方案有不同的反应,媒介能够通过实施营销战略服务于该细分市场。如果不同传媒细分市场顾客对传媒产品需求差异不大,行为上的同质性远大于其异质性,此时,传媒就不必费力对市场进行细分。另一方面,对于细分出来的市场,传媒应当分别制订出独立的营销方案。如果无法制订出这样的方案,或其中某几个细分市场对是否采用不同的营销方案反应的差异性不大,便不必进行市场细分。

(4)可进入性

可进入性指所选定的细分市场必须与传媒自身状况相匹配,传媒有优势能够设计出吸引和满足细分市场的有效方案来占领这一市场。

8.2.2.4 传媒市场细分的程序

我们可以运用一系列细分变量把整个市场细分为多个子市场。那么,传媒如何寻求和选择适合传媒自身条件的细分标准、如何准确地细分市场并能满足市场细分的基本条件呢?依据市场营销学中市场细分的三个步骤,即调查、分析、描绘,把传媒市场细分分为三个程序进行。

第一步,传媒市场调研,识别细分市场阶段。

要进行准确的传媒市场细分,必须要进行市场调查。对于现阶段的社会发展,大至社会的宏观发展与决策,小至一家企业、一个传媒的生存与发展来说,没有什么比保持认识上和行动上的方位感更重要的了,而这种方位感的正确获得并保持,离不开严格科学的社会调查。在社会调查中,传媒企业应掌握以下一些情况:①整个市场的传媒消费趋势;②在传媒有可能进入的领域中受众的需求状况,包括该领域的传媒产品分类,传媒产品的生命周期、在受众中的普及率、年需求量等;③受众对该传媒领域的等级评估;④该传媒产品的使用频率、使用数量、使用程度;⑤受众对该传媒的忠诚程度,即受众对该传媒产品的态度;⑥被调查受众的人口因素、心理因素等。

第二步,传媒市场分析阶段。

在分析阶段,传媒组织者可以采用因素分析法分析有关资料,用集群分析法分出一些差异最大的细分市场。具体应该解决以下问题:①选定传媒市场范围,即确定传媒进入哪些群体,推出什么样的传媒产品。②确定传媒市场细分标准。传媒企业应根据市场类型、传媒产品特点和传媒自身优势选定衡量细分传媒市场的细分标准。③找出可能的细分市场。用集群分析法找出一些差异最大的细分市场,可以用多维资料来描述各对象,然后以所选的集群技术处理这些资料,最终把受众分成若干小组。

第三步,传媒市场描绘细分阶段。

根据上述各组细分传媒市场的个性化因素赋予它们相应的名称,以便从名称上联想各细分市场的受众的特征。进一步分析每个传媒细分市场的不同需求与购买行为的特点及其原因,把握不同细分市场之间的微小差别,并从中不断发现新的细分市场。注意影响受众购买传媒产品因素的变化,以及时调整传媒的细分活动适应这种变化。

8.2.3 传媒目标市场选择

传媒目标市场选择是指在市场细分及对各细分市场进行评估的基础上,传媒根据自身优势和一定的要求与标准,从细分市场中选择一个或若干个子市场作为自己的目标市场,并针对目标市场的特点展开营销活动,以期实现其可行的经营目标的决策过程。

8.2.3.1 传媒细分市场评估

传媒目标市场选择的前提是从传媒战略出发评估传媒细分市场。一般而言,传媒评估细分市场,应考虑三个因素:细分市场的规模和增长程度,细分市场结构的吸引力、企业的目标和资源。

(1)细分市场有一定的规模和发展潜力

传媒作为一种企业,进入某一市场是期望能够有利可图,如果市场规模狭小或者趋于萎缩状态,企业进入后难以获得发展,此时,应审慎考虑,不宜轻易进入。当然,传媒也不宜以市场吸引力作为唯一取舍,特别是应力求避免“多数谬误”,即与竞争者遵循同一思维逻辑,将规模最大、吸引力最大的市场作为目标市场。大家共同争夺同一个顾客群的结果是过度竞争和社会资源的浪费,同时使消费者的一些本应得到满足的需求受到忽视。

(2)细分市场的内在吸引力

细分市场可能具备理想的规模和发展特征,然而从赢利的观点来看,它未必有吸引力。美国哈佛大学商学院的迈克尔·波特认为有5种力量,即同行业竞争者、潜在的新参加的竞争者、替代产品、购买者和供应商,决定整个市场或其中任何一个细分市场的长期的内在吸引力,因此,应从这5种力量去分析细分市场的内在吸引力。

(3)传媒目标和资源

细分市场的选择首先要与传媒机构的目标相一致,而且要有发展潜力,更为重要的是传媒组织是否具有赢得细分市场竞争胜利所必需的力量。某些细分市场虽然有较大吸引力,但不能推动传媒实现发展目标,甚至分散传媒的精力,使之无法完成其主要目标,这样的市场应考虑放弃。只有选择那些传媒有条件进入、能充分发挥其资源优势的市场作为目标市场,才能实现传媒的营销目标。

8.2.3.2 传媒目标市场选择战略

传媒在对不同细分市场评估后,就必须对进入哪些市场和为多少个细分市场服务作出决策。一般来说,传媒目标市场选择可考虑的目标市场战略共用五种模式。

(1)密集单一市场选择战略

密集单一市场选择战略指无论是从产品角度还是从市场角度来看,传媒目标市场高度集中在一个市场面上,只选择一个细分市场进行开发和经营。通过密集单一市场战略,媒介可以集中力量在一个细分市场中获得较高的市场占有率,树立特别的声誉。一些新成立的传媒组织或新的媒介产品,由于初次进入市场,缺乏生产经营经验,也可把一个细分市场作为继续发展、扩张的起始点。如果细分市场选择恰当的话,也可获得较高的投资收益率。但是,采用这种战略模式,由于目标市场范围较窄,经营风险较高。

(2)媒介产品专门化选择战略

媒介产品专门化选择战略指媒介只集中经营一种媒介产品,并向各类消费者销售这种产品。如有些专业的影视制作公司只经营影视产品而无其他媒介产品。采用这种模式,传媒的市场面广,有利于摆脱对个别市场的依赖,降低风险;同时有利于媒介企业开发经营的专门化,及在某种传媒产品(基本品种)方面树立较好的声誉。但是,随着媒介产品可替代程度逐渐提高,传媒的经营风险也相应增加。

(3)媒介市场专业化选择战略

媒介市场专业化选择战略指媒介专门为满足某个顾客群体的各种需要而服务,或者说传媒面对同一客户,生产和销售他们所需要的各种产品。采用这种战略模式,有助于传媒发展和利用与顾客之间的关系,降低交易成本,并在这一类顾客中树立良好的形象。如中央电视台的少儿频道就是专门面向少儿市场,为少儿提供他们喜欢的节目;《夕阳红》栏目是专门面向老年人群体。当然,当这个消费群体减少或这类顾客的购买力下降时,传媒企业的收益就会受到较大影响。

(4)有选择的专业化战略

有选择的专业化战略指传媒企业在对市场细分的基础上,结合本企业的长处,有目的地进入某几个有吸引力且和本企业的经营目标及资源条件相符合或相接近的细分市场,通过有选择地生产几种产品,满足这些市场消费者的不同要求。实际上,这是一种多元化经营的模式,可以较好地分散企业的经营风险。即使某个细分市场失去了吸引力,媒介企业仍可以继续在其他细分市场获利。但是,采用这种模式应当十分谨慎,必须以几个细分市场均有相当的吸引力为前提。

(5)全面覆盖市场的选择战略

全面覆盖市场的选择战略指传媒企业为所有细分以后的各个细分市场生产各种不同的产品,分别满足各类客户的不同需求,以期覆盖整个市场。只有资金实力雄厚、资源丰富的大型传媒企业才有条件实施这种战略,如中央电视台以其雄厚的实力与丰富的频道资源覆盖全国,其通过不同的频道提供不同的内容产品来满足全国公众的需求。

8.2.4 传媒定位

目标市场范围选择确定后,就要在目标市场上进行定位了。

8.2.4.1 传媒定位的含义

定位是20世纪70年代由美国营销学家艾尔·里斯和杰克·特劳特提出的,其含义是指企业根据竞争者现有产品在市场上所处的位置,针对顾客对该类产品某些特征或属性的重视程度,为本企业产品塑造与众不同的,使人印象鲜明的形象,并将这种形象生动地传递给顾客,从而使该产品在市场上确定适当的位置。定位的实质是使本企业与其他企业严格区分开来,使顾客明显感觉和认识到这种差别,从而在顾客心目中占据与众不同的有价值的位置。

借鉴市场营销学中的“市场定位”理论,所谓传媒定位就是为本媒介塑造与众不同的、鲜明的特色,并将这种特色形象生动地传递给目标消费者,使其在消费者心目中树立某种特殊形象,从而和竞争者有所区别,有利于传媒赢得市场竞争。

8.2.4.2 传媒定位的差别化形式

传统的观念认为,市场定位就是在每一个细分市场上生产不同的产品,实行产品差异化。事实上,尽管市场定位与产品差异化关系密切,但有着本质的区别。市场定位是通过为自己的产品创立鲜明的个性,从而塑造出独特的市场形象来实现的。一项产品是多个因素的综合反映,包括性能、构造、成分、包装、形状、质量等,市场定位就是要强化或放大某些产品因素，从而形成与众不同的独特形象。产品差异化乃是实现市场定位的手段，但并不是市场定位的全部内容。市场定位不仅强调产品差异，而且要通过产品差异建立独特的市场形象，赢得顾客的认同。

一般说来，传媒定位的差别化表现在：

1）产品差别化战略，即从传媒产品质量、外观设计等方面实现差别。寻求产品特征是产品差别化战略经常使用的手段。

2）服务差别化战略，即向目标市场提供与竞争者不同的优质服务。传媒的竞争力越好地体现在对顾客的服务上，市场差别化就越容易实现。

3）人员差别化战略，即通过聘用和培训比竞争者更为优秀的人员以获取差别优势。优秀的传媒人力资源是传媒组织获取差别化优势的关键所在。

4）形象差异化战略，即在产品的核心部分与竞争者雷同的情况下，塑造不同的产品形象以获取差别优势。

8.2.4.3 传媒定位战略

(1)受众定位

随着经济发展和科学技术水平的提高，媒介发展的速度极快，大众传播已经进入了由“大众”变为“小众”（或称“分众”）、由“广播”变为“窄播”的转型时期，一家媒介覆盖全体受众已经不可能再实现，每一媒介都必须有所选择、有所放弃，确定最适合自己的目标受众。

受众定位是指媒介在对媒介市场分析以及对受众进行细分的基础上，选择和确定自己的目标受众，是对媒介产品的市场定位作出的决策。媒介的受众定位，实际就是要发现哪些信息需求尚未得到充分满足，从而为某种媒介产品创造出市场需求的受众群体，以便针对这种需求进行产品决策。

受众定位可以从受众的性别、年龄、职业、文化程度、经济收入等入手，了解他们的生活习惯、休闲方式、兴趣、爱好，了解他们的消费行为和消费目的，了解他们的社会经济特征、风俗、时尚等。

凤凰卫视起初将受众定位于高层人士，最终覆盖到各阶层，甚至包括出租车司机。其实，每个媒体在开始阶段都只有一个大体的定位，不可能绝对限于某个特定人群，因为不同年龄、不同层次的观众会根据自己的需要来选择节目定位。凤凰卫视最初的定位是比较模糊的，它的高层定位，不是要以权势、地位等标准把人分为三六九等，它所指的高层是精神上的高层，不管从事什么职业，只要关心国家大事、关注新闻事件，都是凤凰卫视的受众群体。

(2)功能定位

功能定位指确定媒介所要担负的职能和所要发挥的功用，如报纸按功能可以分为承担“耳目喉舌”职能的党政机关报，为市民生活提供信息服务的晚报、都市报，还有专门为市民提供某一类实用信息的生活服务类报纸，如购物导报、广播电视报等。电视节目按功能可以分为新闻频道、经济频道、文艺频道、教育频道、生活频道等，每一频道的功能定位也是不同的。

凤凰卫视的功能是为全球华人打开了一个了解世界的窗口，提供了一种视野与新闻冲击。对文化界来讲，凤凰卫视打开的是通过自己的声音影响世界的窗口，提供了一种全新的做新闻的方式。

(3)媒介的节目内容定位

媒介的节目内容定位,是为了满足目标受众对内容的需求,对节目内容的价值取向、个性风格作总体规划,从根本上决定节目的方向、特色和质量。一般说来,广播电视节目类型可以分为新闻、访谈、纪录片、广播剧、电视剧、娱乐类、经济类等。

电视新闻性节目是指以报道和评述新闻事实为内容的各种电视节目的总称。如果细分定位的话,又可以分为:①消息类电视新闻节目。它是指简明扼要、迅速及时地报道新近发生或正在发生的新闻事实的新闻节目类型,如《新闻联播》、《朝闻天下》等;②专题类电视新闻节目。它是指对新闻事实作详细、深入、系统、全面报道的电视新闻节目类型,如《焦点访谈》、《新闻调查》等;③评论类电视新闻节目。它是指对新闻事实作出分析和评断来影响和引导社会舆论的电视新闻节目类型,如《央视论坛》等。

电视娱乐节目就是指通过电视媒体传播的,大众广泛参与的,以审美性、娱乐性、观赏性和趣味性为突出特点的电视节目。此类节目定位又可细分为:以观众观赏为主的综艺晚会型(春节晚会);在与观众相互交流中形成娱乐氛围的益智型(《开心辞典》);有特定规则的,以竞技竞赛项目为核心的游戏型(《智勇大冲关》);有一定情境设计的、以纪实手段完成的真人秀型;以满足观众的表演欲望并为其提供舞台的表演秀型等多种节目样式(《饭没了秀》)。

(4)媒介的风格定位

媒介的风格定位,是媒介为适应市场需求,从自身的宗旨、方针、规模、结构、内容、形式等条件出发,根据特定的目标受众的需求,形成与众不同的媒介特征,并要求在媒介的整个传播运行活动中反复地表现出来,使这种特征成为受众公认的一种审美评价。

媒介的风格定位使媒介确定自身的风格特点,与其他的同类产品区别开来,从而通过自身鲜明的个性特征吸引更多的目标受众。

凤凰卫视的风格定位是深厚的人文底蕴和关怀,追求客观的新闻报道与视角独特的新闻评论。如在2001年,凤凰与天津电视台合作拍摄《寻找远去的家园》。通过《寻找远去的家园》,凤凰卫视呼吁人们要保护家园、拯救文化村落,保留那些令人回味、寻找记忆的文化。除此之外,凤凰卫视的《穿越风沙线》、《两极之旅》也是具有人文关怀的优秀节目。

8.2.4.4 媒介定位要注意的问题

(1)媒介受众的数量和购买能力

这是确定目标受众的首要条件。目标受众市场必须有足够多的受众数量,才能保证传媒产品有足够高的市场占有率,获取足够的受众注意力资源,以保证获取广告客户的青睐。此外,要注重媒介受众的购买能力,这是决定受众媒介产品消费欲望能否实现的重要因素,也是广告客户看重的要素。

(2)目标市场受众的需求满意度

媒介定位应以受众需求全部或部分尚未得到满足为前提。这有两种情况:一种是受众的潜在需求还未被注意到;另一种是显在需求,即这种需求已被意识到,但现有媒介还不能完全满足它。作为媒介组织,既要去关注受众尚未被满足的显在需求,更要学会去研究目标受众群体的潜在需求,并通过提供具有差异性的高质量的媒介产品去发掘和满足其潜在需求。

(3)媒介目标市场的现有竞争情况

确定媒介定位的另一个前提是,媒介的目标市场尚未有人发现,或者很少有人涉足,不存在竞争者控制市场的情况。如果媒介选择的目标市场已有很多的竞争者,并且竞争程度很高,那对媒介的未来运营来说,很难实现预期效益目标。

(4)社会、政治、经济、自然条件等方面的发展变化

支持媒介定位的一个条件是,这些方面的发展变化将能够为媒介向目标市场不断扩展带来更多的有利因素,而不会造成障碍或突变。

(5)根据自己的特点和由此带来的优势进行定位

半岛电视台是进行优势定位的典型。该台利用战争报道赢得了很多受众市场。媒介定位应该依靠自身的特点及其优势,提供给市场独特的媒介产品,最终才能有利于经济效益和社会效益实现的最大化。

(6)成本投入与效益产出的比率预测

媒介定位要考虑在某种定位基础上成本投入及此定位给媒介所带来的效益。

传媒市场运营与一般产业运营具有共性。作为营利性的企业,追求经济效益最大化是传媒运营的目标之一。这就要求传媒在定位时必须要对媒介运营成本投入与未来效益产出的比率进行预测。如果媒介运营成本投入与未来效益产出比率高于1,那么这种定位不能为媒介未来的发展带来经济效益。如果媒介运营成本投入与未来效益产出比率低于1,这种定位才有可能为传媒的未来运营带来一定的经济效益。

8.3 传媒市场营销4P组合策略

市场营销组合是指企业针对选定的目标市场,对其内部各种可控因素的组合与运用。企业在做好市场调研和预测的基础上,通过细分市场,锁定目标市场后,应结合自身条件,综合运用各种营销策略,针对目标市场的有效需求,向目标顾客提供需要的产品,制订适当的价格,选择畅通的分销渠道,做好相应的促销活动,并对以上策略进行合理组织,以取得市场营销的整体效果。

8.3.1 市场营销4P组合概述

4P理论20世纪60年代产生于美国,是随着营销组合理论的提出而出现的。1953年,尼尔·博登在美国市场营销协会的就职演说中创造了“市场营销组合”这一术语,其意是指市场需求或多或少地在某种程度上受到所谓“营销变量”或“营销要素”的影响。为了寻求一定的市场反应,企业要对这些要素进行有效的组合,从而满足市场需求,获得最大利润。营销组合实际上有几十个要素(博登提出的市场营销组合原本就包括12个要素),杰罗姆·麦卡锡于1960年在其《基础营销》一书中将这些要素概括为4类:产品(Product)、价格(Price)、渠道(Place)、促销(Promotion),即著名的4P。麦卡锡认为一次成功和完整的市场营销活动,是以适当的产品、适当的价格、适当的渠道和适当的促销手段,投放到特定市场的行为。

产品(Product),主要包括产品的实体、服务、品牌、包装。它是指企业提供给目标市场的

货物、服务的集合,包括产品的效用、质量、外观、式样、品牌、包装和规格,还包括服务和保证等因素。产品的组合注重开发的功能,要求产品有独特的卖点,把产品的功能诉求放在第一位。

价格(Price),指顾客购买产品时的价格。根据不同的市场定位,制订不同的价格策略,产品的定价依据是企业的品牌战略。

渠道(Place),主要包括分销渠道、储存设施、运输设施、存货控制,它代表企业为使其产品进入和达到目标市场所组织、实施的各种活动,包括途径、环节、场所、仓储和运输等。企业并不直接面对消费者,而是注重经销商的培育和销售网络的建立,企业与消费者的联系是通过分销商来进行的。

促销(Promotion),指企业利用各种信息载体与目标市场进行沟通的传播活动,包括广告、人员推销、营业推广与公共关系等。

以上4P(产品、价格、渠道、促销)是市场营销过程中可以控制的因素,也是企业进行市场营销活动的主要手段,对它们的具体运用形成了企业的市场营销战略。

8.3.2 4P组合策略

8.3.2.1 媒介产品策略

媒介产品和其他商品一样,包括两方面的形态,即实物形态和服务形态。不论有形的产品还是无形的服务,媒介产品具有商品的一般属性。和其他物质产品一样,媒介产品同样是使用价值与价值的统一体。

(1)媒介产品的价值及效用

媒介产品首先应该具有商品的使用价值。因为媒介产品是以交换为目的而生产的,没有使用价值,也就无法交换,最终也就无法产生经济效益。

媒介产品使用价值是指能够向社会消费者提供各类信息服务和精神生活方面所需要的文化性、信息型消费资料,也可称为媒介消费资料。它既包括满足人们生活所需的物质媒介产品,又包括满足人们享受和发展需要的媒介服务。

传媒定位的本质是通过定位,要使媒介产品与其他产品相比,具有自身在内容、风格、形式等方面的特征。因此,媒介产品使用价值并不只是表现在对人们基本需求的满足上,它的使用价值在很大程度上还要取决于其自身是否具有独特的传播价值。这种独特性具体包括:

1)信息价值。信息价值是媒介产品传播价值的首要价值,媒介产品是否真正有价值,取决于信息价值。判断大众媒介产品是否有信息价值,不是取决于传播者和传播媒介,而是取决于受众,取决于信息对受众有用的程度和对受众接受目的的投合程度,即媒介效用。

2)符号美学价值。符号美学价值是指由媒介产品或服务通过不同的符号组合所表现出来的美感、形式及内容而产生的传播价值,如中央电视台的春节晚会,从节目内容的配置,服装、舞台设计等各个方面,比地方卫视的春节晚会更具审美价值。

3)注意力价值,即媒介所凝聚的受众的注意力资源,这是媒介产品的传播价值的核心所在。注意力价值既能体现出媒介产品对受众消费者的效用,又是获取媒介广告客户的关键。

4)社会价值。有些传播产品传递的是一种价值的趋同,有助于个体在社会中明确自己的身份并准确定位,也能够把同类的人群联系起来,具有纽带的联系作用。媒介产品营销的前提是对受众市场进行细分。细分受众是依据不同的标准把具有某一方面相似特质的受众进行归类。媒介通过对特定的受众市场进行信息传播,有利于受众个体形成一种趋于相近的价值观。

5)原创价值。原创价值可以附加在以上的任何一种传播价值中,它所代表的是作品的真实性、原创性、权威性与唯一性。因此,传媒产品要具有自己的特色,必须进行创新,讲求原创性。

6)安全性。强调媒介产品独特的传播价值,并不是以低俗、恶俗的产品去迎合受众群体的低级趣味。在一定时间内是否有"效用"是衡量媒介产品使用价值的一个标准,但是从行为主体考虑,不能只考虑媒介产品是否有效用,还应该考虑媒介产品是否安全。媒介产品的安全性是指媒介产品是否有益于消费者的身心健康发展和社会的良性发展。

(2)媒介产品开发策略

传媒市场竞争的结果是市场上产品同质化现象非常严重。传媒要想使产品组合在市场上受到消费者的青睐,就必须创新出与众不同的、有自己特色的产品,满足不同消费者的个性需求。这就要求传媒必须进行市场调查,分析市场,追踪市场变化情况,调查市场上受众需要哪些产品,并结合自己拥有的资源条件进行自主创新。创新就意味着差异化,因此,媒介产品的组合,关键在于开发新的媒介产品,并且赋予媒介产品独特的卖点。一般说来,媒介产品的开发策略有以下几种:

1)进攻式开发策略。进攻式开发策略又称为抢占市场空白策略或先发制人策略。传媒企业应具有强烈的占据市场"第一"的意识,抢先开发新产品,投放市场,使媒介的某种产品在激烈的市场竞争中处于领先地位。

2)系列开发策略。系列开发策略又称为系列延伸策略。传媒产品进行全方位的延伸,开发出一系列类似的,但又各不相同的产品,形成不同类型、不同规格、不同档次的产品系列。媒介针对消费者在使用某一产品时所产生的新的需求,推出特定的系列配套新产品,可以加深传媒产品组合的深度,为传媒新产品开发提供广阔的天地。如迪士尼"公主系列"品牌旗下有6位公主:《白雪公主》中的白雪公主、《美女与野兽》中的贝尔公主、《睡美人》中的爱洛公主、《灰姑娘》中的仙蒂公主、《小美人鱼》中的爱丽儿公主、《阿拉丁》中的茉莉公主。

3)全面开发策略。大型媒介,为了形成不同种类、不同层次的媒介产品对市场的全面覆盖能力,形成媒介产品集群化的优势,必须全面开发各种类型的媒介产品。南方日报报业集团实施"龙生龙、凤生凤"的滚动发展模式。由名牌主流报带出名牌子报,再由名牌子报派生出新的子报。南方报业首先利用《南方日报》的人力资源、新闻资源、技术设备和资金优势,创办了《南方周末》,然后又利用《南方周末》的人才和发行渠道、印刷网络等资源创办了《21世纪经济报道》,而新创办的《21世纪环球报道》又是由《21世纪经济报道》衍生出来的。

4)防御式开发策略。防御式开发策略又称为模仿式开发策略。它不是被动性防御,而是主动性防御。媒介并不率先提供新产品,而是当市场出现成功的新产品后,立即进行仿制并适当改进,消除上市新产品的最初缺陷而后来居上。

如我国电视相亲类节目,山西卫视1988年开播的《电视红娘》被认为是我国最早的婚恋类节目,它可以称为我国现代婚恋节目的鼻祖。当时的电视节目制作相对简单,没有华丽的包装技巧，两三年后因为节目的运作问题而销声匿迹。随后便是1996年台湾的《非常男女》节目，此后湖南卫视1998年开播的《玫瑰之约》等内地婚恋节目强势回归。《玫瑰之约》于2004年停播，由此婚恋类节目也暂时淡出了观众视线，即便有几档在播的类似栏目，也基本不成气候。

2009年婚恋节目重出江湖，主力阵营包括湖南卫视的《我们约会吧》、江苏卫视的《非诚勿扰》、山东卫视的《爱情来敲门》及浙江卫视的《爱情连连看》。

经过对比，不难发现，在节目形态上，现在的《非诚勿扰》与当年的《玫瑰之约》已经发生了本质上的改变。《非诚勿扰》的制片人王刚被问到这档婚恋交友类节目与之前的同类型节目有什么不同时说："虽然之前婚恋交友节目很火，但是我们现在的节目不是老节目的拷贝。"《非诚勿扰》已经不再是刻板的男女嘉宾数量上的呼应，满足于让男女嘉宾一对一坐着聊天，而是将这档节目做成了一场观赏性极强的真人选秀，男女嘉宾的牵手过程类似游戏闯关。男女嘉宾的配对已经不是这类新派婚恋节目的最大宗旨，在相亲这一社会热门话题下通过"作秀"获取最大的娱乐性才是这类节目的终极目的，而且从收视率上看，它确实也达到了成功。《非诚勿扰》开播以来，其中一期以4.53%的收视率赢得了全国卫视综艺节目的收视冠军。

8.3.2.2 媒介产品价格策略

价格是媒介营销组合中的一个重要内容，也是媒介组织进行市场竞争的一个有效手段，同时又是市场营销组合中最难以确定的因素。它不仅影响到对媒介产品潜在市场的开发，而且影响着媒介产品市场占有率的巩固和提高。

(1)媒介产品定价的依据

媒介产品的价格是最容易引起受众反应的一个问题，是传媒营销组合的重要因素之一，它直接决定着传媒市场份额的大小和赢利率高低。传媒的定价决策受媒体内部因素的影响，也受外部环境因素的影响。随着营销环境的日益复杂，制定价格的难度越来越大，不仅要考虑成本补偿问题，还要考虑消费者的接受能力和竞争状况。媒介产品定价依据主要有以下几个方面：

1)媒介组织的营销目标。媒介产品的定价要遵循市场规律，讲究定价策略，而定价策略又是以媒介的营销目标为转移的，不同的目标决定了不同的策略和不同的定价方法和技巧。同时，价格策略作为媒介实现经营目标的手段，直接影响媒介的经营成效，具体表现在不同的价格水平会对媒介的利润、销售额和市场占有率产生不同的影响，因此，媒介在实施定价策略时，要结合内部情况、目标市场的经济情况及竞争对手情况，根据对媒介的生存和发展影响最大的战略因素来选择定价目标。

2)竞争对手的价格水平以及在这一价格水平上的销售量。同类产品的竞争最直接地表现为价格竞争。如果媒介采取高价格、高利润的战略，就会引来竞争，而低价格、低利润的战略可以阻止竞争对手进入市场或者把其赶出市场。如果媒介试图通过适当的价格和及时的价格调整来争取更多顾客，这就意味着其他同类企业将失去部分市场，或维持原有市场份额要付出更多的营销努力，因而在竞争激烈的市场上，媒介都会认真分析竞争对手的价格策略，密切关注其价格动向并及时作出反应。

3)媒介组织考虑。每个媒介组织的规模大小、财务状况、经营指标不同，媒介的价值取向就不同。对于追求经济效益优先的媒介，高价格是定价方向；而对于社会效益优先的媒介来讲，中、低价格定位是定价方向。媒介同时根据自身状况需考虑综合因素（品牌、市场地位、推广费用、渠道建设情况、产品的包装、产品规格）来制定价格。

4）对成本开支的评估分析。媒介产品的成本因素包括生产成本、促销开支、节目营销开支、发行开支等，对成本的核算要把各种现实性的因素和可能性的因素都考虑在内，但要避免把不相关的开支因素包括进去，因为这样会使得对成本评估太高，影响定价过程的准确性，并进而影响媒介产品进入市场的成功概率和竞争能力。

5）其他外部因素（经济、中间商、政府、社会关注问题）。在定价时，传媒还必须考虑外部环境中的其他因素。经济条件对传媒的定价策略有很大影响，如经济增长和衰退、通货膨胀和利率等因素会影响产品的生产成本以及消费者对产品的看法。传媒制定价格时应该能够给销售商带去可观的利润，鼓励他们对产品的支持，以及帮助他们销售产品。营销人员需要了解影响价格的政府法律法规，并确保自己的定价决策具有可辩护性。同时，传媒在制定价格时，组织的短期销售、市场份额和目标利润将必须服从于整个社会的需要。

（2）媒介产品定价的基本手段

1）零售价。零售价即卖给最终消费者把成本和销售利润算在一起的价格，如在报摊上购买报纸的价格。

2）折扣价。这是媒介产品在一定的时期内，在原来的价格基础上，按一定的比例给予折扣优惠的价格。折扣定价对潜在的媒介产品受众具有一定的吸引力，也是保持老客户的一种有效方法。

3）承包价。承包价是媒介对媒介产品的销售与经销商经过协商达成共识的一种定价方式，即由销售商完全独立地承包媒介产品的销售，向媒介提出一个承包价，媒介不再向其他经销商提供经销权。

4）降价。一些媒介组织发现自己的媒介产品的市场占有率下降，或试图获得更高的市场占有率时，往往采用降价的手段，这就是所谓竞争性降价。另外，由于新技术的采用，产品成本大幅度降低，为开发潜在的市场，也采用降价策略。降价策略对于受众来说固然有吸引力，但对于媒介组织来说，风险太大，不能作为一种长期的经营战略。降价可能给竞争对手予以重创，但降价会大大影响到媒介组织的利润实现。

5）价格维持。一般是在同类产品提价后，或媒介产品成本提高后所采取的一种价格策略，媒介产品的价格应当尽可能地保持稳定，这是在用户心目中建立良好形象的一个重要方面。尤其是在媒介产品的成本上涨以后，在一定的时间内，尽量保持价格的稳定，也是媒介组织维护其媒介信誉的契机和巩固其市场占有率的重要条件。

（3）媒介营销中价格策略运用原则

1）相对稳定性原则。由于媒介产品的各种成本的提高，从某种意义上来讲，提价是不可避免的，但是媒介产品的价格变动不能过于频繁。市场价格在一个较长的时期内相对稳定，能够减少媒介之间因价格竞争而发生的损失。此外，频繁的提价不仅是对受众消费心理的严重伤害，而且会影响受众对这一媒介产品的信任感，受众进而可能产生排斥心理。

2）利润性原则。作为一种竞争和促销手段，媒介产品在短时间内进行低位定价，以获得更多的市场份额或打击竞争对手也是可以的，但其最终目的仍是通过提高媒介产品的市场占有率而获得更高的利润。

3)开发性原则。市场开发是媒介获取预期效益的前提,因此媒介产品的定价要着眼于竞争的需要,有利于巩固和扩大市场占有率。在保证媒介产品有利润的前提下,可以根据竞争对手的价格策略和整个市场状况,把利润率定在一个合适的水平上,使定价更容易被受众接受。

4)综合平衡性原则。媒介产品的定价既不是越低越好,也不是越高越好,价位要适度。如何把握这个"度",既要考虑媒介组织的经济效益,又要考虑受众的承受能力,因此,定价时要综合平衡质量、服务、整体营销能力和效果等因素。

(4)媒介营销中的定价方法

定价方法是媒介在特定的定价目标指导下,依据对成本、需求及竞争等的研究,运用价格决策理论,对产品价格进行计算的具体方法。定价方法主要包括基于成本的定价方法、基于购买者的定价方法和基于竞争的定价方法三种类型。

1)基于成本的定价法。基于成本的定价法是以产品成本为基础,加上目标利润来确定产品价格的成本导向定价法,是企业最常用、最基本的定价方法。一般说来,传媒基于成本的定价法有以下几种:①总成本加成定价法。总成本加成定价法是指按照单位成本加上一定百分比的加成来制定产品的销售价格,即把所有为生产某种产品而发生的耗费均计入成本的范围,计算单位产品的变动成本,合理分摊相应的固定成本,再按一定的目标利润率来决定价格。采用成本加成定价法,关键问题是确定合理的成本利润率。而成本利润率的确定,必须考虑市场环境、行业特点等多种因素。在实际操作中,这种方法简化了定价工作,便于经济核算,而且在成本加成的基础上制定出来的价格对买卖双方来说都比较公平,不会造成恶性竞争。②目标收益定价法。目标收益定价法是根据媒介企业的总成本或投资总额、预期销量和投资回收期等因素来确定价格。它是根据估计的总销售收入(销售额)和估计的产量(销售量)来制定价格的一种方法。③边际成本定价法。边际成本是指每增加或减少单位产品所引起的总成本的变化量,边际成本定价法只考虑变动成本,不考虑固定成本,以预期的边际贡献(增加一个单位的销售,所获得的收入减去边际成本的数值)补偿固定成本并获得赢利。采用边际成本定价法是以单位产品变动成本作为定价依据和可接受价格的最低界限。在价格高于变动成本的情况下,媒介企业出售产品的收入除完全补偿变动成本外,尚可用来补偿一部分固定成本,甚至可能提供利润。若边际贡献大于固定成本,媒介企业就有赢利;若边际贡献小于固定成本,媒介企业就会亏本;若边际贡献等于固定成本,媒介企业盈亏平衡。总之,从本质上说,成本导向定价法是一种卖方定价导向。它忽视了市场需求、市场竞争和价格水平的变化,有时候与定价目标相脱节。此外,运用这一方法制定的价格均是建立在对销量主观预测的基础上,从而降低了价格制定的科学性。因此,在采用成本导向定价法时,还需要充分考虑需求和竞争状况来确定最终的市场价格水平。

2)基于需求的定价法。市场营销观念要求企业的一切生产经营必须以消费者需求为中心,并在产品、价格、分销和促销等方面予以充分体现。基于需求的定价方法是根据市场需求状况和消费者对产品的感觉差异来确定价格的方法,又称"市场导向定价法"。基于需求的定价法有以下几种:①认知价值定价法。认知价值定价法是根据顾客对产品价值的认知程度,即以产品在顾客心目中的价值观念为定价依据,运用各种营销策略和手段,影响顾客对产品价值的认知的定价方法。定价的关键,不是卖方的成本,而是购买者对价值的认知。媒介企业如果过高地估计认知价值,便会定出偏高的价格;相反,则会定出偏低的价格。②需求差别定价法。所谓需求差别定价法,是指媒介产品价格的确定以需求为依据,首先强调适应消费者需求的不同特性,而将成本补偿只放在次要的地位。这种定价方法对同一商品在同一市场上制定两个或两个以上的价格,或使不同商品价格之间的差额大于其成本之间的差额。其好处是可以使企业定价最大限度地符合市场需求,促进商品销售,有利于媒介企业获取最佳的经济效益。③逆向定价法。逆向定价法也称零售价格定价法,是依据消费者能够接受的最终销售价格,逆向推算出中间商的批发价和媒介产品的出厂价格。这种定价方法不主要考虑产品成本,而重点考虑需求状况。逆向定价法的特点是价格能反映市场需求情况,有利于加强媒介组织与中间商的良好关系,保证中间商的正常利润,使媒介产品迅速向市场渗透,并可根据市场供求情况及时调整,定价比较灵活。

3)基于竞争的定价法。对于一些市场竞争十分激烈的产品,许多传媒企业制定价格时,往往不是根据成本和需求,而是以竞争者的价格水平为基础。竞争导向定价法是指通过研究竞争对手同类产品的商品价格、生产条件、服务状况等,结合传媒企业自身的发展需求,以竞争对手的价格为基础进行产品定价的一种方法。其特点是价格与成本和市场需求不发生直接关系。当然,为实现传媒企业的定价目标和总体经营战略目标,谋求传媒企业的生存或发展,可以在其他营销手段的配合下,将价格定得高于或低于竞争者的价格,并不一定要和竞争对手的产品价格完全保持一致。

8.3.2.3　媒介渠道策略

有效的渠道策略不仅能够提高媒介产品的销售,也有利于媒介广告销售的提升。西方一直存在着两种销售理论:“产品的特性决定了市场的大小”与“推销决定市场”。对传媒市场而言,前者便可以说是以内容为王,后者是指渠道为王。《福布斯》的掌门人曾经说过:“媒体的成功,一半是内容,一半是渠道。”因此,经营媒体既要重内容,也要重渠道。

我国报纸发展现状存在两种情况:一是“内容为王”,强调新闻写作是报纸的核心,整个报纸的各个层面都要以新闻为主,为新闻工作服务。的确,大部分党报将新闻导向作为自己的第一要务。二是“渠道为王”,强调发行是报纸工作的重中之重,认为没有好的有效渠道发行,再好的新闻工作也是不够的。《成都商报》提出“二流的报纸、一流的发行”的口号。

一般说来,媒介渠道的重要性表现在以下几个方面。

(1)是形成媒介规模经济的要素

规模经济理论是经济学的基本理论之一,也是现代企业理论研究的重要范畴之一,规模经济理论是指在一特定时期内,企业产品绝对量增加时,其单位产品成本下降,即扩大企业规模,能够降低产品的平均成本,从而增加企业的利润。对于媒介来讲,建立健全良好的媒介产品销售渠道,能够降低媒介产品的边际成本,有利于媒介提高其产品的市场销量,形成规模经济,最终有利于实现媒介的效益目标。

(2)能够提升媒介市场核心竞争力

产品、价格与促销手段是很容易被模仿的,而营销渠道是难以模仿的。当某一媒介企业与其他竞争者的产品、价格与促销手段同质化程度很高的时候,独特的媒介渠道能够有助于媒介占领市场、满足并挖掘消费者需求、提升专业服务水平,从而有助于媒介提升其市场核心竞争力。

(3)实现媒介运作的良性循环

健全的媒介销售网络,有利于提高媒介产品的市场占有率,以促进媒介广告收入的提高。获取丰厚的广告收入,能够提高媒介组织的生产能力,生产出更好的媒介产品,建立更为健全的营销网络渠道,从而实现媒介运作的良性循环。

8.3.2.4　媒介促销策略

促销是作为营销组合的最后一个因素被提出来的,但促销管理却是市场营销管理中最复杂、最富技巧、最具风险的一个环节。目前国内不少企业对促销没有一个全面而正确的认识,认为促销只是单纯的销售促进,认为搞促销活动就只是做广告,或是单纯的销售促进活动。

(1)什么是媒介促销

媒介促销是指媒介企业通过人员推销、广告、公共关系和营业推广等各种促销方式,向目标市场传递产品信息,引起目标消费者的注意和兴趣,激发他们的购买欲望和购买行为,以达到扩大销售的目的。

媒介企业要达到具体的促销效果,就必须根据媒介促销目标与任务、媒介产品类型与性质、媒介目标市场范围与规模、消费者素质等因素对广告、营业推广、公关宣传等各种促销方式进行综合运用、有机组合。媒介促销的本质是沟通。

(2)媒介促销方式

传媒营销传播组合有五种主要的工具:广告、销售促进、人员促销、公关宣传和直接营销。广告连续地、重复多次地进行高度渗透性的信息刺激,具有非常强烈的传播性和影响力;销售促进特别强调利益、实惠、方便的刺激与诱导,具有很强的诱惑力、吸引力;人员促销以交际、人际关系、面对面的谈判为沟通特征,特别具有针对性、人情味和灵活性;公关宣传注重塑造形象、推销形象、增加感情,提高信任度,消除消费者戒备心理;直接促销主要是通过现代科学技术,大大缩短了沟通渠道,抢占市场先机。总之,广告和公关宣传为销售创造有利的环境,销售促进提供吸引顾客的有力武器,直接营销能快速地将最新产品或服务告知消费者,而面对面地与顾客进行沟通,则需要人员推销来完成。

(3)《京华时报》的促销策略

《京华时报》首先是以广告快速树立报纸的品牌形象。在北京每个地铁站,人们都可看到有两块“《京华时报》:北京人的都市报”的广告牌;户外,800 个广告牌遍布北京各个交通要道,还有三条线路公交车车体流动广告;空中,北京交通广播电台、北京电视台、中央电视台等均打出了《京华时报》创刊的广告;在平面媒体上,《人民日报》、《环球时报》、《北京青年报》、《北京晚报》等均对《京华时报》的创刊作了报道。在海外,美国、日本、英国、新加坡及香港等地多家报纸,也都对《京华时报》的创刊作了报道。

其次是搞大派送,快速提高零售量。《京华时报》创刊之初,招聘 2300 名零售员,统一身着蓝色 T 恤,头戴蓝帽子,遍布北京各个交通要道、人行天桥、医院、商场、地铁站口,在京城形成了一道亮丽的风景线;组织两千人的流动售报队伍,一步到位,开展强力促销活动,促销活动持续 5 天。

再次,《京华时报》发行中心设立“京华发行奖”,促进采编和发行的互动,这在国内是首创;《京华时报》发行中心创办《京华发行人》内部刊物,定期交流发行经验,这是国内第一个发行专业刊物;《京华时报》副总经理谭军波著《自办发行管理模式》一书,是国内第一本关于自办发行方面的专著。

此外,《京华时报》除了向订户投递报纸,还开展送水、送电影票、送书、送电子产品等其他物流服务。

8.4 传媒市场营销管理

传媒市场营销的实质是需求管理,是传媒企业针对不同的需求情况,采取不同的营销管理对策,进而有效地满足市场需求,建立和保持与目标市场客户之间良好的沟通关系,确保传媒企业目标的实现,因此,传媒市场营销是决策过程和管理过程的统一。

对传媒组织而言,市场营销实质上就是营销决策,是为了既定的目标,在两个或两个以上的方案中选择一个最佳方案,并加以实施的过程。而作为一个管理过程,传媒组织应充分发挥计划、领导、指挥、协调、控制的职能,以完成组织的目标。

决策过程和管理过程在市场营销管理过程中是统一的、不可分割的,是同一过程中的两个不同的方面,这两个方面相互影响。

基于以上分析可知,传媒市场营销管理是指传媒企业为实现组织目标,而发现、分析、选择和利用市场机会的管理过程,并在这个过程中传媒组织应充分发挥计划、领导、指挥、协调、控制的职能,建立健全相应的保障制度,以完成组织的目标。

8.4.1 传媒市场营销管理过程

一般说来,传媒市场营销管理过程具体包括分析市场机会、选择目标市场、设计市场营销组合以及执行和控制营销计划。

8.4.1.1 分析媒介市场机会

传媒市场营销的实质是需求管理,因此分析市场机会就是发现未满足的需要。为了发现市场机会,传媒组织除了广泛收集市场信息,进行专门的调查研究,充分了解当前情况外,还应该按照经济发展的规律,预测未来发展的趋势。

媒介不但要善于发现和识别市场机会,还要善于分析、评价哪些才是适合本媒介的营销机会(即对媒介的营销具有吸引力的,能享受竞争优势的市场机会)。市场上一切未满足的需要都是市场机会,但能否成为本媒介的营销机会,要看它是否适合于媒介的目标和资源,是否能使媒介扬长避短,发挥优势,比竞争者或可能的竞争者获得更大的超额利润。

8.4.1.2 选择媒介目标市场

媒介选定符合自身目标和资源的营销机会以后,还要对市场容量和市场结构进行进一步分析,确定市场范围。无论是从事消费者市场营销还是从事产业市场营销,任何媒介都不可能为具有某种需求的全体顾客服务,而只能满足部分顾客的需求。这是由顾客需求的多样性和变动性及媒介拥有资源的有限性所决定的,因此,媒介必须明确在能力可及的范围内要满足哪些顾客的要求,首先进行市场细分,然后选择目标市场,最后进行市场定位。

8.4.1.3 设计媒介市场营销组合

媒介在确定目标市场和进行市场定位之后，市场营销管理过程就进入第三个阶段——设计媒介市场营销组合。媒介市场营销组合是指媒介用于追求目标市场预期销售量水平的可控营销变量的组合。

媒介市场营销组合因素对媒介来说都是可控因素，即媒介根据目标市场的需求，可能自主决定产品结构、产品价格、选择分销渠道和促销方式，但这种自主权是相对的，要受到自身资源和目标的制约及各种微观和宏观因素的影响。

8.4.1.4 执行和控制媒介市场营销计划

媒介市场营销管理的第四步是执行、控制媒介市场营销计划。只有充分发挥媒介组织计划、领导、指挥、协调、控制的职能，才能实现媒介的战略任务。

8.4.2 媒介市场营销管理的制度建设

媒介市场营销计划是媒介整体战略规划在营销领域实施的具体化。为保证媒介市场营销计划的顺利实施，应充分发挥媒介组织市场营销的管理职能，建立健全相应的制度，具体包括：

(1)制订详细的责任制度

为了有效地实施营销战略，媒介应当明确营销战略实施的关键性决策和任务，并将执行这些决策和任务的责任落实到媒介组织内部的具体群体。

(2)建立科学合理的组织结构

不同的媒介组织其任务不同，需要建立不同的组织结构。组织结构必须与媒介自身特点和环境相适应，规定明确的职权界限和信息沟通渠道，协调各部门和人员的行动。

(3)设计决策和报酬制度

科学的决策体系是媒介成败的关键，而合理的奖罚制度能充分调动人的积极性，充分发挥组织效应。

(4)开发并合理调配人力资源

企业的任何活动都是由人来开展的，人员的考核、选拔、安置、培训和激励等问题对媒介至关重要。对于媒介来说就是要让人才有工作的成就感，自身的价值有更大的成长空间和更多的升值机会。

(5)建立适当的传媒文化和管理风格

传媒文化是指组织内部人员共同遵循的价值标准和行为准则，对媒介员工起着凝聚和导向作用。媒介文化与管理风格相联系，一旦形成，对媒介发展会产生持续、稳定的影响。

案例分析

CCTV 与 BBC 电视频道市场细分

在当今的多频道媒体环境下，电视收看行为变得越来越普及、流行，但是很少有节目或频道能吸引并满足广泛的电视观众收视需求。中国中央电视台(CCTV)和英国广播公司(BBC)分别为我国和英国国家级代表性电子媒体机构。中英两国的传媒体制不尽相同,两大媒体机构在具体的操作程序及管理制度上也存在显著的差异,但是在通过频道细分更好地满足观众视听需求方面却存在很多相通之处。

"小众"时代催化频道细分

电视业的发展同世界经济一样,经历了从"大众"到"小众"的变化过程。从1958年9月2日北京电视台(CCTV前身)正式开播时的一套节目到如今丰富多彩、门类相对齐全的15套节目。1936年BBC开始经营电视业务时只有一个频道,1964年开播了第二套节目,到如已经拥有8个电视频道以及一个互动频道,这些都充分体现了电视业的这种向"小众"发展的趋势。

建立在受众需求多元异质性理论基础之上的频道细分策略主要是指根据受众对节目不同的欲望与需求,把整个视听市场划分为若干个具有相同或相似需求的受众群体,以便于电视台在这些子市场中选择一个或多个子市场作为目标市场的过程。频道细分强调两个方面:一是细分要建立在受众不同的需求之上;另一方面,受众的这种不同需求是反映在同一个消费者群中。这就是说,细分的单位不是个人,而是群体。"小众化"可以说是最好地概括出了细分的实质,不是"小"到每一个人,而是建立在一个相对应的"众"之中。

虽然电视技术的发展会在一定程度上把"个人电视"的梦想变成现实,英国的天空卫视曾经提出"创造你自己的电视频道",即利用数字卫星技术通过"天空卫视"支持消费者可以使用遥控器随意选择自己喜欢的任何电视频道甚至频道节目,把它们组成一起,形成符合自己个性和需求的电视节目单,从而让电视按照消费者个人的兴趣爱好播放节目而不是像以往消费者按照电视台事先制订好的节目单观看节目。电视作为"大众媒体"将像"个人电脑"那样成为"个人媒体"。但是如此奇妙的构想在目前的现实情况下,即便在英国也无法全面地实现和普及,因此,在目前的条件下,电视频道细分应该是按照一定的分类标准(人口、地理、受众心理等)将电视市场分割为若干个具有相同或相似需求的子市场,如财经频道、体育频道、音乐频道、电影频道等以实现一定的规模经济效益。

CCTV与BBC的频道细分基本扫描

截至2004年5月,BBC根据英国观众的收视习惯和特点划分了8个电视专业频道和一个多媒体互动频道以满足英国本国电视观众的不同收视需求;在中国,CCTV已经把频道划分为15个各自不同的专业频道。这两家具有代表性的国家电视机构从内容提供和专业频道设置上都体现了建立在受众多元异质需求基础上的频道细分原则。可以说两家电视机构丰富的电视频道资源极大地满足了电视观众千差万别的收视需求,成为各自国家具有相对竞争优势的电视机构。

相比较而言,BBC的细分标准主要侧重于"年龄生命周期、教育水平及个性爱好"。从人的个体发展角度来看,BBC从0—6岁婴幼儿频道到6—12岁少儿频道再到16—34岁青年频道再到其他综合频道或专业频道,体现了人体生命周期的特点。除了3个青、少、幼频道,其他频道的划分又主要依据成年电视观众的不同收看需求来开设。BBC1综合频道内容丰富、受众面广,2002年其市场份额达到26.2%;BBC2侧重于文学、历史、艺术等教育方面,同时也满足了部分非主流电视观众的收视需求,市场份额达到11.4%。BBC3侧重于年轻电视观众；而BBC4以经典艺术、音乐为主要内容，观众欣赏水平较高；BBC News以55岁以上的观众为主要收视群。相对于BBC1和BBC2，其他频道的市场份额普遍较小，总计仅为2%。英国媒体研究专家Condoc Branch在分析BBC的频道细分及受众情况之后，指出建立在BBC强势品牌优势下的多个专业化频道满足了英国不同的电视观众群的收视需求，为受众提供了多重选择，丰富了电视频道资源，其总市场占有率为39%左右。

CCTV的频道划分和BBC有一些差异，CCTV开设的15个频道，内容涵盖了政治、经济、生活、文艺、体育等各方面，可以说满足了各个层次的电视观众收视需求。根据2002年中国电视收视市场竞争格局的相关调查分析，CCTV占据了68.3%的市场份额。与BBC相比较，CCTV的细分标准主要侧重于电视观众的"社会角色、个性、兴趣、爱好"等。除了CCTV1综合频道外，其他14个频道的设置都体现了观众收视的多元异质性。比如：CCTV2经济频道的观众多为工商界人士；CCTV3、CCTV11、CCTV15分别为综艺、戏曲、音乐频道，三套节目侧重不同，满足不同文艺爱好者的收视需求；CCTV4国际频道主要针对海外华侨同胞特别是港澳台地区电视观众的收视需要，同时也满足了对国际时事关注的内地观众的收视需求；CCTV5体育频道是一个专业性较强并受到体育爱好者喜爱的频道；CCTV6、CCTV8深受电影和电视剧迷的欢迎。

CCTV与BBC的频道细分标准比较

通过对BBC和CCTV电视频道的比较研究，可以看出电视频道的细分、专业化是当前媒体环境下电视业发展的必然趋势。两大电视传播机构都从观众收视需求出发，分析观众的多元异质需求，不断推出符合电视观众需求的新频道、新节目。作为各自国家代表性电视机构，BBC和CCTV都紧跟时代发展的趋势，充分利用各自的竞争优势在本国电视市场中处于领先的地位。但由于中英两国政治、经济、社会文化发展的差异，无论是两国的电视管理体制、电视研究体系，还是电视受众分析都存在着差别。

根本上讲，在选择细分标准上，BBC和CCTV存在着差异。BBC主要以年龄等人口统计指标作为细分单位。最明显地体现在少儿节目的开设上，一般情况下电视台只开设一套青少年频道，满足0—16岁电视观众的收视需求，BBC却针对婴幼儿观众与少年观众收视习惯和心理上的差别，对少儿频道进行了更细的划分。在CBBC少年频道(6—12岁)的基础上，又开发了针对0—6岁最小电视观众的CBeebies婴幼儿频道，还为16—34岁之间的青年观众开设了专门的频道。尽管除了传统的BBC1和BBC2拥有较高的收视率，其他7个频道的总收视率不过2%，但是多样细分的频道为英国电视观众提供了更深、更丰富的电视服务，满足了不同电视观众的收视需求。

CCTV的细分标准更多地体现在个性特征上，按照电视观众各自不同的收视爱好开设了包括经济、体育、戏曲、音乐、电影、电视剧等专业化频道。从收视份额上看，CCTV各频道都有较强的实力，尽管近年来CCTV也面临着省级卫星电视、境外卫星电视等电视机构强有力的挑战，但是CCTV在我国电视市场中的绝对优势地位短期内不可动摇。

CCTV和BBC电视频道细分的比较研究一定程度上为我国的各级电视媒体如何更好地服务电视观众，推进我们电视媒体产业化、专业化发展提供了借鉴。

(杨莹《CCTV与BBC电视频道市场细分的分析与比较》，《传媒观察》，2004年第11期)

◎实训题

1. CCTV 与 BBC 电视频道在市场细分上有什么不同？

2. CCTV 和 BBC 电视频道的市场细分为电视媒体的发展提供了哪些借鉴之处？

★思考题

1. 如何理解“媒体的成功，一半是内容，一半是渠道”。

2. 如何看待当前我国电视媒体的差别化定位。

3. 试用媒介目标市场选择的五种模式分析中央电视台的产品营销战略。

9 传媒品牌营销

导言

本章学习目标

1. 认识品牌、传媒品牌、传媒品牌营销的含义。

2. 结合案例，明确传媒品牌营销的内容。

3. 了解传媒品牌周期的四个阶段，知晓每个阶段品牌营销的着力点。

本章重点

1. 传媒品牌营销的含义及涉及的方面。

2. 如何进行传媒品牌营销。

3. 传媒品牌管理。

本章难点

传媒品牌的全方位包装。

9.1 品牌与品牌营销

9.1.1 品牌

当今社会已经进入到品牌阶段,中国传媒的品牌意识和品牌管理滞后于大多数品牌企业。随着传媒产品种类的丰富和同类产品数量的增加,品牌逐步成为获取竞争优势的一种有效手段。在竞争中,人们逐步看到了品牌的力量,品牌经营已引起传媒业的普遍重视,并得到了初步运用,几乎所有媒体对于自身品牌的宣传意识都在不断提高,宣传的费用在急速增加。这是我国传媒提高产业经营水平、增强自身竞争力、积极迎接国际传媒挑战的一大标志。

所谓品,就是品质,指产品的质量;所谓牌,即与产品关联的外在形象、外在的符号,比如经常所说的商标、LOGO。产品要想成为品牌,除了具有质量和形式之外,还要有更为重要的,即消费者对产品形象的认知度以及表现出来的客户忠诚度。

品牌是指为顾客提供其认为值得购买的功能利益及附加值的产品。附加值是品牌定义中最为重要的部分,包括品牌个性、使用的主观感受、信赖等,更多地表现为一种无形价值。

9.1.2 品牌营销

品牌营销是通过市场营销使客户形成对企业品牌和产品的认知过程。企业要想不断获得和保持竞争优势,必须构建高品位的营销理念。最高级的营销不是建立庞大的营销网络,而是利用品牌符号,把无形的营销网络铺建到社会公众心里,把产品输送到消费者心里,使消费者选择消费时认定这个产品,投资商选择合作时认定这个企业,这就是品牌营销。传媒品牌营销也是这样。

成功的品牌营销以具有优良质量的产品为根本。品牌的基础是质量,质量不断升华才能形成品牌。品牌媒介为媒介消费者提供的媒介产品质量、媒介服务质量和工作质量都应该是上乘的。当然不是所有质量上乘的媒介都必然是品牌媒介,但质量低劣的媒介绝不可能成为品牌媒介。

9.2 传媒品牌营销的内容

品牌对媒体经营来说是有价的、值钱的。同是电视频道,同为某一类型的栏目,由于牌子不同,受众、广告商及媒体自身的社会影响力差别就很大。

过去,我们觉得品牌报纸或者说品牌节目起码应该有好的内容,至于营销方式如何,好像大家关注的不是很多。实际情况不是这样的,我们办报纸、办电视台,内容是一个方面,但是如果不懂得怎么样把它推向市场,观众看不到、读者看不到,那么就谈不上具有社会影响力。所以,要重视发挥媒体营销环节对于品牌塑造的作用,提高把报社或传媒推向市场的能力。品牌营销的前提是品牌的构建,品牌构建成功因素很多,主要有以下几个方面:

9.2.1 进行准确细致的受众和市场定位

"定位"理论的核心是,在一个竞争激烈的市场中,通过调查分析和策划活动提炼和凸显品牌形象,并将其根植于未来潜在顾客的心中,在市场上为产品赢得一席之地。定位是品牌的核心,它是指寻找在市场中、消费者的心目中的最佳位置。

媒体必须首先考虑自己的品牌定位,才能在同质化的竞争中为自己找到生存的空间。

在品牌创建之前,首先要确定自己的定位,一个具有区域化和差异化定位的媒体,几乎决定了它的生存和推广效果。"它是什么?是卖给谁的?竞争对手是谁?受众如何看待它?它的特点和优势各是什么?还存在什么样的空隙和机会?"等是定位的基本功课。

媒体不仅是一种事业,也是一种产业,因此媒体也应该在一定程度上进行产业化运作,在媒介市场上实现自身的经济效益。首先应该了解市场的需要,尤其是发掘尚未饱和的市场空间,然后决定投入的数量和方式,只有这样,才能实现媒介市场的良性循环,减少资源的浪费。

市场定位过程中,最为重要的是受众定位。受众不同,媒体的功能也不同,面对的市场和范围不同。任何一种媒体已经越来越不可能面对所有的受众,也不可能同时实现媒体的所有功能,所以创立品牌的前提只能是针对特定的受众,达到特定的效果,获得特定的市场。

传播是双向互动的,只有充分了解和尊重受众的需要,才能取得理想的传播效果。受众定位与年龄、职业、性别、地域文化、经济收入、教育程度等因素息息相关。我们在受众定位时,应根据受众特点,广泛听取他们的意见和建议,以比较准确地理解目标受众的期待,从而决定媒体日后的运作。

凤凰卫视在这方面堪称典范。它的市场和品牌定位也是一个从不成熟到成熟的过程。

1996 年 3 月 31 日正式开播之初,凤凰卫视是几乎完全依赖于香港的电视节目,例如,方太生活广场、电视连续剧等,缺乏自己的创新与制作,当地的观众不太感兴趣。为了扭转这种局面,凤凰卫视进行了一系列改革。凤凰卫视考虑到自己位于东西方文化的交流之处——香港,不仅是世界了解中国的窗口,也是中国了解世界的窗口,因此,从这一点出发,它形成了自己的独特定位,就是把目光投向拥有十多亿人的中国内地这个庞大的市场,给中国一个了解香港的窗口,也给世界华人一个了解中国内地的窗口。它依托得天独厚的地理优势,采取市场补缺定位的方式。它立足香港,以沟通大陆港台两岸三地及亚洲乃至全世界的华人为宗旨,抓住 1997 香港回归这一历史契机,以全方位多角度报道在市场上赢得了发展机遇。2001 年的"9·11"袭击事件与 2003 年伊拉克战争凤凰卫视进行大量直播,一举成名。从此,凤凰卫视朝专业新闻台方向靠近,开始标榜其新闻客观与公正,对外宣传其新闻客观与独立。

据调查显示,中国内地收看凤凰台的观众群较为年轻,尤其是 20 岁至 40 岁受众最多,他们不仅拥有较高的消费能力,而且文化水平也相对较高。因此,凤凰卫视在制作节目时,以这部分观众的口味为标准,强调节目的新鲜感和形式的活泼多样,同时,充分发挥地缘优势,以港台风情为一个卖点,以吸引更多的观众。

这里需要指出的是，品牌节目不一定只是收视率最高的节目，它是指具有稳定的收视群体，同时能够吸引稳定的广告投放，占据一个能够维持节目生产良性发展的节目市场份额的节目。以中央电视台经济频道《对话》栏目为例，节目瞄准的是工商业专业人士，为其商业投资决策提供依据，因此这种节目不可能创造绝对的高收视率，但是却保持了稳定的节目市场，成为经济频道较成功的节目之一。

品牌定位要避免一个误区，即“重视顾客”过了头，以至于让消费者来决定品牌。例如，有的报社邀请报摊主来决定头版头条，这是不可取的。建立品牌的受众认同感，不仅要迎合受众的想法，还必须反映出媒介品牌的精神和想要实现的目标。

9.2.2 个性化的节目品牌定位

媒介品牌个性的确立也就是品牌形象的定位。品牌个性是品牌形象的灵魂，品牌形象是品牌个性的载体。媒体品牌只有注入富有生机和独特的个性，才能在当今媒介市场中存在大量同质化栏目或频道的竞争的条件下，以特色抓住受众的注意与心理，达到与受众的最佳沟通效果。而实现品牌与受众的有效沟通，正是建立品牌形象的关键，这就使得品牌个性的塑造在媒体品牌形象的建构中，显得尤为重要。媒介品牌个性在受众心目中留下清晰明了的识别并日益强化，最终将塑造成著名的媒介品牌。湖南卫视的“欢乐中国”，其品牌个性就是娱乐，给人们带来欢乐；CCTV 的品牌个性就是国家电视台，是国家专业权威的信息发布平台。

从媒体的角度来说，品牌个性是媒体的频道品质与感性特点相联结所形成的一个或一组整体的显眼有力的识别标志，是一个媒体区别于另一媒体的重要标志，也是媒体的外在表征。对节目进行个性化的定位就是要寻找品牌在媒介市场、受众心目中一个合适的最佳位置，确立品牌的热点、趣点和视点，办出节目特色，并牢牢占领观众的心。湖南电视台《快乐大本营》口号从“快乐大本营！天天好心情！”到现在的“我们是——快乐家族”，就是这个品牌栏目的节目定位，它以清新、青春、快乐八卦、贴近生活的娱乐风格，满足了人们紧张工作之余需要愉悦、需要放松的欲望，从而为这个节目创造和培养了一定个性和特色。

媒介品牌个性的确立只是品牌化的起始阶段，个性的独特必须要有内涵的支撑。没有丰富的内涵做支撑，品牌个性就成为一个花架子。如果湖南卫视没有《超级女声》、《天天向上》、《音乐不断》、《娱乐百分百》等给人们带来娱乐和欢乐的节目支撑，没有何炅、汪涵、谢娜等靓丽的主持人来演绎品牌个性，那么“欢乐中国”的品牌个性也就只是一句空话。

9.2.3 体现品牌的人文关怀

作为一个品牌节目，它应该具有相对统一和稳定的人文风格。我们所说的节目人文化是指媒体创作应本着人文关怀的精神，以平民化的视角关注国计民生，创作出贴近观众，贴近社会的优秀节目。只有这样，我们的节目方能深入人心，从而取得社会效益与经济效益的双丰收。媒介品牌的人性化元素建设是在媒介品牌中融入人文关怀的因素，体现媒介应该有的社会责任，中央电视台提出了“绿色收视率”。“绿色收视率”就是努力提高收视率和收视份额，确保国家主流媒体对观众的影响力和对舆论的引导力，有效体现节目的思想性和导向性，同时，又要杜绝媚俗和迎合，坚守品位、抵制低俗，实现收视率的科学、健康、协调、可持续增长，增强中央电视台的权威性、公信力和品牌价值，因此在建设媒介品牌个性的同时加强媒介人文关怀，鲜明品牌形象。以北京电视台《第七日》节目为例，平民化的题材，犀利幽默的调侃，体现的是节目编导及主持人对老百姓心灵的关怀。

此外，在对某些新闻事件进行报道时，共同情感的适度流露，也是人文关怀的重要体现。汶川大地震时，我们不时看到很多主持人、记者在播报时眼中满含泪水，这些主持人和记者的举动深深地感染着那些看到新闻的人。当然，我们也应该看到，也有媒体人文关怀缺失的现象出现。2011 年 10 月 23 日晚上，深圳一名联防队员杨喜利手持钢管、警棍闯进电器修理工杨武家中，对其妻子进行长达一个小时的毒打和强奸，而杨武则躲在两米外的隔壁杂物间，眼睁睁看着妻子遭此横祸，大气也不敢出，甚至不敢哭出声来，一个小时后才悄悄报警。事发后，有媒体记者对杨武说“你太懦弱”，并质问他“你为什么不救你老婆?”、“你为什么不正当防卫?”且不止一家媒体直接进入杨武家中，堵住穿着睡衣、蜷在床上、已经有精神失常迹象的杨武的妻子，要求对方回答隐私问题。媒体的人文关怀严重缺失，杨武和妻子受到了羞辱，但更应感到羞辱的是媒体。

9.2.4　引进 CIS，对品牌进行全方位包装

CIS(croporate identity system)是指以统一化的图形和文字符号形象来加强视觉识别效果，以区别于其他企业并明确无误地表达自我，从而将主体形象深植于公众心目中。以电视媒体为例，我们平常所说的频道标志及包装就属于这一范畴。

9.2.4.1　电视频道的标志

电视标志分为品牌名称和品牌概念两大类。我国电视台，尤其是“上星”电视频道的品牌名称均以省、市、自治区为主，冠以某某省电视台的名称，一方面有利于区分，另一方面也使其带有很强的地域性。

“上星”电视台的品牌标志则异彩纷呈。浙江电视台的标志是将“Z”设计成一只在蓝色背景下飞翔的小鸟，寓意着浙江卫视的飞跃与活力。CCTV 是中国中央电视台的英文缩写，不仅直观、好记，还表达了中央电视台要与国际接轨，成为国际大台的寓意，起到了区别于其他竞争者的作用。

9.2.4.2　电视频道、节目和栏目的包装

包装，也是整体产品中形式产品的组成部分，是品牌的一个重要方面，基本上是随着产品一同出现的。电视频道节目中节目和栏目的包装也像传统产品包装一样，具有实体功能和心理功能，可使电视节目有效归类，利于观众的接受。电视频道的包装可分为三个层次：节目包装、栏目包装和频道包装。

节目包装是电视节目自身的直接包装，如节目的字幕、背景、拍摄方法、编辑方式等。

栏目包装是电视节目组成的栏目的包装，如栏目的片头、片花、音乐音响配合、栏目主持人形象特点及主持风格等。

频道包装是电视频道的整体包装，如频道的节目编排、栏目设置及衔接、频道的整体宣传等。

在现有的电视频道，尤其是“上星”电视频道中，品牌的确立更多地集中于前两种包装，

而对于频道的整体包装给予的重视不够,如运用三维动画衔接各种节目和栏目的频道比比皆是,这样就很容易使频道的特色模糊,形不成易于辨识的品牌。当然在全国数十家"上星"电视台中,包装出彩的频道也不在少数。

9.2.5 组织灵活多样的品牌宣传推广活动

品牌营销在市场经济时代是一个永恒的话题,在媒介品牌化经营上是一个新生的事物。有关人士笑谈:"天天为别人做嫁衣,不懂得为自己做广告。"这是媒介品牌市场推广薄弱的写照。媒介被誉为"眼球"经济、"注意力"经济,打造影响力有着得天独厚的自身平台。媒介本身作为一个传播平台,有极大的传播资源可以利用,因此媒介品牌营销必须认真利用一切可以利用的资源,为自身宣传服务,为自身的品牌化建设服务。

在品牌定位的前提下,必须充分重视市场推广。市场推广着重两个层面:首先,针对受众展开媒体影响力营销;其次,针对广告主展开注意力营销。

在做好单个栏目的基础上,运用恰当的方式和手段塑造媒体的整体形象已显得越来越重要。栏目可以由盛而衰,节目可以由新到旧,但只要电视频道形象受到了观众的喜爱和认可,观众就会对节目保持一种关注和敏感,节目才会对观众形成持续的吸引力,才能促成电视频道的持续发展。

9.2.5.1 整合精品栏目,合力打造品牌频道

为了在激烈的媒介竞争中获胜,合理配置资源,避免重复建设,电视台整合资源势在必行。2003 年 5 月 1 日,中央电视台新闻频道试播时,将原中央电视台各频道的优秀节目放到综合频道播出,合力打造这一品牌频道。

湖南卫视作为面向省外、海外的"上星"台,有其他频道难以比拟的传播力度和吸引广告能力。为使卫视节目更具竞争力,2001 年湖南电视台将其他六个频道的优秀栏目加入到卫视的统筹范围,"携带上星"。2002 年,湖南电视台对频道资源进行了整合,将原来的都市频道与生活频道归于湖南经视旗下。2003 年,湖南卫视在撤销《新青年》、《财富中国》等一部分栏目的同时,重新开始新品牌的创造工作,以新闻中心为例,推出全新文化专题节目《象形城市》和深度报道节目《封面》。

9.2.5.2 开展大型活动,提升品牌形象

大型活动重在打造品牌,创造形象。一般企业常常要设计一些活动来吸引媒体的注意,并借助媒体扩大知名度和影响力。电视媒体在这方面则具有独特优势,作为大众传播渠道,电视媒体可以完成从活动策划到传播并形成影响的过程。

1999 年,湖南电广传媒斥资 1000 万"买断"金鹰艺术节的独家举办权,让"金鹰"永远落在了湖南。凤凰卫视则从 1999 年的《千禧之旅》开始,每年举办"大手笔"的活动项目,至今已推出《欧洲之旅》、《寻找远去的家园》、《两极之旅》、《非洲之旅》等大型活动。这些活动的成功就是电视媒介品牌推广战略的成功。

9.2.5.3 实施多元化发展,构筑循环互动的品牌宣传体系

电视媒介正向多元化发展,除自身固有的频道资源外,涉足影视剧拍摄,开通互联网站,创办传媒杂志,都有助于形成整体的品牌宣传网络,产生"和声"效应,而且有利于实现品牌

的增值和延伸。

1998 年 11 月,湖南经视与琼瑶合作的电视连续剧《还珠格格》在北京有线台首播,平均收视率超过 40%。同年 12 月在湖南经视播出时,最高收视率突破 58%,创下开台以来收视率之最。

1999 年 1 月,长沙电视台与北京同道文化公司联合制作的《雍正王朝》在中央电视台一套黄金档播出时,第一周收视率就达到了 12%。一时间,湖南两部不同题材却同样成功的电视剧以前所未有的轰动效应将湖南电视影响推向新的高峰。

网站建设与杂志创办是凤凰传媒股份公司品牌扩张极为重要的两个举措。凤凰网站于 1998 年开通,并于 2001 年改版。该网站在连接电视与观众方面做得尤为出色。作为电视观众了解凤凰的窗口,凤凰网站无论是在网页设计还是内容安排方面都十分重视网友与凤凰人的交流沟通,网上交流气氛融洽热烈。《凤凰周刊》于 2000 年创办,其中的一个固定栏目——《凤凰频道》专门刊载凤凰卫视的台前幕后消息、主持人手记、节目预告等最新资讯。凤凰卫视品牌塑造宣传网络除了包括外部多种媒体的辅助宣传之外,卫视频道内部也设有自我宣传的窗口。凤凰卫视开设了《凤凰太空站》节目,播报电视台的最新动态、凤凰人的方方面面,还组织各种观众抽奖活动,拉近电视台与观众之间的距离。

9.2.6　打造名记者、名编辑、名主持人

电视媒体品牌的一个重要特点是主持人、现场记者既是电视产品的制造者,又是电视产品的传播者,同时还是电视产品的一部分,是品牌形象的主要体现者。电视品牌的形象由人与节目共同组成,它的 1+1 模式在内容上与企业品牌的 1+1 模式(企业产品品牌+企业领导人)有品质的区别。简言之,电视人是电视品牌形象的主要内容之一,也是品牌内涵的诠释者。

9.2.6.1　通过主持人拉近与观众的距离

为主持人制作突出其风格的个人形象宣传片,抓住一切机会让主持人频频出现在各种媒体上,如湖南卫视《快乐大本营》就曾为主持人团队——快乐家族制作歌曲,为节目及主持人做宣传。

9.2.6.2　量身定做适合其风格、个性的栏目

让栏目迎合主持人,而不是主持人来迁就栏目。

以凤凰卫视为例,一旦某个主持人影响扩大,凤凰卫视就会为其新开专门的栏目来吸引观众,进一步培养观众的忠诚度,扩大并巩固主持人的影响力。1998 年"两会"期间,凤凰卫视主持人吴小莉被朱总理点名而迅速蹿红,成为新闻的新闻。凤凰卫视不失时机,推出《小莉看时事》,吴小莉随之名气日涨。中央电视台推出由王志主持的新栏目《面对面》,获得业内人士及广大观众一致好评。其中一期节目是非典疫情发布会后对北京市市长王岐山的采访,主持人直率而睿智的采访给观众留下深刻印象。

9.2.6.3　打造明星主持人的同时,借助各界名人的加盟打造自己的品牌

一是邀请名人主持节目。比如凤凰卫视邀请媒介名人杨澜加盟,主持《百年叱咤风云录》和《杨澜工作室》;邀请名记者唐师曾主持《打开历史之门》;邀请文化界名人余秋雨共同

主持《千禧之旅》和《欧洲之旅》;邀请著名歌手朱哲琴加盟《非洲之旅》。二是节目内容经常聚焦名人,或是名人专访或是专家学者的讲座,一直持续不断。三是经常邀请演艺界明星为活动造势。比如请刘德华为《千禧之旅》演唱主题曲。

媒介品牌经营已成为电视台经济效益和社会效益新的增长点。只有重视品牌,科学经营,媒介才能在激烈的市场竞争中立于不败之地。否则,随着传媒的国际化程度提高,中国传媒正如中国各行各业一样,都要面临品牌的挑战。将来,在我们的传媒市场上,中国制造也许就会被形形色色的国外品牌淹没,中国传媒失去的就不仅是市场的主权,还是文化的主权。

案例分析

《南方都市报》报纸品牌的建构与营销

1. 准确的定位

《南方都市报》自1997年元旦创办,就不断针对读者市场及报业的发展形势,在详细的调查的基础上确定自己的品牌形象。他们抓住新生读者群,把报纸定位于"市民生活报"。当时广州报业已是相当的稳定,所以,《南方都市报》要被这个城市逐步接纳,也需要一个过程。新城区新锐的知识程度高的中青年读者对这个接受比较快一些。在办报之初,面对中国城市化的扩张,针对广州报业激烈的竞争格局,《南方都市报》就对自己的读者有一个清晰的定位:新锐的、年轻的、知识程度高的城市新移民。

目前,《南方都市报》读者中,25—44岁的中青年读者合计占78%,社会精英阶层和白领读者比例为59%,他们构成了《南方都市报》读者的主体。这些人群通常年富力强,消费欲望和购买力均较强,是绝大多数消费市场中的主流消费群体。

2. 响亮的品牌口号诠释、演绎经营理念

响亮的品牌口号是媒体市场定位的宣言,是迅速建立品牌认知的有效工具。从1997年开始,《南方都市报》就有了自己的品牌口号,而且随着时间的推移和市场竞争的需要,适时调整,口号变换与品格提升同步。

1997年:南方都市报,看了都说好

这一稚嫩而质朴的自我介绍尽显一个市场新入者的典型诉求,尽量吸引注意力,急于赢得读者喝彩的心态。因而在很长一段时间里,南方都市报对于社会新闻倾力打造。

1998年:大众的声音

有别于前一个口号,它隐含了南方都市报对媒体社会责任感的追求。关于潲水油的舆论监督报道引起了强烈的舆论震荡和卫生工商部门的高度重视。

1999年:南方都市报,你要我也要

《南方都市报》的口号再走通俗化路线,但从"看了都说好"到"你要我也要"所对应的是,《南方都市报》从可读性的单一诉求转向必读性追求的自我提升。它希望介入社会各个层面并给予更广泛的接受,成为人们的生活必需品。

横贯全年、每天两个跨版彩版的历史回顾专题系列报道《一日看百年》特刊,搜罗同一日子里的中外大事。这一专题,以深厚的历史文化底蕴,展示了《南方都市报》雅的一面,有力提升了《南方都市报》在读者心目中的品格形象。

2000 年:我来了,我看见,我征服

借凯撒大帝的豪言展示出的是一个媒体新锐初尝成功后的张扬豪迈,以及一丝丝的志得意满。在这一年,《南方都市报》48 版定价 1 元,成为内地最贵的日报;《南方都市报》在深圳开辟第二战场;《南方都市报》第四次扩版,以 72 版之数一跃成为内地最厚的报纸;《南方都市报》推出《中国财富白皮书》,创下 228 个版的全国一日出版最多版数纪录;在《南方都市报》发行超过百万,以 2.6 亿元的广告额尽显强劲增长态势;《南方都市报》提出了新主流媒体的理念。

2001 年:办中国最好的报纸

这一口号最后也成为《南方都市报》的核心口号,《南方都市报》以此给自己作出了长远定位,一言以蔽之,就是"责任"二字。

2002 年:改变使人进步

这一年,《南方都市报》建立起自己对转型目标的较完整认识,那就是一张有高度社会责任感、有巨大社会影响力、读者群体代表社会中坚力量、以对社会具有深刻意义的主流新闻为报道重点的报纸。

2003 年:主流就是力量

《南方都市报》不仅改变成功,而且显现了这种改变的力量。口号更响亮:主流就是力量。2003 年上半年的三大报道,显示着《南方都市报》转型目标已经完成。

其一,年初"深圳你被谁抛弃"的连续报道,充分展现了《南方都市报》在敏锐捕捉新闻热点的同时,对舆论导向又能精准把握。而且《南方都市报》最终牵线搭桥成功,促成时任深圳市长的于幼军与网文作者呙中校会面对话。

其二,在非典疫情爆发的惊情时日,《南方都市报》本着高度的社会责任感,与本省其他媒体一道及时报道疫情,对辟清谣言、稳定人心起到了关键作用。

其三是孙志刚案的报道。2003 年 4 月 25 日,《南方都市报》刊登的长篇通讯《被收容者孙志刚之死》一石激起巨浪,引发举国针对收容制度的声讨,最终事件责任人分别被判刑,相关责任人分别被做行政处分,更具意义的是,它最终改变国家一部法规,这在中国新闻史上是前所未有的。

2004 年:成熟源自责任

成熟是中心词,但责任绝对是贯穿《南方都市报》发展始终的核心。这一年,《南方都市报》时评版改版,将原来的时评版改造为社论版和个论版,明确社论版作为《南方都市报》唯一完全不接受广告的版面,全年日均一篇社论,甚至两篇,《南方都市报》在报纸发展上又走在行业的前头。

2005 年:品牌决定价值

对品牌要素的重视,也意味着《南方都市报》越来越深刻意识到,在做大做强之后,有必要加速现代企业要素的构建。《南方都市报》在这一年展开其珠三角战略,先后将佛山新闻、东莞新闻、惠州新闻以及珠海新闻和中山新闻独立成叠出报,完成了自己的"2+5"的战略布局。此年广告营业额"逆市飘红",发行量更是大幅增长,为品牌决定价值的年度口号做了最强有力的注解。

2006年:品位成就地位

责任、主流的观念更加深入。当年国家新闻出版总署公布了《中国报业竞争力监测报告》,《南方都市报》报名列"中国晚报都市报类报纸竞争力"第一名。另一方面,《南方都市报》在这一年还先后启动了三个扩版项目:年初,《南方都市报》开通了奥一网,试水网络媒体;3月1日,《南方都市报》主办的《南方都市报》周刊正式上摊;9月28日,一线品牌生活读物——《风尚周报》创刊。一年之间,《南方都市报》扩张成为《南方都市报》报系。

2007年至今:办中国最好的报纸

一年一个口号,表面上看似乎有些零散,但实质上却一直没有偏离办报的目标和理想:做中国最好的报纸。

就在这一年一个口号的无意与有意间,就在这一步一个台阶的数量与质量里,《南方都市报》从当初的16个版,到今天的日均超百版,从发行两三万份到发行达150万份,从广告额800万,到广告额13亿;从100来号人发展到4400人的集团军;从广州到深圳,到密集覆盖珠三角,到挥师北上创办新报纸,再到办网站出周刊周报新品种,影响力辐射全国……从"一般"变成"特别"、从"小报"长成"大报"、从"非主流"变成"主流"。

3. 在内容中融入品牌形象意识

《南方都市报》一开始就以大胆、新锐的姿态屡屡制造话题,造就了一系列经典报道案例,甚至《南方都市报》本身也成为事件的焦点。2001年5月,"都市报遭封杀"报道引起全球关注,国内外媒体对事件进行了大面积报道,都市报的品牌知名度全线上升。《南方都市报》的策划速度快、选题准、规模大、冲击力强,正是这许许多多的策划,使得都市报与竞争对手比较起来,更显得活力无穷。

但更值得关注的是在以勇猛出位的新闻报道吸引注意力之余,《南方都市报》越来越注重以理性、权威、多元的新闻评论建立自己的核心竞争力和影响力。报纸的灵魂在于评论。《南方都市报》自2002年正式推出时事评论专版,2004年将原来的时评版改造为社论版和个论版,2006年再次将时评版扩到两个版,封二版为"社评"版,为专业人士评论,代表报社的立场和态度;封三版或封四版为"来评"版,为平民评论,评论队伍的平民化也是《南方都市报》言论建设的一大特色。

4. 贴切的形象广告

报纸品牌形象在通过报纸的内容和风格确定后,根据CIS理论,还要通过一系列活动的策划和实施来巩固并壮大自己的品牌形象,使报纸的品牌形象在活动中深入人心,以达到报纸品牌影响作用的最大效果。由CIS理论可知,企业行为识别(即活动识别)是以外部公众作为活动对象,主要包括企业作为一个组织整体向外有计划地举行CIS系统化的公共关系、企业促销、广告宣传等活动,以使更多的公众了解、认识企业,对企业产生好感和信赖,从而达到树立良好的企业形象的目的。

而活动的内容既可以是奉献社会,也可以立足于顾客。或精心策划文化活动以丰富人们的精神生活;或参与社会事件或公益活动;抑或赞助大型体育活动来促进国民体育事业的发展。活动的内容可以五花八门,活动的主题也可以不拘一格,但是,所有的活动必须主题鲜明,能体现企业理念。《南方都市报》在将CIS理论引入到其品牌形象维护活动中以后,依据其“追求卓越，拒绝平庸”的经营理念，不断地举办各种社会公益性、商业性或自我宣传性的活动，以提高《南方都市报》在读者中的影响，提升《南方都市报》的“新主流媒体”的品牌形象。

1997 年，《南方都市报》以“新锐、泼辣、刺激、醒目”的形象出现在世人面前。经过几年发展，成长为“成熟、大气、稳重、有责任感”的新主流媒体。《南方都市报》做了一系列的创意新颖独特的形象广告。“给你一个支点，平衡世界”，这是《南方都市报》在 2004 年 11 月推出的 30 秒电视广告。这句广告语让人很自然地想起阿基米德的名言“只要给我一个支点，我就能撬动地球。”短短的一则广告给人的心理认同感却是巨大的，向读者展示了《南方都市报》的能力与目标。

“品牌决定价值”的系列平面广告。通过《南方都市报》投影与比萨斜塔、埃菲尔铁塔的巧妙联系，报纸与建筑的结合把《南方都市报》追求卓越、创造经典、“办中国最好的报纸”的雄心壮志阐释得淋漓尽致。

5. 用特色“活动”提升品牌形象

首先是通过社会公益性活动提高《南方都市报》在社会上的影响。为了突出文化含金量，《南方都市报》从 2000 年起陆续重磅推出一年一度的“华语电影传媒大奖”、“华语音乐传媒大奖”、“华语文学传媒大奖”。《南方都市报》高层认为：“这一系列‘传媒大奖’具有很高的定位，我们想把它做成‘南都’留给历史的有影响的活动，做成中国文化界的‘诺贝尔奖’。”这是《南方都市报》摆脱大多数都市报纯商业性、一次性的活动策划，而旨在树立品牌的经典的标志性的活动。

2002 年 12 月，《南方都市报》承办了自党的十六大闭幕以来反应最快，出席官员级别最高，到会著名企业高层最多的一次民营经济专题研讨会。之后，《南方都市报》又推出民营经济浙江专题报道的独家策划，派出强大采访阵容，分 4 个方面军同时出击浙江 7 个城市，在业内外均引起了强烈的反响。民营经济报告会云集了全国工商联、国务院发展研究中心、国家统计局、国家税务总局等部委重要领导，重庆力帆、深圳创维、广东科龙等国内一批重量级民营企业家人物到会，成为焦点。

其次是策划举办商业性活动，以提高《南方都市报》在特定领域及广告客户中的影响。2002 年 8 月举办了“中国酒业财富论坛”。2002 年 10 月，由《南方都市报》主办、推出的中国南方汽车展、国庆房产大联展中，仅中国南方汽车展 5 天的参观人数就超过了 35 万人次，现场订购汽车超过 1000 辆，成交金额达 2.5 亿元，意向购车超过 7000 辆，总额在 12 亿元以上。此活动一直延续至今，活动的成功举办，提高了《南方都市报》在各行业客户心中的影响力，扩大了《南方都市报》在特定领域内的影响，提高了在其广告客户心中的地位。在新闻界、行业界乃至政府部门都引起了极大的反响。以后每年均有由《南方都市报》与广州汽车行业协会共同主办的南方汽车展。

此后《南方都市报》的活动层出不穷、花样百出。相比起那些容易复制、商业广告气息浓郁的活动，《南方都市报》别出心裁，结合自身特点和优势举办“话语传媒大奖”系列则成为经典性的活动。

三是进行自我宣传活动，加强与读者的沟通与互动。如 2002 年 3 月，《南方都市报》在广州花园酒店举办了“南方都市报概念时装秀”。2002 年 12 月，《南方都市报》举行“新年开放日”，全面向读者开放，上演激情概念时装秀，邀请编辑记者亲临现场与读者交流，并开展出“都市宝贝竞选”、“读者有奖调查”等各种活动，吸引了广大读者前来参与。2006 年 12 月 30 日，由《南方都市报》举办的“娱乐 10 年盛典”在广州天河体育馆成功举办，众多娱乐界重量级人物与《南方都市报》的贵宾们共近 6000 人一起见证了《南方都市报》创办日报十周年的辉煌历程。通过这一系列的活动，《南方都市报》影响力的传播不再只是停留在版面运作上，而是通过这些极具吸引力的活动强化和维护媒体自身的品牌形象，与客户及读者进行零距离的互动。短短十来年，《南方都市报》成为报界的一块金字招牌。

如今，其“办中国最好的报纸”的经营理念更是影响深远，“新锐、人文、激情、理性”的品牌特质撞击读者心。回顾《南方都市报》品牌创建历程，发掘其背后的规律就成为兼具实践意义和学术价值的重要课题。虽然《南方都市报》在发展过程中也有自己的不足之处，但是，它的突出的品牌特色使得自己深入都市生活、引领时代时尚、紧密追踪经济热点、快速反映大众焦点，在“传播消息，提供资讯，引导消费，服务生活”方面深深吸引着广大新主流读者。这一切都使得这份年轻的报纸不断发展壮大，在报业竞争中日益呈现出大报品格。

6. 重视报纸品牌的增值和延伸，尽可能延伸品牌的生命期

随着受众媒介消费习惯的变化，《南方都市报就》积极拓展网络等新媒体发展空间。2007 年 8 月 10 日，《南方都市报》数字报正式上线，提供的三大类数字产品——《南方都市报》完整版、《南方都市报》精华版和《南方都市报》播报，它全面整合《南方都市报》采编资源，以《南方都市报》广泛的读者群体为基础，运用多媒体手段，突出报网互动，第一时间报道最新新闻资讯。其中，《南方都市报》精华版是国内报业中第一家以新闻网络精品化形态推出的数字报纸。

在媒介融合的趋势下，《南方都市报》2009 年成立全媒体运营委员会，致力于新闻和资讯素材快速共享和多层次利用加工，从单一媒体、单一品种的运作转为多媒体、全媒体的运作，从内容、形态、渠道、影响等方面达到全覆盖，形成全介质的传播能力和提高全方位的经营能力，向全媒体集团转型，重视品牌的增值和延伸。

《南方都市报》全媒体在强化平面媒体尤其是报系旗舰《南方都市报》的核心竞争力的同时，全面发展以奥一网《南方都市报》网为主平台的数字业务，包含官网、移动终端、无线业务、数字出版等，比如《南方都市报》全媒体 2011 年 6 月 8 日推出 iPad 电子报“《南方都市报》DAILY”。2011 年 11 月 6 日，《南方都市报》原创观点型娱乐视频节目《花港观娱》在珠江电影频道播出，是由南方都市报音视频制作部和娱乐新闻部制作，联合珠江电影频道共同运作。此前，《南方都市报》音视频制作部还推出了飚哥有画 show 和《南方都市报》时评会，分别利用原有纸媒的漫画家和评论人员及其作品的深加工。

《南方都市报》全媒体集群的目标：全媒体数字信息运营商，媒体和信息的混合运营商，成为现代通讯社。即不仅仅是信息提供商，更是信息运营商；不是全媒体渠道、介质的拥有者、运营商，而是全媒体信息平台的提供商；不仅仅是信息的生产者，也是信息的集成者；更加是传承《南方都市报》媒体功能、输出《南方都市报》社会价值及商业价值的媒体品牌信息运营商。如此，方能在充分发掘原有品牌价值的基础上，通过对内容产品的精耕细作和渠道、终端的全面开放，拓展新的发展空间，影响更大范围内的市场，以尽可能延伸品牌的生命周期。

9.3 传媒品牌管理

如今,做品牌已成为传媒业的共识,但品牌存在的时间各有不同,很多品牌是昙花一现,也有一部分是在创建品牌的过程中就“夭折”了,真正能长期屹立的品牌比较少。如何能有效地创建品牌,并能使品牌价值、品牌的竞争优势尽可能长地发挥作用,则有赖于科学合理的品牌管理。

品牌管理的定义为:管理者为培育品牌资产而展开的以消费者为中心的规划、传播、提升和评估等一系列战略决策和策略执行活动。这是建立、维护、巩固品牌的全过程。通过品牌管理有效监管控制品牌与消费者之间的关系,最终形成品牌的竞争优势,使企业行为更忠于品牌核心价值与精神,从而使品牌保持持续竞争力。

品牌和其他普通产品和技术一样,有自身的生命周期,既有孕育期(导入期)、成长期,也有成熟期和衰退期。在品牌生命周期的不同阶段,品牌管理的重点不同:对于新品牌,重在品牌发展;对于成长品牌,重在品牌形象加强;对于领导品牌,重在品牌延伸;对于衰落品牌,重在品牌再活性化(如“改版”)或品牌撤退并转移。

9.3.1 品牌孕育期的管理

品牌孕育期是指品牌随产品进入市场到被大多数目标市场消费者认知和熟悉的过程。这时的品牌还没有得到广大消费者的认同,企业需要明确消费者的心理诉求点,以及与竞争对手的差异性优势。在这个时期,企业需要一手抓产品质量,一手抓市场品牌推广,大力宣传产品的功能特性,通过集中所有的资源来强攻目标群体客户,进而培育市场。

在新品牌诞生之初(即品牌的孕育期)有五个重要的因素。首先是产品的功能特性,这是最重要的因素,其他因素还有品牌定位、品牌名称、产品价格和产品分销。在品牌的孕育期,对这些因素要一直采取强化措施,通过传播,不仅仅要提高“认知度”,还要提高“知名度”,使品牌有活力地发展。

针对以上情况,媒介经营者的主要任务是说服受众去尝试新的产品,从一个有利于消费者的出发点考虑,对所有的营销选择进行评估,以品牌差异为主要诉求点,帮助企业和消费者建立联系,让品牌在“他和她”的生活中真正占据有利的品牌区别地位,利用与众不同的市场定位来打开市场,改进产品外观以适应消费者的偏好。由于生存过程中的要素投入和生产技术及流程处于不稳定当中,所以,必须与生存要素的供应商保持密切联系,及时了解市场动态,节约成本。此外,要做适当的宣传推广,使更多的消费者了解新产品,形成初步需求。由于新品牌还没有完善的销售渠道,所以,在创造初步需求的同时,应该建立其初步的销售网络。

这一时期,品牌在各方面均处于不稳定的阶段,其设计、内容、风格等方面也会不断调整。另外,新品牌的失败率一般很高,淘汰率常有百分之八九十。所以,试销是孕育期的一种较为保险的策略。此时一般不宜大量生产,而重在试探消费者对产品的接受程度。

9.3.2 品牌成长期的管理

品牌进入成长期后，意味着产品的知名度在逐步提高，品牌的影响力也逐渐加强，大量的新顾客开始购买产品，市场占有率显著上升。销售达到一个高峰，之后会下跌到一个相对稳定的较低水平（约为高峰期的80%），并可能持续好几年。在这种情况下，不必惊慌失措。作为短期的手段，可以用促销；作为长期的策略，可以做广告。

在品牌的成长阶段，产品的设计、风格和质量已经定型，有效的分工已经形成，品牌的各方面都基本达到令消费者满意的程度，消费者对品牌有了较全面的认识和了解，需求价格弹性逐步增大，而品牌的经营者也有能力对产品进行大量的生产，成本在不断下降，利润迅速增长，同时，由于品牌逐渐为消费者所接受，所以，国内的企业会对品牌争相模仿，同类品牌增多，在同一定位的产品开始增多，出现大量的替代品，竞争日益激烈，价格下降，利润率开始下降。

在这个时期，品牌已经普遍为消费大众所接受，企业需要及时推出有特色的系列产品，丰富产品的功能和附加值，在品牌形象与产品品质方面不断地升级与创新。经营者的主要任务是扩大消费者群体，以及尽量满足不同层次的消费者。消费者对产品的价格因素更为看重，而媒介不可能像其他企业一样经常调节产品的价格，降低成本就变得十分重要，为此必须大量生产，形成规模效应，同时，经营者要扩充原有的销售渠道，甚至建立起大型的销售分配渠道，减少分销成本。在市场推广方面，经营者应投入更多的广告，但广告的重点应该由宣传产品为主转向宣传企业形象为主，并辅之以各种促销手段，增加品牌的市场份额。由于在市场内存在大量的竞争对手，与这些对手争夺市场占有率十分重要。对于主要市场范围之外的其他经济发展水平、消费结构、消费者偏好相似的地区，由于其对品牌的需求还不大，因此，可以把产品直接销售到这些地区，同时在这些地区大力宣传产品，以价廉质优的方式迅速打开新的市场。

9.3.3 品牌成熟期的管理

品牌进入成熟期后，品牌也逐渐缺乏变化，利润增长量不断下降，趋向稳定发展，市场逐渐饱和，也会出现一些仿制者，替代品也逐渐增多。同时，消费者对产品的功能、价格、包装、服务等都有了更高的要求，他们越来越注重品牌所带来的与众不同的体验和感受。这个时候单纯靠增强产品功能，扩展产品系列，完善服务网络已经远远不够，企业需要深度挖掘品牌核心价值来演绎丰富的品牌文化。在此阶段，企业需要赋予品牌更丰富的价值内涵和情感内涵。消费者选择的不单是一种产品，而是产品背后所承载的价值观、个性、品位、生活方式和消费模式。换句话说，品牌是消费者的一种精神寄托和心灵归属，只有这样他们才会对自己喜爱的品牌形成强烈的信赖感。

针对以上情况，企业应从战略高度出发，以企业形象为中心，通过传播、维护和完善良好的品牌形象，不断提高和维护目标受众对品牌的忠诚度。在市场营销方面，广告和促销活动有所缓和，经营者就必须把更多的利润分配给销售商。此时，价格成了消费者最为关注的因素，所以，经营者必须进一步降低成本。在外地市场，品牌经营者应该到这些地区去建立自己的分支机构或子公司，就地生产，就地销售。这样既可以绕开对方设置的壁垒，又可以维持和扩大外地市场，从外地获得更多的利益。

不管是受到时间推移因素还是多品类品牌拓展因素的影响，品牌定位都要保持一致。对于一些品牌而言，在消费者的心目中创造一个与众不同而又有深意的身份地位是很有必要的，因此，不管计划进行怎样的品牌延伸和创新，要确保所有的举动必须基于品牌的优势和品牌与众不同的身份地位。

9.3.4 品牌衰退期的管理

当一个品牌的市场占有率和销量开始持续下滑、利润越来越小时，就预示着品牌进入了衰退期。并且由于品牌的存在时间较长，消费者对固有品牌的形式产生厌倦，或者已有新的消费倾向。这个时候企业需要重新审视消费者的真实诉求，分析导致品牌衰退的原因，对品牌进行重新定位并赋予其新的个性，包括产品的包装、性能、价格、广告等所有方面，对品牌进行改良及形象重构，实现产品的差异化来维持部分市场。如果即使增加投资，品牌也不能为企业贡献利润，企业就可以考虑采取逐步收缩的策略，以尽量把品牌潜力利用尽。如果要去寻找新的市场机会，也必须先综合评估该品牌的市场前景，否则贸然退出的话，也可能造成资源的浪费，毕竟开发一个新客户的代价远远超过巩固一个老客户。

在营销方面，要以提高企业知名度和树立品牌形象为目的，扩大企业的影响力，为以后的新产品的推出打下基础。虽然在衰退阶段广告和销售活动都有所减少，但是经营者还要加强销售以外的各种因素，如抽奖活动。当然，在品牌的衰退期，企业的利润已经降低，甚至低于社会平均利润率，所以，维持原有的品牌只是一个短期的策略。最好的出路是实施品牌撤退，对企业和品牌重新塑造形象，重新选择并进入适当的细分市场。

行业不同，客观环境不同，品牌会有不同长度的生命周期。但品牌管理者应在品牌生命周期的不同阶段采用不同的市场营销策略，必须经常对市场格局、客户需求以及各类产品的品牌定位等信息进行动态跟踪分析。一方面，延长品牌在成熟期的期限，另一方面，做好新老品牌的更替，当某种品牌进入衰退期时，企业的其他品牌正处于导入期、成长期或繁荣期，使企业在任何时候都有自己的品牌。这样，企业就不会因为某一种品牌的衰退而把市场拱手相让，犹如纽约时报、可口可乐等一些百年品牌虽历经岁月的沧桑，但至今仍保持着旺盛的生命活力，因此，对品牌生命周期进行全方位的科学管理显得尤为重要。

★思考题

1. 传媒品牌营销在当下有哪些新的表现形式？
2. 如何打造一个具有市场竞争力的传媒品牌？

10 传媒广告经营管理

导言

本章学习目标

1. 明确传媒广告经营的内涵与传媒广告经营特点。

2. 把握传媒广告经营的发展趋势。

3. 学会用广告经营策略，提升传媒广告经营水平。

4. 如何加强传媒广告经营管理。

本章重点

1. 传媒广告经营的内涵。

2. 传媒广告经营类型及现状。

3. 传媒广告经营策略。

本章难点

1. 传媒对广告的作用。

2. 传媒广告经营趋势。

一直以来，广告跟媒体互为依托，互相映衬，又互相促进，成为密不可分的共同体。

广告是为了某种特定的需要，通过一定形式的媒体，公开而广泛地向公众传递信息的宣传手段。广告有广义和狭义之分。广义广告包括非经济广告和经济广告。非经济广告指不以赢利为目的的广告，又称效应广告，如政府行政部门、社会事业单位乃至个人的各种公告、启事、声明等，主要目的是推广；狭义广告仅指经济广告，又称商业广告，是指以赢利为目的的广告，通常是商品生产者、经营者和消费者之间沟通信息的重要手段，或企业占领市场、推销产品、提供劳务的重要形式，主要目的是扩大经济效益。

广告本质上是一种信息传播活动，具有明显的传播目的。在当今社会中，广告的目的必须借助媒介去实现。传播学的四大奠基人之一拉斯韦尔所提出的传播五要素中，媒介是信息传播的必备要素之一。作为广告信息活动发起人的广告主与广告信息制作者，必须将其要传达的信息广告内容借助不同形式媒介的传播，才能被受众所知晓、记忆、理解，最终才能实现其传播价值，因此，媒介对广告信息的传播具有不可或缺的功能。

10.1 传媒广告经营的内涵

10.1.1 广告

10.1.1.1 广告的概念

广告一词，据考证是一外来语。它首先源于拉丁文 advertere，其意为注意、诱导、传播。中古英语时代，演变为 advertise，其含义衍化为“使某人注意到某件事”，或“通知别人某件事，以引起他人的注意”。直到 17 世纪末，英国开始进行大规模的商业活动，这时，广告一词便广泛地流行并被使用。此时的广告，已不单指一则广告，而指一系列的广告活动。静止的物的概念的名词 advertise，被赋予现代意义，转化成为“advertising”。

1894 年，Albert Lasher（美国现代广告之父）认为：广告是印刷形态的推销手段。这个定义含有在推销中劝服的意思。

1948 年，美国营销协会的定义委员会形成了一个有较大影响的广告定义：广告是由可确认的广告主，对其观念、商品或服务所作之任何方式付款的非人员式的陈述与推广

美国广告协会对广告的定义是：广告是付费的大众传播，其最终目的是传递情报，改变人们对广告商品之态度，诱发其行动而使广告主得到利益。

我国《广告法》对广告的定义是：广告，是指商品经营者或者服务提供者承担费用，通过一定媒介和形式直接或者间接地介绍自己所推销的商品或者所提供的服务的商业广告。

通过以上对广告的不同界定，我们给出一个科学的广告定义，广告是广告主通过付费获取的、能够控制的媒介和形式，对产品、服务和观念进行社会化、群体化的传播，从而有效影响公众认知、态度、行为向其所期望的方向产生变化，以促成广告主整体广告目标的活动。

在这个定义中，我们看出广告传播中五个要素，即广告主体、广告信息、广告媒介、广告

受众与广告效果，如图 10-1 所示：

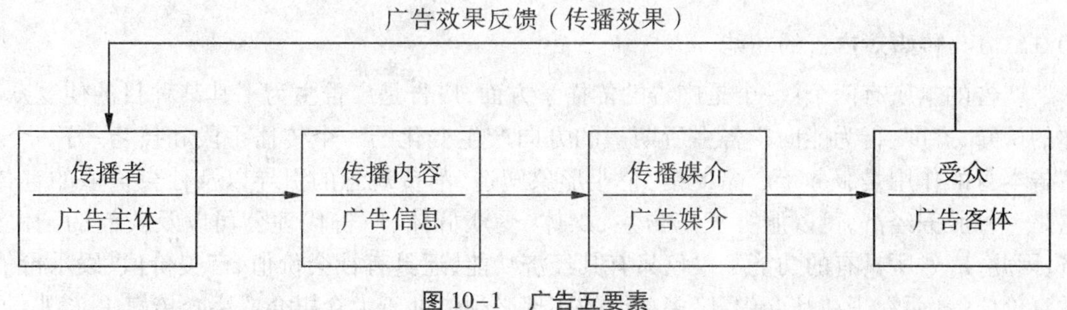

图 10-1　广告五要素

10.1.1.2　广告五要素

依照上图，可以看出五要素构成了广告运动的全部内容。

(1)广告传播的主体“谁”就是“个人或组织机构”

这是广告传播的第一要素。在现在广告活动中，广告主广泛地存在于社会的各个方面，如政府、社会团体、企业、个人，等等。

(2)传播的信息内容具体是指思想观念、感情、态度等

这里的信息不是泛指任何方面的信息，而是限于广告所“诉求”的信息。广告在传播中要对其信息进行严格的筛选，并不是任何信息都能在传播渠道中得以传播。在广告作品的制作中，要把最具说服力、最具传播价值的内容、最能表现广告主题目的的信息通过不同的符号进行组合，然后通过付费的媒介进行传播。

(3)广告传播所通过的渠道，即“媒介”

不同的媒介有不同的特点。广告媒体能够适时、准确地把广告主有关商品、劳务和观念等方面的信息传送给目标受众群体，刺激需求，指导消费；能够吸引受众阅读、收看、收听有关的信息；能够唤起受众接触媒体的兴趣，使消费者有可能接受相关的广告信息；能够适应广告主的选择应用，满足对信息传播的各种需求，所以，广告媒体在广告活动中处于十分重要的位置。

(4)“受传者”即“其他人或组织”

这是指广告传播的对象，也就是信息的接受者或受众。这是广告传播的第四个要素。不同的广告所面向的受众群体不同。受众群体可以分为核心受众群体与边缘受众群体，广告在信息制作、传播中主要是要考量其核心受众群体的心理特征、需求特点及与媒介接触的特性。因此研究广告受众是整个广告传播活动的重点。

(5)“广告效果”的反馈

这指广告活动不仅是一个信息传播者向接受者发出信息的过程，还包括信息的接受以及接受者作为反应的反馈过程，是传播、接受、反馈活动的总和。在广告信息传播中，对广告信息传播的效果反馈，具有重要的价值。反馈可以衡量检验广告主题选择、信息制作水平、广告诉求方式、广告媒体选择的适用性等方面能否符合整体广告传播的意图。

10.1.2　传媒与广告

10.1.2.1　传媒对广告的功能

广告的本质有两个：一个是广告的传播学方面，广告是广告主为了其某种目的使受众群体的认知、态度、行为能向广告主所期望的方向产生变化的一个传播手段和技巧；另一个指广告本身的作用是服务于产品促销、企业形象塑造、消费观念的引导以及社会价值的宣传。它是一种服务经济，可以服务于广告主、媒体、受众群体、广告代理公司以及我们的国民经济，因此，广告所具有的功能不仅仅只有其经济功能，还具有社会价值、审美价值、娱乐价值、教育价值等，而在现在社会中，诸多功能的实现必须借助于大众媒介或小众传媒去实现。

如同加拿大学者麦克卢汉的"媒介即信息"学说，新的传播技术的革新必然带来人类生活方式和交往方式的新变革。现代传媒技术的高速发展，不仅仅在形式上提高了广告信息传播的速度、扩宽了广告信息传播的范围，同时，传播技术的进步和媒介形式的更新也在内容上使广告作品的符号组合运用更为丰富、更具感染力，提升了广告整体制作水平。

此外，传媒行业法规的逐渐完善和规范，使得传媒在传播广告作品前，对广告的内容进行严格的审核和筛选，能够保证广告作品的高品位和合法性，有利于促进广告行业的健康良性发展。

10.1.2.2　广告对传媒的重要性

(1)广告是传媒重要的经济支柱

广告是媒介与市场最佳的结合点，也是媒体赖以生存和发展的经济支柱。

根据媒介市场的二元理论，媒介市场运营不同于其他产业运营。媒介市场运营主要面向两个市场：一是受众市场，二是广告市场。针对两个不同市场的消费者，媒介产品的销售也就具有两个特点：一是媒介将生产、编辑的广告信息和社会信息等卖给广大受众，使受众信息需求得以满足；二是媒介业把自身所拥有的播出时间和刊载版面以约定的价格卖给广告主，媒介获取足够的经济效益，同时也使广告主有了宣传自己产品和服务的机会。

1833 年创办的《太阳报》，售价 1 便士，在其创刊号上宣称"本报的目的是办一份人人都能买得起的报纸，为公众报道当天的新闻，同时提供有利的广告媒介"。"人人都能买得起"说明价格低廉，"提供有利的广告媒介"意味着报纸将更加注重广告。《太阳报》通过报纸的低廉售价获得尽可能多的读者受众，以尽可能多的读者受众获得尽可能多的广告，再以广告的巨大收入来弥补发行费用的损失并获得价值补偿。从《太阳报》的创办到现在，当前传媒业收入总量最大、最重要的赢利模式就是二次销售中以广告收入为主的模式，也就是说，广告收入是大多数传媒最主要的收入来源。在中国，绝大多数传媒广告收入占总收入的 90% 以上。

(2)广告信息是传媒内容产品的重要组成部分

传媒的本质功能在于通过提供不同的信息内容来满足不同消费群体的信息需求。刊播广告是传媒的一个基本功能。在传媒信息传播中，大量的广告充斥其中，并不仅仅是因为广告能为传媒带来巨额的经济效益，广告本身也是传媒信息传播的重要组成部分。它能够通过不同符号的组合，以形象、幽默、生趣、新颖的方式展示在受众的面前，使受众在了解广告消费信息的同时，也能提高受众的审美情趣，满足其娱乐欣赏需求。

(3)广告能够体现传媒的社会价值

在传媒功能研究中，施拉姆认为传媒具有重要的经济功能，而这种经济功能的实现很大程度上依赖于广告。

企业利用新闻媒介刊播广告有助于企业塑造良好的形象，有助于提高产品的知名度和美誉度，有助于沟通企业和消费者之间的联系，更有助于企业在当今激烈的市场竞争中求得生存和发展，对于消费者来说，传媒广告传播有利于他们了解产品的最新性质，有利于养成正确的消费观念和消费行为，有利于调动消费者的购买欲望，对于新闻传播媒介来讲，刊播广告既是其应尽的义务，也是增加其收入的主要渠道。

此外，广告不仅仅只有经济功能，还具有社会价值、审美价值、娱乐价值、教育价值等，而这些价值也是传媒所应追求的价值，因此，从某种程度上说，广告所具有的价值也是传媒价值的体现。

(4)广告品位的高低、广告主自身的实力与美誉度影响传媒形象的塑造

产品形象是媒介形象塑造的一个重要指标。塑造良好的媒介形象，离不开高质量、高品位的媒介产品。作为媒介产品的生产者和提供者，传媒组织必须通过高质量、高品位的信息生产和传播满足其受众群体的需求，使其效用实现最大化。

广告作为媒介信息传播的重要组成部分，其制作质量的好坏、品位的高低能够对媒介的形象产生一定的影响，而广告主自身的实力和美誉度也能从另一个侧面衬托出媒介的实力，因此，在广告主选择媒介时，媒介也应对广告主进行选择，更要对广告作品进行严格的筛选。

10.1.3 传媒广告经营的内涵

广告经营在整个媒介经营管理中具有重要的地位。广告传播离不开媒介，而媒介的发展也离不开广告的支持。

随着我国传媒种类与数量的逐渐增多，尤其是新媒体的加入，同质媒介间、异质媒介间、不同区域媒介间的竞争日益激烈。这不仅表现在通过不同的内容产品来满足不同受众的个性化需求，更表现在对广告主市场的争夺。这是“得市场者得天下”，“以消费者为中心”的时代，作为媒介市场的两种主要消费者，必然会作为媒介间竞争的目标，因此传媒广告经营的本质在于如何获取广告主的青睐，而获取广告主青睐的前提在于媒介广告经营能否满足广告主的需求。

10.1.3.1 从媒介经营的“传播网络论”考量广告主需求

从媒介经营与市场关系考察，媒介运营面向受众市场和广告市场需要具备两个因素：一是媒介所拥有的受众数量，即发行量、收视率、收听率、点击率；二是媒介的声誉和影响力，也就是媒介内容产品对受众的效用(注意程度、信任程度、满足程度)。这两个因素被媒介经营理论概括为传播网络。

所谓传播网络，简言之就是传播媒介“量”(发行量、收视率、收听率)与“质”(传媒的影响力与权威性)二者的统一及其相互作用，并构成传媒无形资产的一部分。

在经济学中，无形资产是企业价值中除去资金、原材料、土地、建筑物及各种设备等有形资产之外的那一部分企业价值，是非实物形态的资产，其经济意义在于能给企业带来同行业

平均利润以上的超额利润。这也是西方经济学中认为是企业最有价值的资产。

无形资产分为可确指和不可确指两大类。报纸的发行量或广播电视的视听率是媒介无形资产的可确指部分,媒介的权威性和影响力是媒介无形资产的不可确指部分,是媒介声誉的核心。

传播网络论揭示了现代媒介产业经营的实质:媒介以收集和传播新闻信息为手段,尽可能多地吸引受众,扩大媒介的发行量或视听率,从而获得声誉,形成权威性和影响力;在此基础上,产生出媒介真正具有经济意义的产品——广告服务的使用价值。媒介将广告服务有偿供给广告主,最终实现媒介运作过程中的价值补偿与价值增值。

因此,媒介是否能被广告主所使用,需满足两个核心要求:

(1)要具有一定的覆盖范围,具有相对固定并且比较明确的受众群

具有一定的覆盖范围,具有相对固定并且比较明确的受众群体,是广告主选择媒介的重要标准。广告传播的"AIDAS"原理认为,广告产生效果有五个阶段,即引起注意、产生兴趣、激发欲望、发生行动、使人满意。在这个模式中,第一个阶段即广告能否引起目标消费受众群体注意是广告产生效果的前提。如果媒介广告传播没有覆盖广告主所预期的受众群体,并且能引起其注意,那么就不会产生以后的四个阶段,那么也就不会产生任何的效果,因此,媒体广告传播能否让广告主所期望的受众群体最大范围地注意,是广告主最为关心的。此外,多数商品都有着明确的消费群体,只有当一种媒介的受众群体和这种商品的消费群体吻合或者大致吻合,使用这种媒介才不会造成广告的浪费。

因此媒体必须要具有一定的覆盖范围,具有相对固定并且比较明确的受众群。

(2)要具有良好的传播效果,具有良好的声誉和影响力

企业品牌形象塑造,不仅需要很高的知名度,更要有良好的美誉度。一般来说,媒介所拥有的受众数量是媒介无形资产中可确指部分,是可以用数据来衡量的,它能表明广告通过媒介传播后的覆盖范围。美誉度是品牌的无形资产的不可确指部分。广告作为塑造企业品牌的重要手段,广告主在选择媒介进行广告投放时,不仅考虑所选媒介所拥有的受众数量,也看重媒介自身的声誉影响力。媒介所拥有的受众数量决定广告的受众覆盖范围,而媒介自身的声誉影响力不仅仅能够扩大媒介的受众范围,提高媒介受众市场拥有量,也在一定程度上能够反衬出广告主自身的品牌声誉与影响力,能够提升企业品牌在受众心目中的美誉度。

10.1.3.2 传媒广告经营的内涵

传媒广告经营是指媒介以收集和传播新闻信息为手段,尽可能多地吸引受众,扩大媒介的发行量或视听率,并在受众心目中获得良好声誉,形成权威性和影响力,以产生出媒介真正具有经济意义的产品——广告服务的使用价值,并向广告主及代理广告主广告业务的广告公司推销自己的广告版面位置或广告时间的手段、措施及活动。

10.1.3.3 传媒广告经营的客户

通过传媒广告经营的内涵,可以看出传媒广告经营主要面向两个客户,即广告主及代理广告主广告业务的广告公司。

从广告代理制的理论角度来讲,媒介广告的业务来源应该只有广告代理公司一个渠道。

但是即使是在西方发达国家，媒介的广告业务渠道也是有多种来源。具体而言，媒介的广告来源主要有广告客户直接向媒介委托刊播广告和广告代理公司委托媒介组织刊播广告两种方式。

(1)广告客户直接向媒介委托刊播广告

这是媒介广告的来源之一，即使在实行了代理制的发达国家，也存在着广告主与媒介直接打交道的现象。在我国，企业成为媒介广告的直接客户的现象可能还会持续相当长的时间。作为媒介广告组织，不应该拒绝企业广告主临时性的或零散的企业广告行为，可以为广告客户代理制作比较简单的广告作品。但是如果这个企业可能成为传媒组织的长期客户，则有必要帮助其找到合适的广告代理公司，因为媒介广告部门在市场整体营销环境研究、广告策划、广告制作、相关营销服务方面毕竟不如专业广告公司。为确保企业客户长久利益能够实现最大化，应帮助企业客户找到实力比较强的专业广告公司。

(2)广告代理公司受广告客户委托，选择媒介组织刊播广告

广告代理，是指广告经营者(代理方)在广告被代理方(广告客户)授予的代理权限内，以广告被代理人的名义，所开展的广告活动。就是在广告客户、广告公司与广告媒介三者之间，确立以广告公司为核心和中介的广告运作机制。一般说来，广告代理有综合型代理和专门型代理两种类型。

综合型代理属于综合型广告代理公司的代理职能，是指能向各类广告主提供各类商品、各类媒体的广告代理，提供从广告市场调查到广告运动策划，从广告设计与制作到广告发布与广告效果测定等各类广告业务的代理。此类广告代理机构，功能齐全，所以综合型代理也称全面型代理。

专门型代理是指只专门代理某种或某一类企业的广告，某种或某一类商品或服务的广告，某一媒体或某一类媒体的广告，或是只专门代理广告活动中某一个环节或某一类专门工程。广告代理具有双重性质和作用：一是代理广告主开展广告宣传工作，即从事市场调研、拟订广告计划、设计制作广告、选择媒体安排刊播，提供信息反馈或效果测定；二是代理广告媒介，寻求客户，销出版面或时间，扩展广告业务量，增加媒介单位的广告收入。

广告代理，在广告客户、广告公司与广告媒介三者之间，确立以广告公司为核心和中介的广告运作机制，因此在这种代理中，广告主并不直接参与媒介的选择、购买活动，而是由广告公司全权负责广告运作中媒介计划的实施。因此，争取广告代理公司是当今传媒广告业务来源的主要渠道。其必要性表现在以下几个方面。

一是既保证媒介的广告业务来源，又减少了媒介开展广告经营的工作负担。广告代理公司既代理广告主的广告业务，并选择适当的媒介进行发布，又可以帮助媒介寻找广告客户、承揽广告业务，在广告活动中起到了连接广告主与媒介的纽带作用。有时候广告代理公司充当了媒介的“业务员”，媒介加强与广告代理公司的长久合作关系，能够保证充足的广告客户资源。此外，如果媒介组织自己招用大量的业务员去拉广告，不但成本高，而且不一定能够产生良好的效果。因此，通过争取广告代理公司，减少了媒介开展广告经营的工作负担，可以使媒介能把更多的精力运用到媒介内容产品的生产与营销。

二是使媒介在广告费的收取上，既集中、方便，又能极大减少呆账风险，最大限度地避免财务损失。由于广告行业法规的不规范、不健全以及有些广告主诚信的缺失，可能会导致媒

介在广告发布后不能按协定收回全部的广告刊播费用。而通过广告代理,广告刊播费用由广告代理公司统一支付,风险由广告公司承担。

三是广告制作水平提高,提升媒介广告产品的质量,彰显媒介实力。通过广告代理公司制作的广告作品,其质量要高于由媒介广告部门简单制作的作品,高水平、高质量的作品彰显媒介实力。此外,广告公司因为长期从事广告活动,熟悉广告行业的法规,其作品能够保证合法性,从而避免违法广告的出现,避免因为广告而损害媒体的权威。

而且,传媒广告业务由广告代理公司代理,可以在一定程度上避免关系广告和来自广告主方面的压力,保持传媒自身的公正性。

当然,媒介在争取广告代理公司时,也应有自己的选择标准,比如与媒介业务相对应的代理能力,具有较好的代理声誉与业绩,具有充足的垫付资金和良好的信誉。

10.2 传媒广告经营类型、现状及策略

10.2.1 报纸广告经营

10.2.1.1 报纸广告的特点

(1)读者广泛而稳定,存留时间长

报纸能满足各阶层媒体受众的共同需要,因此,它拥有极广泛的读者群。不同的读者群,其兴趣、偏好各不相同,而且在一定时期内,兴趣、偏好是不易改变的。这就使得报纸的目标市场有相对的稳定性。报纸媒体不同于电视和广播媒体,读者不受时间限制,可随时阅读或重复阅读。

(2)灵活性强

报纸广告在制作和刊登广告方面比较灵活。报纸广告可以在几小时内定成、展示、准备好,大部分日报只要在出版前24小时接受广告即可。

报纸灵活性的另一方面就是它为广告主提供的创意。报纸广告可做成各种尺寸、形式和形状,还可使用色彩或特别插页吸引读者。广告可以印在周末特刊上,也可根据广告主的要求选择各种时段刊登。

(3)更有地理选择或区域选择力

广告主要以通过选择报纸或报纸组合实现各种覆盖面。有些全国性的广告主利用报纸的定向优势,在其他媒体难以达到销售潜力的地区刊登广告或在某些有很强销售潜力的地区争取主动。报纸广告令它们得以在各个市场突出产品特征,根据当地状况开展活动,紧密联系零售商促销,在交易中获得更多支持。

10.2.1.2 报纸广告类型

(1)常规报纸广告

报纸广告根据所占的位置和版面大小,分为报眼、跨版、通栏、双通栏、中缝、整版、小全版、半版式以及其他尺寸形式广告。

(2)分类广告

分类广告把各种企业分类进行规划,形成行业的专业归类。

(3)特约栏目

报纸的某一相关栏目以企业冠名、特约刊登、征文或与报社联办、协办的形式出现。如"移动电话使用常识"、"某某企业中超战况排行榜"之类。这都是具有中国特色的报纸广告赞助方式。

(4)软性广告

软性广告形似报纸正文,而内容则为广告信息。

(5)报纸夹页广告

在报纸中夹带单独的产品宣传广告,随报纸发行到订户手中。原先,很多企业纷纷尝试派发小报,一时街头广告宣传小报满天飞,鱼龙混杂,其中的确有很多虚假甚至是误导消费者的宣传,这引起了消费者的不满和反感。鉴于此,政府也加强了这方面的管制,街头派发的宣传形式得到遏制。于是,转而采用夹报赠送的形式。报纸夹页的特点是,夹报的报纸是国家正规出版物,通过它们将自己的宣传品传递到消费者的手中,这样自己宣传的内容可信度会更高。

10.2.2 广播电视广告经营

10.2.2.1 广播电视广告传播的特点

(1)广播广告传播的特点

1)传播方式的即时性。广播可使广告内容在讯息所及的范围内,迅速传播到目标消费者耳中。不论广告对象身在何地,只要打开收音机,就可以立即接收到。如果由于广告策略、战术的临时调整而需要紧急发布某些广告讯息,例如发布展销会、订货会、折价销售等时效性要求比较强的供求讯息时,广播广告可以在数小时内完成播出任务,有时还可以做到现场直播。广播广告的这种即时性的优势是其他媒介所无法取代的。

2)传播范围的广泛性。由于广播广告是采用电波来传送广告讯息的,电波可以不受空间的限制,并且广播的发射技术相对比电视简单得多,所以广播的覆盖面积特别广。

3)收听方式的随意性。收听广播最为简便、自由、随意,因为它不受时间和地点的限制。只要打开收音机,都可以接收广播的内容,科技的进步使收音机越来越向小型化、轻便化发展,受众可以随身携带。

4)受众层次的多样性。印刷媒介对受众文化水准,受教育程度的要求较高,而广播可使文化程度很低甚至不识字的人也能听到广告的内容,所以广播媒体的受众层次更显出多样性。

5)制作成本与播出费用的低廉性。广播广告单位时间内信息容量大,收费标准低,是当今最经济实惠的广告媒体之一。同时,广播广告制作过程也比较简单,制作成本也不高。

6)激发情感的煽动性。广播靠声音进行传播,诉诸人的听觉。它能给听众无限的想象空间,这也正是广播的魅力之所在。广播广告的特色正是通过刺激人的听觉感官,煽动人的情绪,帮助收听者产生联想。

(2)电视广告传播的特点

电视媒体是一种兼有听觉、视觉的现代化广告媒体,是现代广告媒体中最有影响力、最有效力,同时也是广告主最热衷的媒体。它集众家广告艺术之长,综合运用文字、图像、色彩、声音和活动等丰富多彩的艺术表现手法,而且还能配上现场实物表演的生动画面,使人产生身临其境的效果。作为一种现代广告媒体,电视媒体具有其他媒体难以比拟的优势。

电视是能够进行动态演示的感情型媒体,其冲击力、感染力特别强。图像的运用是电视广告最大的长处。电视媒介是用忠实的记录手段再现讯息的形态,令受众感觉特别真实强烈,这是其他任何媒体的广告难以达到的。

电视广告穿透力强,到达率高,它可以迅速穿越空间到达电波覆盖的任何区域,直接进入亿万家庭。电视广告带有一定的"强制性",因而穿透力强,到达率高。

电视广告与生活最为贴切。电视与我们的生活联系密切,电视传播的内容是现实的延伸,人们离不开电视,自然也离不开为生活提供各种讯息的电视广告。

10.2.2.2 广播电视广告类型

(1)广播广告的类型

1)常规广播广告。广告在常规时间播出,在时间安排上不做特殊处理。

2)插播。广告在广播节目播送前或播送中插入播出。将大量的插播广告集中在一定期间播放,让收听者一次又一次地接触同样的广告,称之为集中插播。

3)特约栏目。如"某某医院专家门诊"、"某某企业点歌台"之类。

4)广告歌、主题歌等。广告表现手法仅限于声音,因此,有经验的广告主会充分利用一切声音表达形式,如音乐、幽默、对话、现场报道等,并注意把创作广告歌曲放到重要的位置上来。

5)联播。广告主可以订购某一全国性广播网联播电台的时间,同时向全国市场传播自己的信息。

6)点播。点播广播节目,在市场选择、电台选择、播出时效选择、方案选择上为全国性广告主提供更大的灵活性。点播可以迅速播出广告,有些电台的预备周期可以短至20分钟,并且,广告主可以借助电台的地方特色快速赢得当地听众的认可。

(2)电视广告类型

1)电视广告片。电视广告片时间长的一般有30秒或1分钟,现在最为常见的还是15秒。更多的广告从业者希望用15秒时长的广告片来负载更多的广告信息,并认为15秒广告片有着30秒广告片一半的价格优势,因而都乐于采用。现在15秒广告的价格已今非昔比,约为30秒广告的85%。

2)标版。标版时间较短,一般为5秒,甚至更短,通常只有一两个体现企业形象的画面和一句广告语。电视黄金时段的标版为企业所看好。中央电视台新闻联播后的5秒标版,连续多年成为企业争夺"标王"的标的物。

3)赞助形式。赞助电视晚会、赞助体育比赛直播、赞助卫星实况转播某些大事件、赞助有奖智力竞赛、赞助电视片和电视剧的拍摄、赞助进口大片的放映等,一般在片头、片尾注上某企业赞助字样。在电视片和电视剧的拍摄中,赞助形式甚至"渗透"到电视片和电视剧的道具和场景中去。电视媒体是塑造企业形象的有力手段,企业可以通过电视赞助的形式来塑造形象。

4)栏目冠名。将电视台的某些热门栏目以企业的名称或产品品牌命名,这也是一种常用的企业赞助形式。如中央电视台的“正大综艺”、“万宝路体育大世界”、《天天向上》栏目的“特步”等。挂名“特约播出”,也属于栏目冠名广告。

5)电视信息(专题)片。这是一种传播产品信息的“二级”广告片,内容大多是对产品功能进行介绍和演示,电视直销广告片就属于这一类,还有一类侧重展示产品形象。一般时长在两分钟以上。电视直销广告片与其他电视广告片不同,往往会出现产品价格,并提供热线电话供消费者电话订购。

6)贴片广告,即跟片广告。广告片本身并无什么特殊之处,但贴片广告是固定地“贴”在某一部电视连续剧的片头、片尾或片中插播的。

10.2.3 网络广告经营

网络广告是指广告主以付费的方式在网络上进行的广告信息传播活动。

10.2.3.1 网络广告传播的特点

(1)传播范围广,无时空限制

网络广告的传播不受时间和空间的限制,网络将广告信息 24 小时不间断地传播到世界各地。只要具备上网条件,任何人在任何地点都可以看到这些信息,这是其他广告媒体无法实现的。

(2)定向与分类明确

网络广告不仅可以面对所有网络用户,而且可以根据受众用户确定广告目标市场,例如,关于旅游类的广告,可投放到与旅游相关的网站上。这样通过网络,就可以把适当的信息在适当的时间发送给适当的人,实现广告的定向。从营销的角度来看,这是一种一对一的理想营销方式,它使可能成为买主的用户与有价值的信息之间实现了匹配。

(3)灵活的互动性和选择性

网络信息共享的特点决定了网络广告的互动性。网络改变了传统的信息交流模式,变单向的信息传播为双向传播。网络广告与传统广告最大的不同是网络广告广告主与网络广告受众之间的信息传播是互动的。用户可以获取自己认为有用的信息,厂商也可以随时得到宝贵的用户反馈信息。

(4)精确有效的统计

传统媒体广告的发布者无法得到诸如有多少人接触过该广告的准确信息,因此一般只能大致推算一下广告的效果。网络广告发布后,通过在网上访客流量统计系统精确统计出每个广告被多少受众浏览过,以及这些受众浏览的时间和地域,从而有助于广告主正确评估广告效果,拟订广告投放策略。

(5)内容丰富、形象生动

报纸、杂志等印刷介质的平面媒体在很大程度上受到空间限制,广播、电视等电波媒体则受到播出时段或播出时间长度的限制,而网络媒体则突破了时间与空间的限制,拥有极大的灵活性。网络广告的内容非常丰富,一个站点的信息承载量一般可大大超过传统印刷宣传品。不仅如此,运用计算机多媒体技术,网络广告以图、文、声、像等多种形式,生动形象地将产品或市场活动的信息展示在用户面前。

(6)网络广告是一种缺乏主动性的广告方式

网络广告的非强制性是相对于传统媒体广告的一大优势,但是任何事情都应该从两个方面来分析,优势如果处理不好也会变成劣势。网络广告的交互性和非强迫性使广告受众具有极大的主动性,当广告主把广告放在网站上以后还要等网络用户把它点击出来才能被欣赏。广告主不要以为只要把广告粘在网上就万事大吉了,如果不被点击,那这个广告一点作用都不起,因为网络用户可以选择看,也可以选择不看。由此可见,对于网络广告来说,广告的质量与艺术性固然是决定广告收看率的重要因素,但这是在广告被注意的前提下。所以,网络广告的被动性直接影响广告主对网络媒体的选择。

(7)网络媒体权威性的缺乏直接影响到广告的可信度

在网络传播过程中,网民既是网络信息的接受者,又是网络信息的传送者。任何一个网络用户只要想在网上发布信息,任何人都无法进行控制。如果处理不好,势必导致网上信息的泛滥。这样必然使网络的权威性降低,进而影响网络广告的可信性。

10.2.3.2　网络广告类型

国际互联网的迅速发展带动了网络广告的发展,网络广告从产生到现在已经形成了各种各样的形式。基于网络传播方式的不同,网络广告可以分为以下几种类型:

(1)网幅广告

网幅广告是以 GIF、JPG 等格式建立的图像文件,定位在网页中,大多用来表现广告内容,同时还可使用 Java 等语言使其产生交互性,用 Shockwave 等插件工具增强表现力。

(2)文本链接广告

文本链接广告是一种对浏览者干扰最少,但却最有效果的网络广告形式。整个网络广告界都在寻找新的宽带广告形式,而有时候,最小带宽、最简单的广告形式效果却最好。

(3)电子邮件广告

电子邮件是网民最经常使用的互联网工具。调查表明,只有不到 30% 的网民每天上网浏览信息,但却有超过 70% 的网民每天使用电子邮件,企业管理人员尤其如此。电子邮件广告具有针对性强(除非你肆意滥发)、费用低廉的特点,且广告内容不受限制,它可以针对具体某一个人发送特定的广告,为其他网上广告方式所不及。

(4)企业网站的广告思想

对于大多数企业来说,进入网络广告领域的第一步就是建立自己的企业网站。有些网站的建立仅仅是因为这些企业认为有一个网站是一件很酷的事情,使公司看起[illegible]较新潮,也怕因为没有网站而在竞争中处于劣势。这种网站的雏形就是企业宣传小册子[illegible]线版。

(5)赞助

赞助式广告的形式多种多样,凡是所有非旗帜形式的网络广告,都可算是赞助式广告。赞助式广告给予广告主更多的选择。这种概念下的赞助式广告其实可分为广告置放点的媒体企划创意及广告内容与频道信息的结合形式。

(6)插播式广告

插播式广告的英文名称叫“Interstitial”,在等待网页下载的空挡期间出现,以另开一个浏览视窗的形式的网络广告。

10.2.4 传媒广告经营现状

1)从整体来看,中国广告市场正呈现出一个明显的特征,广告客户的广告业务不按比例地流向在传媒市场上处于优势地位的、具有品牌号召力和影响力的媒体,从而加剧弱势媒体的经营困难。

2)我国传媒组织虽然已经提高了对广告经营重要性的认识,但是在其内部没有科学的广告机构及其任务的设置,同时也缺乏科学的广告经营制度和有效的广告经营管理制。

3)迅速发展的网络媒体、专业化的户外新媒体等分割了传统媒体的广告份额,让传统媒体感觉到了前所未有的压力。

4)缺乏品牌形象。品牌与广告的关系密不可分,相辅相成,因为广告商看重的正是媒介及其品牌版面、栏目所具备的社会影响力,或者说公信力。品牌还是媒介的形象代表,反映了媒介的团队素质、信息传播的可信度、社会责任感及对公众的态度等。

媒体的市场定位和形象整合能力,影响到它适合做的广告类型和广告主行业,也影响到它的广告收入的增幅以及可挖掘的潜力。

5)广告同化现象严重。个性化消费时代,广告客户对媒介的选择也是个性化的需要,根据产品的特征选择不同的广告形式,而我国媒体在广告经营上表现出赢利模式、广告产品、竞争手段同化现象严重。

10.2.5 传媒广告经营策略

传媒广告的经营方式是千差万别的,现在还没有一种适合我国传媒的固定的成功模式,不同的传媒广告组织都应该根据具体形式来确定具体的广告经营策略。

纵观我国传媒广告经营现状与经营方式的发展,在传媒市场化运作中,搞好传媒的广告经营,可以从以下方面进行考虑。

10.2.5.1 科学设置媒介广告组织机构

所谓媒介广告组织是指各种主要媒介部门设置专门性广告组织,主要有广播、电视、报纸、杂志、网络五大媒介部门所设立的广告组织。它是随着商品市场的扩大,广告业务量增加而逐渐分工形成的。

广告媒介中发展最早的大众化传播媒介是报刊,媒介广告组织最早也在报刊部门出现。早期的报刊广告是由广告主起草,送由报刊发行单位的编辑审定,不设广告专职部门,也没有专职广告人员。随着商业的发展,报刊广告数量增多,并开始讲究排列,注重广告效果。为了加强管理,提高广告作品水平,报刊单位开始出现专职的广告组织。在广播、电视、报纸和杂志四大媒介发展起来后,这些媒介单位也相应地设立了媒介广告组织,并且日臻完善和复杂化,成为这些媒介组织的有机组成部分。

媒介广告组织的机构设置有业务部、管理部、研究部和财务部。业务部对外承接广告业务,与客户经常联系,提供服务。管理部对整个广告业务活动进行监督管理,根据需要可以参与广告作品的设计制作。研究部加强对受众市场和广告市场的研究,为媒介的生产经营和广告经营提供一定的参考意见。财务部负责广告费的回收监督和对广告部门工作人员的业绩进行考核。

10.2.5.2 媒介广告组织的工作任务

(1)开发业务渠道,承接广告主的广告业务

作为媒介广告组织,开发广告业务渠道,开拓广告客户市场是其主要的职能。媒介能否获取丰厚的广告经济收益,关键在于媒介广告组织能否得到广告主与广告公司的青睐。而能否开发业务渠道,开拓广告客户市场,则在于媒介组织能否在提供高质量的内容产品满足受众与广告两类消费群体需求的基础上,运用独特的广告推销手段,提高广告产品对广告主的效用。

(2)对广告主的广告作品进行审查

广告信息作为媒介信息传播的一个重要组成部分,其信息的可信度、广告作品自身品位的高低与主题思想的健康与否对媒介自身的声誉与权威性产生一定程度的影响。因此,媒介广告部门必须对广告主与广告公司提交刊播的广告作品进行严格的把关和审查。

对广告主的广告作品进行审查,主要是对广告作品是否具有相关管理部门,如国家工商管理总局以及地方各级工商管理部门等所出示的审查证明进行审查。有些广告作品没有提交相关部门审查或者因为审查过程中广告主主体资格(依照我国广告法规的规定,有些产品不具有进行广告宣传的资格,如烟草、麻醉、精神药品、放射性药品、治疗肿瘤、艾滋病等的药品)、广告信息的不合法性,而不具有在媒体发布广告的资格,而我们现在很多的媒体,为了片面追求广告所带来的丰厚的经济效益,忽略对广告信息合法性、思想性的审查,使得媒体中充斥着大量的虚假违法广告与低俗、恶俗广告。虽然短期能够使媒体获得一定的经济效益,但长期来看,受众对广告信息的负面评价必然会转移到对媒体形象的负面联想,从而丧失媒体在受众心目中既有的良好形象,形成恶性的媒介形象循环。

(3)与广告主签订广告刊播合同,并收取广告刊播费用

在广告作品通过媒介的审查后,为确保媒介组织在与广告主的合作中有法律性的保证,确保媒介组织经济效益的实现,要与广告主签订广告刊播合同,并按照合同的约定,收取广告刊播费用。

(4)对广告主的广告作品进行临时性制作、修改与编排

媒介广告组织在接受广告任务时,一部分广告已制作成广告作品,媒介广告组织只是负责安排版面或时间。但有的广告客户只提供广告资料和广告要求,须由媒介广告部门负责策划、设计和制作。虽然媒介不是广告公司,一般不应该承担广告设计制作的工作,但是对于某些应急的情况,考虑到时间等方面的因素,媒介广告部门经常会需要进行一些临时性的设计和制作工作。另外如一些社会服务类的广告,因其非常零散,广告公司没有必要、也没有可能承接代理,一般由媒介的广告组织直接承接,那么其设计制作自然只能由媒介的广告部门承担了。

在对广告作品进行修改与编排中,媒介需依据自身的业务标准、受众标准与效益标准进行修改与编排,以保证最终广告信息的传播能够满足广告主需求的同时,也能符合媒介自身的利益需求。

(5)及时、准确地发布广告

对广告作品进行修改与编排之后,媒介组织必须按照广告刊播合同的要求,及时准确地发布广告。如果没有意外情况的发生,作为广告主不能随意要求媒介组织改变广告发布的

时间、版面、频次等，而媒介组织也不能随便修改变更广告发布的预期计划。

(6)向广告客户提供有关服务信息

在媒介组织与广告主的合作中，媒介组织应加强与广告主或广告代理公司之间的联系，随时向客户提供有关媒介服务信息。不仅要把媒介自身的基本情况，如收视率、收听率、发行量、媒介节目调整、媒介改版、媒介的社会影响评价等及时告知广告主与广告公司，还要帮助广告主做好广告刊播后的效果评估反馈。这样既可以帮助广告主及时了解广告传播的效果，稳定广告客户的信心，又可以为广告主未来的广告投放提供一定的策略参考。

(7)协助媒介的编辑部门和其他经营部门做好市场研究工作

开发业务渠道，开拓广告客户市场，关键在于媒介组织能否在提供高质量的内容产品满足受众与广告客户两类消费群体需求。如何满足消费者需求，这就需要作为媒介组织的广告部门，协助媒介的编辑部门和其他经营部门做好市场研究工作。新闻媒介的编辑部门、经营部门和广告部门应该是一架完整机器的各个组成部分，分工不同，但最终的目标是一致的。经常有人把媒介的编辑部和广告部对立起来，这样的认识是错误的，编辑部和广告部实际上是相互协调促进的。广告部门应该关注媒介自身的新闻报道和其他的版面、栏目、专题节目，编辑部的人一般是从自己的文章、节目有没有人看、有没有人听去考虑问题，而广告部的人应该从媒介的经营尤其是媒介的市场定位来看待编辑部的工作。如果发现媒介的版面、节目专题的内容出现了背离媒介的市场定位的现象，使得媒介的受众群体发生了数量减少或市场细分层次的变化，影响了广告主和广告商对媒介的关注，有可能造成广告收入的损失，就完全应该提出修正意见，因此作为媒介组织的广告部门，应协助媒介的编辑部门和其他经营部门做好市场研究工作，从而使媒介产品从前期策划、内容的采集制作、编辑与后期营销都能服务于媒介广告的推销。

10.2.5.3 转变广告经营理念，主动与客户建立良好、融洽的关系

媒介广告组织应转变广告经营理念，树立“以广告客户为中心”的广告经营策略，加强与广告客户的沟通，根据广告客户的个性需求，提供最有效的广告资源和广告投放策略，以专业化的服务实现客户广告投放的增值。从作业流程到服务规范，一切都要以客户为中心，以广告效果和客户利益为目标，做好广告服务工作。

具体来说，转变广告经营理念，主动与客户建立良好、融洽的关系应做好以下几方面的工作：

(1)关注广告客户的发展

媒介要关注广告客户的发展，为客户的发展创造一个良好的舆论环境，以客观公正的态度报道广告客户。媒介为了和代理公司长久合作，应该有意识地从现有的代理公司中选择那些经营规范、人才潜力大、较为符合国际化发展趋势的代理公司，采用各种可能的方式为它们制造影响，树立形象，使之成为广告行业中的“名牌”。应该意识到，只有在一个地区、一个城市中出现一批水平高、规模大的代理公司，同时它们被企业广告主和社会所认可，媒介才会有更好的生存环境。媒介一定要认识到媒介和代理公司之间永远都不会成为敌人，而只是伙伴。

(2)加强与广告客户的联系

及时将本媒介的特点、覆盖、节目内容、媒介优势、刊播价格、受众结构等方面的信息传

递给广告客户，使他们能够及时掌握媒介的最新动态，为其广告媒介计划的制订提供参考。

(3)开展媒介广告业务和理论探讨

发达国家的大的媒介广告组织经常组织这样的活动，探讨活动不仅能够密切媒介和代理公司之间的关系，更重要的是能够树立媒介的良好形象，树立代理公司对媒介的信心，而且业务探讨实际上就是一种媒介和代理公司的互动行为，在此互动中往往会激发很多业务经营的亮点，对双方都有益处。

(4)设立媒介客户服务中心，创新媒介广告产品和经营模式

传媒的营销理念已经发生了变化，从"二次销售"转为"N次销售"，即除了卖内容、卖广告，还卖品牌、卖活动、卖创意、卖服务。当前广告经营必须要专业化才能适应社会的发展，广告经营要搞深度营销，要给客户提供专业的、贴身的、顾问式的服务，帮助客户出主意、想办法占领市场，改变以"人情广告"、"关系营销"为特征的传统粗放型的经营方式，向行业分工和服务的现代经营方式转变。只有有了行业分工，才能制订针对性的策略，并有效地进行专业化服务。

无论从广告主需求还是媒体自身经营角度，媒体服务创新都是广告市场中颇为重要的一项发展战略。2002年以来这一动向尤为明显：媒体的服务超出刊播的范围，为广告主的市场开拓提供附加服务，除投放指导等与媒体发布密切相关的服务，某些媒体还利用熟悉当地市场和当地政府的独特优势提供营销策划与市场调查服务。

以媒体广告部门为主体的广告策划的基本方法有很多，比较常见的是"造势运作"、"庆典炒作"和"热点轰动"。"造势运作"是时间跨度较长的重大主题广告活动，媒体广告经营部门精心策划，全面发动，全力以赴，吸纳一批客户，造成相当的气势。"庆典炒作"是在重大纪念日、重大节庆之际，策划有纪念意义的大型主题广告活动，精心组织，尽力制作，渲染喜庆气氛，造成轰动效应。"热点轰动"是围绕政治经济走势、社会热点事项策划的主题广告活动，探索焦点、追寻热点、制造沸点等。广告经营策划最常见的方法是为某一方客户量身定做的专题或专版，系统地以新闻的方式为其做系统而全面的形象或事件宣传。这种方法最早见于《南方都市报》。

广告客户联谊也是许多媒体与广告客户进行联谊的有效手段。《南方都市报》在客户联谊会上着实做足了文章，而且也收到了切实的效果。在客户联谊会上，《南方都市》报突破了传统模式，按照营销模式运作，办成了都市报新定位、新风格的广告营销大会，从而用最直接、最便捷的方式，向广告客户传达了都市报的广告价值所在。2000年，南方都市报广告部经理喻华峰针对《南方都市报》"新主流媒体"的新定位，成功策划了3月29日的客户联谊会。会上提出的"我来了，我看见，我征服！《南方都市报》，辉煌五年"这句广告词因此而广为传唱，都市报的新主流媒体形象也因此确立，走上了超越《羊城晚报》和《广州日报》的征程，其二季度的广告收入大幅度上升就是佐证。

(5)完善客户关系管理，提高客户的满意度

客户关系管理是指利用信息技术，尤其是网络技术，使企业市场营销、销售管理、客户关系、服务和支持等经营环节的信息及时、充分、有序地在企业内部和客户之间流动，提高客户满意度和忠诚度，与客户建立起长期、稳定、相互信任的密切关系，实现客户资源有效利用。

客户关系管理吸收了"数据库存管理"、"关系营销"、"一对一营销"等最新管理思想的

精华。通过满足客户的特殊需求,特别是满足最有价值客户的特殊需求,来建立和保持长期稳定的客户关系,客户同媒体之间的每一次交易都使得这种关系更加稳固,从而使媒体在同客户的长期交往中获得更多的广告收入,最终实现媒体和客户的双赢。

10.2.5.4 塑造传媒品牌形象,整合广告资源

在一个品牌经济时代,树立新时代媒介的品牌形象,对于媒体是至关重要的。除了自身的传播价值之外,通过树立品牌形象创造广告价值,成为媒体自身生存和发展的必经之路。

品牌与广告的关系密不可分,相辅相成,品牌是媒介广告经营的根本,因为广告商看重的正是媒介及其品牌版面、栏目所具备的社会影响力,或者说公信力。品牌还是媒介的形象代表,反映了媒介的团队素质、信息传播的可信度、社会责任感及对公众的态度等。

活动营销可提升媒体整体品牌价值,并为其带来巨大商机。活动营销可以有以下契机:以节庆、节假日进行假日活动营销;以会展为契机进行会展经济营销;以主题策划为契机进行主题活动营销;以产业热点为契机进行产业活动营销;以媒体周年纪念为契机进行纪念活动营销;以受众评选为契机进行评选活动营销,等等。如鲁花花生油赞助首届全国烹饪电视大赛,蒙牛全程赞助湖南卫视"超女大赛"等活动都使赞助企业与活动一起成为公众关注和媒体炒作的焦点。

杭州日报报业集团放弃了纯业务型经营模式,视企业为战略伙伴,在广告经营中围绕提高品牌影响力做文章,构建起以品牌推广、客户服务、公关策划三位一体的整合经营模式。通过媒体推广会、广告策划和营销等一系列活动,既提升了企业和媒体双方的品牌美誉度和影响力,也赢得了企业的长久合作。

10.2.5.5 加强媒体间的互动融合,打造合理的广告结构

(1)注重多媒体的渗透和融合

随着传媒技术的不断进步,多媒体的渗透和融合已成为媒介发展的必然趋势。传统媒体和其他新媒体的互动式广告具有互补性,只有两者的结合才能达到广告效果的最大化。

一些中央级的大型媒体在数字化转型后,将拥有更多的资源和更好的发展机会,将发展成为跨媒体巨无霸。地方媒体中,领衔的是当地报业集团和广电集团。现在报纸网站已经有声音新闻和视频新闻了,报纸、广播和电视一体化的混合媒体也许很快出现,其新闻将通过有线无线、线上线下、平面立体的方式,进行全方位多形式的传播。

2005 年 1 月 1 日,上海移动和文广传媒联手启动手机电视业务。浙江手机报在我国省级媒体中首开先河,目前已经拥有十多万用户,并延伸出手机财经报、手机娱乐报。在 2008 年奥运全程报道中,广州日报报业集团组建了 8 报 2 网及手机的联合舰队,实现了"跨区域"、"跨媒体"和"跨部门"的资源整合,在媒体融合上进行了大胆探索。

新媒体目前最大的不足是信息的可信度低,而这恰恰是传统媒体的优势,所以传统媒体在进行数字化转型的同时,应继续做好自己的内容,因为不管现在还是未来,内容仍是竞争的核心,谁控制了原创内容,谁就占领了上游核心优势资源。

在这样一个多媒体互相渗透和融合的时代,只要不断调整自己的功能特点,突破自身弱点,开掘潜在优势,强化自己优势,报纸这种平面媒体就会像当初广播并没有被电视替代一样,与广播、电视、网络等新兴媒体一起,拥有各自的受众,互相竞争,共同发展。未来报业集

团化的趋势不再是报纸、刊物品种的平面组合，将向网络数字多媒体进军，在一个数字多媒体互相渗透和融合的时代，报业应该占据主导平台地位，开辟更为广阔的新空间。

《北京青年报》启动“报纸+网站”的房地产广告宣传平台，以增值服务的形式，为房地产广告客户免费赠送“在线楼书SHOW”，力求扩大广告的投放效果，同时为购房者提供更广泛的信息渠道和更周到的服务。杭报集团风行传媒有限公司把杭州门户网站和精致生活网站纳入经营范畴，通过网站拓展报纸的内涵和外延。在做好报纸产品的基础上，依托内容资源不断拓展延伸产业链，开发数字电视、数字报纸、手机报和杭州网，把报纸内容转化为数字内容，把报纸受众转化为新媒体受众，实现对媒体产业链的重构。

(2)以提纲挈领的高度制订广告战略和策略

随着传媒市场运作的日趋成熟，媒体应当以提纲挈领的高度制订广告战略和策略。

在传媒不同的发展阶段，要注重培育新的增长点，要注重寻找培育并覆盖不同的细分市场，强调打造均衡的收入结构。在全媒体增长的时候可以保持一种竞争优势；当经济衰退，不同媒体此消彼长的时候，可以有效地规避风险。

均衡的广告结构保证了面对行业行情波动和政策影响时，能够自如灵活地应对，特别是经济衰退的时候，要充分发展每一个小行业的细分市场，深入挖掘有潜力的细分市场广告价值，争取在每一个细分市场获得最大的竞争优势。

10.2.5.6 建立科学的媒介广告经营人才培养与激励机制

长期以来，对广告经营人才吸收和培养的不重视，导致我国大多数媒介缺乏相应的广告经营人才开发、培养、绩效考核和激励机制。人才是实现组织目标的关键因素，建立健全媒介广告经营人力资源，必须有配套的人才吸引机制、培训机制、使用机制与激励机制，以提升广告经营人员的广告营销、业务开发与沟通能力和广告经营的积极性，从而保证媒介广告经营目标的实现。

10.3 传媒广告经营趋势与管理

10.3.1 传媒广告经营趋势

10.3.1.1 广告客户广告投放呈现新趋势

2011年1月国家统计局发布的2010年经济运行情况数据显示：我国全年（国内）生产总值（GDP）增长10.3%，全年居民消费价格（CPI）12个月平均上涨3.3%。根据统计数据，2010年中国广告投放总额（不包括户外投放）超过7100亿元，与2009年相比，达到了10.8%的增幅，基本与本年度GDP增幅水平保持一致。实际情况却是2010年的中国广告市场还是有萎缩，对比2008和2009年的数据来看，增长幅度有所放缓。

对于中国广告业来说，广告的可测量被提高到前所未有的高度。传统媒体在这一领域走在前列，全世界范围内，电视、报纸、广播都有成熟的测量标准，诸如收视率等，也有很多专业的调研公司提供专业的服务。自2008年金融危机后，一方面，广告主对传统媒体的信任度不断提升。另一方面，互联网等新媒体也被要求可测量，越来越多的投资被注入测量这个领域内，更多的广告主已经开始为每一分钱计算效果，注重广告投放的投资回报率评估，每一次投放都必须找出充足的理由，这在以前是从未有过的现象，从中可以看出广告主的理智与谨慎。

如今，生存环境日趋恶化，以往的经营方式不足以应对现在的竞争深度，广告主在广告投放途径的选择上也逐渐注重效果的评估和测试，广告投放主要呈现以下几方面的变化：

(1)宣传方式多样化，广告传播与其他促销方式并重

广告只是广告主促销的一种手段。近两年的广告研究数据表明，广告主对促销活动、人员推销、公关和直接营销、口碑营销等宣传形式的注重程度不亚于广告宣传。广告主在“广告费用”与“终端推广费用”的预期投入都呈增长势头。

(2)广告宣传越加注重多种媒体组合

广告主为竞争需要，实施更具灵活性、前瞻性的媒体战略战术，创新并整合使用多种媒介。多种媒介组合能够弥补单种媒介在广告传播中的劣势，最大限度地覆盖广告主所期望的受众范围，达到广告传播预期效果的最大化。被调查企业的媒介选择中，除电视媒体和报纸媒体以外，户外广告、店头 POP、展览会等媒体势头强劲，专业行业杂志、交通工具等也在被相当多的企业使用，企业的媒介选择呈多元化态势。

(3)广告主寻求媒体使用差异化策略，积极开发使用新式媒体

研究发现，互联网、户外媒体、DM 直邮广告等日益成为广告主热衷开发的广告资源。此外，广告主频繁借力“事件广告”、“赞助活动”等传播方式，表现出广告主在营销推广战略战术方面的进步与成熟。手机短信广告、植入式广告等日渐兴盛，这都是广告新媒体开发的表现。移动电视媒体广告价值显而易见，如针对性、接收的强制性、受众接触率高等，吸引了众多知名企业的加盟。

10.3.1.2 媒介广告经营方式的变化

纵观我国主流媒体的发展历程，大都经历了从“广告经营”向“媒体经营”的转变。传统的“广告经营”，媒介没有树立正确的服务理念，而“媒体经营”则要求媒介积极转变“市场主导者”角色，也要求媒介转变自营发展广告客户的单一赢利理念，构建媒介自身的品牌，通过打造媒体品牌影响力，提升媒体服务、增值能力以吸引广告客户，营销方式应逐步走向全面实施广告代理。

(1)媒介广告经营权的整合与分流

由于资本参与媒介的经营，目前我国的广告经营模式大体分为以下两种主要的形式。

一是广告代理制取代传统的媒介业务员制度，并逐渐成为传媒广告经营的主要方式。一般说来，代理式经营有全面代理、内部代理(原先的媒介广告部门从媒介剥离出来成立的经营公司)与外部代理结合的方法。

二是通过竞标来获得买断经营权。每年的 11 月 18 日，是中央电视台进行黄金时段广告招标的时间。采用招标的方式来分配电视广告的黄金时段和黄金资源，增加了广告媒体和广告活动的透明度，解决了媒体广告黄金资源与广告客户需求的矛盾。央视多次组织专家学者从市场的角度、经济的角度、传播的角度对招标进行科学的理性探讨，使得客户对其认识更加理性、更加充分，使得媒介广告经营向理性运营的方向发展。

(2)媒介广告经营从单一广告赢利向全面专业代理服务发展

媒体传统的广告经营理念,只是简单地为客户提供广告刊登的资源,而忽略媒体服务广告客户能力的开发。

为客户进行公关活动的策划和代理、广告受众的分析和评估、提供行业竞争情报,甚至购买广告监测数据等,这些相关服务都明显地增进了客户的忠诚度。

安徽卫视除了在收视率上所做的承诺之外,全方位地服务客户,始终恪守的宗旨是:牢牢地将自身的利益与客户的利益紧紧地捆绑在一起。

10.3.2 传媒广告管理

简单来说,传媒广告管理是指对传媒广告经营活动实施的指导、控制、监督、规范的活动。其目的在于加强传媒广告管理,促进传媒广告市场运营的健康良性发展,构建媒介自身的广告营销品牌形象,有效实现媒介自身的广告经营目标。

传媒广告管理是一个综合概念,可以细分为"外部因素对媒介广告经营活动管理"和"媒介广告经营的自我管理"。

外部因素对媒介广告经营活动管理,主要是政府通过立法行政手段的强制性管理、媒介组织自律与行业监督、广大传媒受众对媒介广告活动的管理。

媒介广告经营的自我管理,主要是传媒组织通过自行制订科学有效的广告经营制度,对自身从事的广告经营活动进行自我约束、自我限制和自我管理,使其广告经营行为符合国家的法律、法规和行业行为规范及社会公德的要求。

10.3.2.1 当前我国传媒广告管理存在的问题

(1)传媒片面追求广告带来的经济效益,而忽略其社会效益

广告收入是媒介经济效益的重要组成部分。为了实现传媒的利润目标,媒介必须吸收足够多的广告客户,通过富有个性化的服务与媒介产品获取广告主与广告商的青睐,进而获取刊播广告的巨额利润。随着传媒市场竞争日益激烈,传媒组织不惜以损害社会公众利益及其自身形象为代价,降低或漠视对广告的严格审查和筛选,以各种手段吸引广告客户,在某种程度上,导致了诸多的问题,如虚假广告与低俗广告的泛滥、广告新闻化倾向、植入式广告的大量入侵等。

就拿最具影响力的中央电视台来说,作为我国级别、属性地位最高的媒体组织,应该是我国媒体倡导社会效益最大化的典范。其春节联欢晚会本质功能应是通过提供高档、高质量的节目内容,在满足全国公众精神享受、审美娱乐需求的同时,让社会公众感知节目中的真善美,品味节目所蕴含的社会价值。但是2010年的春晚,却似乎成为刊登广告的大舞台。大量隐形广告的出现,如"国窖1573"、"鲁花"、"汇源果汁"、"佳能"、"洋河蓝色经典"等,让社会公众感觉不是在"节目中看广告",而是"在广告中寻找节目"。不仅影响公众欣赏节目的连续性,更为重要的是有损央视在公众心目中的形象。

归根结底,这种忽略社会效益,片面追求传媒经济效益的行为,是传媒对社会文化、伦理精神、习惯风尚的冷视,对受众消费心理和价值追求的把握的欠缺,以及其职业道德精神缺失的表现。

(2)我国广告法规的不健全及政府对传媒广告管理职能的缺失

我国广告法规的不健全及政府对传媒广告管理职能的缺失,也是我国传媒广告管理存在的问题之一。近年来,我国对传媒广告管理的法规虽然在逐步完善,但总体来看,传媒广告管理法规的制订具有滞后性。总是不断出现传媒广告管理的问题,然后才去制订相应的法规予以规范。这导致了在对传媒广告的管理中,"有法可依"环节缺少法规。

此外,在某些广告管理领域,即便已经有了相应的管理法规,但是作为相关的管理部门,没有发挥出相应的执法职能,从而使得有些很明显的虚假广告,如"热线电话猜字谜"、"根治癌症"类广告能够在传媒得以传播。

(3)社会公众对传媒广告监督意识薄弱

社会公众有权对媒介广告进行监督。但是在现实中,我国社会公众很少对广告进行监督与投诉,关键问题在于社会公众对传媒广告监督意识薄弱。长期以来,大多数公众认为监督是政府管理部门的职责,缺乏对自身权利的认知,认为只要传媒广告对自己没有任何伤害,事不关己,高高挂起,尚未培养成对广告自觉监督的意识。此外,管理部门对某些公众投诉的不作为,使得有监督意识的社会公众逐渐失去对广告监督的积极性。

10.3.2.2 传媒广告管理的对策思考

(1)运用法律法规规范媒介的广告经营

政府与相关管理部门通过立法、行政的手段对传媒广告经营活动中广告客户主体资格、广告信息内容、广告发布占用的媒体资源等进行强制性的管理。这种法律法规的管理对策对传媒广告管理来讲是最具强制性,也是最为有效的。

2009 年,为规范广播电视广告播出秩序,促进广播电视广告业健康发展,保障公民合法权益,国家广电总局出台了广播电视广告播出管理办法,自 2010 年 1 月 1 日起,明确要求播出商业广告应当尊重公众生活习惯,在 6:30 至 7:30、11:30 至 12:30 以及 18:30 至 20:00的公众用餐时间,不得播出治疗皮肤病、痔疮、脚气、妇科、生殖泌尿系统等疾病的药品、医疗器械、妇女卫生用品广告。不得在以未成年人为主要传播对象的频率、频道、节(栏)目中播出酒类商业广告。广播电台每套节目每小时播出的烈性酒类商业广告,不得超过 2 条;电视台每套节目每日播出的烈性酒类商业广告不得超过 12 条,其中 19:00 至21:00之间不得超过 2 条。在中小学生假期和未成年人相对集中的收听、收视时段,或者以未成年人为主要传播对象的频率、频道、节(栏)目中,不得播出不适宜未成年人收听、收视的商业广告。播出电视商业广告时不得隐匿台标和频道标志。广告主、广告经营者不得通过广告投放等方式干预、影响广播电视节目的正常播出。

2011 年 11 月 28 日,广电总局下发规定,决定自 2012 年 1 月 1 日起,全国各电视台播出电视剧时,每集电视剧中间不得再以任何形式插播广告。

(2)媒体组织自律与相互监督

媒体组织自律是媒介的一种自发性行为,主要依靠媒介组织内在的道德约束力,规范其广告经营活动,使其能够符合法律法规和社会价值规范。

媒体间的相互监督,是媒体之间对其广告经营行为进行相互监督,这样有利于整个媒介市场的规范发展。此外,相互监督也能够加强媒体间的沟通交流,有利于媒体学习、借鉴比较成功的广告经营模式与管理经验,提升其广告经营管理水平。

(3)加强社会公众对媒体广告信息传播的监督

社会公众是媒体广告信息传播的客体,也是决定广告传播效果的主体。社会公众对广告传播的认知、态度和行为对传媒广告经营有着重要的影响,具有无形的权威性。因此,应该加强社会公众对媒体广告信息传播的监督,并尊重社会公众的监督意见,及时调整传媒广告经营策略,从而有利于传媒组织的广告经营管理。

(4)加强媒介广告经营的自我管理

媒介内部对广告经营的自我管理,主要是媒体要建立、完善与创新科学的广告经营与管理制度,如广告机构设置及规章制度、考核制度、奖惩制度等。

★思考题

1.从1995年开始,中央电视台的黄金段位实行广告招标。对于这一做法,广告业内有不同的反应,基本上是贬多褒少。主要批评意见有:人为抬高广告时间价格;造成广告主盲目投放广告;投标企业非理性的广告行为;违反了广告的科学性等。并且有人还预言这种做法将很快消亡。但事实上中央电视台通过不断地改变招标政策,这种做法已经连续进行了二十多年。请从多个角度谈谈你对中央台黄金段位实行招标广告现象的看法。

2.媒介广告经营方式的变化对我国传媒广告经营带来的影响。

11 传媒集团化经营

导言

本章学习目标

1. 了解传媒集团化经营的历史过程。

2. 掌握传媒集团化战略管理的理念与方法。

3. 认识传媒集团化的组建条件与运营方式。

本章重点

1. 传媒集团化的演进史。

2. 传媒在集团化过程中遇到的问题及其解决方法。

本章难点

传媒集团化组建及运营。

11.1 传媒集团化经营的发展历程

11.1.1 全球传媒集团化的演进

传媒产业集团化经营,可以合理地按照市场规律配置资源,科学地进行产业结构调整,可以实施集约化经营,实现经济效益的最大化。

从世界新闻史的发展过程来看,新闻媒介(初期主要是报纸)的产业化出现于19世纪30年代,其具体的背景主要有三个方面:一是政治民主化的完成,思想自由、言论出版自由成为受到宪法保障的基本人权;二是工业革命的进展,交通技术的进步和印刷技术的革新,使得报纸在短期内大量印刷和迅速发行成为可能;三是城市化进程,城市不仅是政治、经济中心,而且也成为社会的文化中心和信息中心,从而为商业化报纸的发展提供了巨大的市场空间。

世界新闻事业经过100多年的发展,传媒集团化在质和量两个方面,均实现了很大的突破。总体而言,这一过程可以划分为三个阶段。

第一阶段是单一媒介的集团化。此阶段始于19世纪70年代,止于20世纪20年代,媒介的集团化仅限于报业领域。

第二阶段是跨媒介跨行业的集团化。此阶段始于广播的出现,止于20世纪50年代。其主要特点是新闻集团不仅拥有不同性质的新闻媒介,而且还将经营的触角延伸到新闻传播之外的其他行业。

第三阶段是20世纪50年代以来的超国界的集团化。即新闻集团不仅涉足于新闻之外的其他行业,而且将其势力范围扩张到了世界。崛起于20世纪50年代初期的汤姆斯新闻集团最先开始超国界集团化。20世纪80年代以来,默克多创办的国际新闻公司成为超国界集团化的典范。20世纪90年代以来,随着互联网的兴起,跨媒介与跨行业的集团化在质和量两个方面均实现了根本突破。美国在线和时代华纳公司的合并,创造了有史以来企业合并金额的新纪录。

11.1.2 我国传媒集团化的历程与现状

11.1.2.1 我国传媒集团化的历史演进

从1996年我国成立第一家报业集团到2003年已有39家报业集团的可观局面,仅历时7年多。从2000年始,广电业的集团化也拉开了序幕。“传媒集团”已然从一个新鲜名词变成中国传媒领域里最热门的话题。

从中国新闻史演变的客观过程来看,报纸的产业化进程并非始于今日。早在20世纪初,就出现了把报纸作为产业经营的成功报人,如《申报》的史量才,《大公报》的吴鼎昌、胡政之、张季鸾等,都在这方面做了有益的探索。

新中国成立后我国新闻媒介约经历了三个阶段:单一机关报形式(1956 年至20 世纪 80 年代初),单一机关报与相对竞争并存阶段(20 世纪 80 年代初至 90 年代中期),从相对竞争向市场竞争过渡阶段(20 世纪 90 年代中期至今),形成了我国媒介从回避竞争到展开竞争,再到走向规范竞争的历史变迁。

新中国成立至 1956 年,通过对中国私营新闻事业的社会主义改造,结束了纯商业意义上的新闻媒体的竞争,国家以行政手段建立起了高度集中的、统一的国有新闻事业。它是以行政权力配置媒介资源为实质,以区域划分、系统划分为基本特点,具体表现在:媒体结构划分与国家行政等级相同,按中央、省、地(市)、县四级办报、办台;媒体批准建立权从属于相应各级党政机关,并与之始终保持行政隶属关系接受其领导;媒体受众定位、功能和风格定位以及指导方针基本与上级行政领导机关一致;媒体品种相对单一,基本上只有非赢利的宣传性的党报、电台、电视台;局部地域上也大致形成一报(党报)两台(一家电台、一家电视台)的局面,不存在竞争。

到 20 世纪 80 年代初,随着我国经济体制的逐步转轨,媒介观念的转变以及由此衍生出的需求变化,媒介开始走向市场。我国新闻媒介内部在仍旧保有机关报特性的同时呈现出相对的竞争状态。1992 年党的"十四大"正式确立建立社会主义市场经济体制目标,我国进入全面经济体制转轨时期,这为媒介走向市场奠定了体制基础。

此后 20 年间,我国媒体数量呈爆炸性增长。报纸从 1980 年的 382 家增至 90 年代中期的 2000 余家;电视台由 1980 年的 38 家猛增至 3000 家左右,电台从 20 世纪 80 年代初的 114 座增至 90 年代中期的 1200 座左右。然而这惊人的增长速度并不是完全与市场需求相适应的。有些地方、部门不从长远的规模经济角度考虑,轻率地批建报、台,造成媒体数量过快增长,导致结构上的滥、散现象。从电台、电视台情况看,虽然东部沿海经济发达地区效益较好,但在中西部经济相对落后地区,大量存在着广告收入不足以支撑媒介运作的情况,亏损仍很普遍,在过度竞争的情况下,规模效益较差。

11.1.2.2 我国传媒集团化现状

在多元化竞争的过程中,不同的报纸因为历史传统、所处地域、办报方针、经营策略等方面的差异,出现了非均衡发展的态势,报业逐渐由粗放型向集约型发展,出现集中化的趋势。

现在的报业集团总体是以省市党委或国家重要部门的机关报为核心,有经济实力的晚报为补充,跨越中央、省、市三级,依托大城市,向邻近地区辐射。

截至 2002 年底,我国正式成立了 39 家报业集团。2003 年 5 月,新疆日报报业集团筹委会成立。2003 年 8 月 12 日,安徽日报报业集团正式成立。

我国报业现有竞争模式主要有三种:北京模式、上海模式、广东模式。

北京模式是混合竞争模式。在已成立的报团和尚未挂牌、但已具备实际报团实力的大报集团之间存在竞争,同时由于北京特殊的政治文化中心地位,已成为全国报业必争之地,市场分割严重,集团竞争与众多大小报纸的分散竞争并存。

上海模式是两两竞争模式。集团竞争已初步成为主体。在报纸和广播、电视系统内部已呈现两两竞争态势,即两家日报(《解放日报》和《文汇报》)、两家晚报(《新民晚报》和《新闻晚报》)、两家电视台(上海电视台和东方电视台)、两家电台(上海台和东方台)之间展开激烈竞争,竞争者本身已经具备集团性媒体实力。集团竞争占据媒介市场主体地位。

广东模式是全方位的开放型集团竞争。在报业市场上，是《广州日报》、《南方日报》、《羊城晚报》三大报团和《人民日报·华南版》4 家大报之间的集团竞争，同时与渗入的港台报纸展开竞争。比较而言，集团竞争市场开放，强度更高。

(1)第一家报业集团

广州日报报业集团成立于 1996 年 5 月 29 日，是中共中央宣传部批准建立的第一个报业集团。正如国家新闻出版总署在 1996 年 1 月 15 日《关于同意建立广州日报报业集团的批复》中所言："广州日报经过几年的思想理论、物质条件、运行机制等方面的准备，已经具备了较有影响的传媒实力，较灵活通畅的发行能力，在社会效益和经济效益两个方面都取得了较好的成绩。由广州日报组建中国首家报业集团，条件已经成熟。为此同意广州日报作为报业集团试点单位。"

促成广州日报报业集团诞生的最关键因素有两点：自身经济实力与政策支持。广州日报从 1978 年率先扩为 8 版开始，实力连续几年稳居全国报业之首，且广州日报地处经济发达的广东省，有天然的地域优势，这些都使得广州日报具备了组建报业集团的经济条件。政策支持一方面指广州日报内部领导团体的卓识远见，另一方面指相关新闻管理部门的开明作风。广州日报组建报业集团还得到了上级部门的大力支持。1994 年全国宣传工作会议之后，广东省委宣传部就提出组建报业集团的设想，并以广州日报等几家条件成熟的报社为试点，在内部条件成熟与外部政策催生的双重力量推动下，广州日报报业集团应时而生。

集团成立之后，一是从报业事业型向产业型经营方式转变，不靠财政补贴和政策优惠，而是通过市场配置实现自我发展；二是由优惠型发展机制向优势型发展机制转变，政府优惠政策可以帮助报业集团迅速实现自我积累，但是不能以此为依赖，而应立足于自身优势参与市场竞争。广州日报报业集团在历年国内报业广告收入排名中处于领先地位，2002 年广告经营实收额将近 13 亿。

仅在 1999 年，广州日报广告在强大的发行实力支持下，就在中国报业史上创下了 10 项新纪录：①创一份报纸年广告营业收入最高纪录；②创一份报纸月广告营业收入最高纪录；③创一份报纸一天广告营业收入最高纪录；④创一份报纸日均广告版位量最高纪录；⑤创报纸彩色广告收益最高纪录；⑥创一份报纸全年广告个数最高纪录；⑦创报纸年广告营业额增长最高纪录；⑧创报纸广告类别总数最高纪录；⑨创报纸利用版位收益最高纪录；⑩创专类广告量最高纪录，招聘广告该年营业收入达 6000 万元，单日招聘广告最高达 10 个对开版，均超过专类报纸水平。

(2)集团化发展进程

1997 年我国没有新的报业集团出现，而 1998 年却组建了 5 家报业集团，这绝非偶然。1997 年，无论是政府还是其他报社，都在静观广州日报报业集团的发展迹象。在广州日报报业集团的发展初见成效后，南方日报报业集团、羊城晚报报业集团、经济日报报业集团、光明日报报业集团和文汇新民报业集团才于 1998 年先后成立。

1999 年至 2002 年，我国报业集团化呈高峰发展，不仅表现在集团数量上，还表现在经营质量上。

河南日报报业集团、沈阳日报报业集团、大众日报报业集团、解放日报报业集团、重庆日报报业集团、成都日报报业集团等共计 32 家报业集团在短短 4 年内组建，平均一年就有 8

家报业集团成立,速度可谓惊人,至2003年8月,又有3家向着集团化的方向迈进。

经济实力的壮大形成了报业集团真正意义的发展高峰。这一阶段,报业集团的经济收入普遍大幅度提高。深圳特区报业集团(2002年9月30日与深圳商报社合并成立深圳报业集团)1998年至2000年广告营业额分别为3.8、6.1、7.2亿元,平均增幅高达30%以上。文汇新民报业集团所属报纸已经占上海报纸总量的一半以上。1999年四川日报报业集团是四川省直属企业的纳税大户,纳税额名列第7,2000年纳税额排名就上升到第3名。

报业市场上形成了一批具有典型示范意义的报业集团。它们是广州日报报业集团、南方日报报业集团、北京日报报业集团、文汇新民报业集团、大众报业集团和哈尔滨日报报业集团等。这几家报业集团通过实践摸索,形成了各具特色的集团经营机制和市场战略,给其他报业集团提供了丰富的市场经验,比如南方日报报业集团的多品牌战略、哈尔滨日报报业集团的多元化经营等。

报业集团的经营思路更开阔。按现代企业制度的原则开展集团经营与管理,成为各报业集团的共同指导思想。集团的资本运作比以往放得更开。2000年,羊城晚报报业集团成功兼并了广州化学纤维公司,获得了该公司位于广州市新城市中心区域的一块18万平方米的土地资源。此外,集团属下的在港合作企业"羊城报业广告有限公司"及其内地机构与李嘉诚先生旗下的香港上市公司tom. com公司合作,"羊城报业广告有限公司"以70%的股权置换tom. com公司的2.36亿港元的资产。其他报业集团也不断有新的资本举动。

11.1.3 创建传媒集团的动因

市场利益结构的改变促使报社不得不冷静思考报业经营的出路。前期报纸数量和投资项目的增加,带来了报业一时的兴旺,也使大量资金用于重复建设和低起点建设之中,削弱了媒介资源的质量,将自身陷入发展困境。唯有优化配置资源,才能在市场竞争中以质求发展,集团化就是一条以质取胜的道路,尤其在第一家报业集团发展初见成绩后,其他报社组建集团的信心倍增。

竞争是推动传媒集团化的重要原因。当政府把传媒推向市场时,传媒间的竞争也随之开始,这种竞争尤其体现在报业上。

11.1.3.1 来自于内部的竞争

首先,党报的"老大"地位受到其他类型报纸的挑战。改革开放之前,报纸只有党报一种类型。到20世纪90年代,市场上出现了各类非党报,一些非党报的发行量和广告收入超过了一些党报。党报一方面因为公费订阅的逐渐取消,另一方面因其不能进行完全的市场化运作,发行和广告收入均下降,需要新的发展模式。

其次,地方性报纸之间的同质竞争升温。

为应对竞争,报社必须首先实现两大转变:第一,改变传统的受众覆盖方式;第二,改变"各自作战"的内讧局面,实现经济效益和社会效益的统一。联合对非党报来说,无疑是获取更大利润的方式,对党报而言,经济实力壮大的意义更在于能扩大其舆论影响力,做到经济效益和社会效益的统一。

11.1.3.2 来自外部的压力

中国加入世贸组织后,我国媒体面临着国外传媒的挑战。国外主要传媒集团强大的规模与资本实力是我国任何一家媒体难以匹敌的。我国媒体继续单打独斗的话,已经不切实际了。

加入世贸组织对传媒另一重大影响是,我国的传媒市场行为将更多地按照企业运作方式来进行。我国传媒要与西方传媒竞争的话,势必要强化以往在事业管理体制下削弱的企业角色,引进企业经营与运作方式。

对报业集团,政府和报业都表现出相当高的热情。对政府来说,有利于对报纸的管理。对报纸来说,能够兼并一些报纸,进一步扩大自己的经济实力,扩大自身的影响力;同时也可以得到一些优惠政策。报业集团内部报纸间在一定意义上会减少资源浪费,避免恶性竞争。不同的报纸做好分工,更注意进行读者调查,定位更准,所以也会受到读者的欢迎。

11.2 传媒集团化战略管理

随着经济全球化进程不断加快,国际市场的竞争已经由传统的自然竞争转变为战略竞争。20 世纪 90 年代,为了适应战略竞争的需要,国际大型企业集团纷纷进行管理改革,全球企业管理进入了一个崭新时代——战略管理时代。传媒集团作为一种特殊的企业集团,也必须适应经济全球化和战略竞争的需要,因此,传媒集团应采用现代管理理念和管理手段,从全局的高度和战略的高度,规划集团的发展目标,制订战略并付诸实施。

西方企业战略管理出现在 20 世纪 50 年代末和 60 年代初,它经历了一个兴起、热潮、回落、重振的发展过程。今天企业战略管理仍在各个领域进行探索。20 世纪 60 年代初,美国著名管理学者小阿尔弗莱德·D·钱德勒的《战略与结构》一书问世,揭开了企业战略问题研究的序幕。钱德勒在这部论著中,给企业战略管理提出了明确的内容。他认为企业战略影响和决定企业的基本长期目标与目的,选择企业达到既定目标所遵循的路线途径,并为实现这些目标和途径对企业已有资源进行最优化配置。20 世纪 80 年代,西方管理学界又先后出现了"决策学派"、"经验学派"、"社会学派"、"系统学派"、"经理角色学派"、"数理学派"等学派,表现最为突出的是 1981 年威廉·大内的《z 理论》。①

《辞海》中对战略一词的定义是:"军事名词。对战争全局的筹划和指挥。它依据敌对双方的军事、政治、经济、地理等因素,照顾战争全局的各方面,规定军事力量的准备和运用。"随着人类社会实践的发展,"战略"一词逐渐被应用到军事之外的领域。

"战略管理"一词最初是由美国企业家兼学者安索夫在其 1976 年出版的《从战略计划走向战略管理》一书中提出的。安索夫在 1979 年又专门写了《战略管理论》一书。他认为企业的战略管理是指将企业的日常业务决策同长期计划决策相结合而形成的一系列经营管理业务。

斯坦纳在他 1982 年出版的《企业政策与战略》一书中则认为:企业战略管理是确定企业使命,根据企业外部环境和内部经营要素确定企业目标,保证目标的正确落实并使企业使命最终得以实现的一个动态过程。

① 王方华,吕巍,《企业战略管理》,复旦大学出版社.1997 年版.

综上所述,战略管理是指建立一套可以指导企业全部活动的战略系统,其重点是制订战略和实施战略,其关键在于对企业内外环境的条件分析,并以此为前提确定战略目标,最终使内外环境与企业目标三者之间达成动态平衡。

11.2.1 战略管理的构成要素

战略管理由四种要素构成,即产品与市场范围、增长向量、竞争优势和协同作用。

(1)产品与市场范围

该要素说明企业属于什么特定行业和领域,企业所处行业中产品与市场的地位等。

(2)增长向量

增长向量又称成长方向,它说明企业从现有产品与市场结合向未来产品和市场组合移动的方向,即企业经营行动的方向,而不涉及企业目前产品市场的态势。增长向量指出了企业在一个行业里的方向,而且指出了企业计划跨越行业界线的方向,以这种方式描述的共同经营主线是对以产品与市场范围来描述主线的一种补充。

(3)竞争优势

该要素表明企业某一产品与市场组合的特殊属性,凭借这种属性可以给企业带来强有力的竞争地位。

(4)协同作用

协同作用指明了一种联合作用的效果,涉及企业与其新产品和市场项目相配合所需要的特征。

11.2.2 战略管理的特点

首先,战略管理从规模上来说具有全局性。企业的战略管理是以企业的全局为对象,根据企业总体发展的需要而制订的。它所管理的是企业的总体活动,所追求的是企业的总体效果。虽然这种管理也包括企业的局部活动,但是这些局部活动是作为总体活动的有机组成在战略管理中出现的。

其次,战略管理从时间上来说具有长远性。战略管理中的战略决策是对企业未来较长时期(5 年以上)内,就企业如何生存和发展等进行统筹规划。虽然这种决策以企业外部环境和内部条件的当前情况为出发点,并且对企业当前的生产经营活动有指导、限制作用,但是这一切是为了更长远的发展,是长期发展的起步。

第三,战略管理需要考虑诸多企业外部环境因素。当今企业都存在于一个开放的系统中,企业运行与发展受到许多不由企业自身控制的因素的影响。企业要使自己占据有利的竞争地位并获得竞争优势,必须充分考虑包括竞争者、顾客、资金供给者、政府等外部因素,而这些都是企业战略管理体系建立的重要基础。

第四,战略管理涉及大量内部资源的重新配置。由于企业战略管理具有全局性和长远性的特点,战略改革必然牵涉企业内部各个部门和各种资源。企业的资源一般包括人力资源、实体财产和资金。战略决策的制订需要以资源的有效配置为基础,战略实施需要由全面的资源支持。这就需要企业为保证战略目标的实现,对企业的资源进行统筹规划,合理配置。

11.2.3 战略管理的过程

(1)战略分析——了解组织所处的环境和相对竞争地位,评价影响企业目前和今后发展的关键因素,并确定在战略选择步骤中的具体影响因素

战略分析包括三个主要方面:其一,确定企业的使命和目标,它们是企业战略制订和评估的依据;其二,外部环境分析,战略分析要了解企业所处的环境(包括宏观环境、微观环境)正在发生哪些变化,这些变化给企业将带来更多的机会还是更多的威胁;其三,内部条件分析,战略分析还要了解企业自身所处的相对地位,具有哪些资源以及战略能力。

(2)战略选择——战略制订、评价和选择

第一步是制订战略选择方案,企业可以从对企业整体目标的保障、对中下层管理人员积极性的发挥以及企业各部门战略方案的协调等多个角度考虑,选择自上而下的方法、自下而上的方法或上下结合的方法来制订战略方案。第二步是评估战略备选方案。第三步是选择战略。即最终的战略决策,确定准备实施的战略。最后是战略政策和计划。制订有关研究与开发、资本需求和人力资源方面的政策和计划。

(3)战略实施——采取措施发挥战略作用,将战略转化为行动

主要涉及以下一些问题:如何在企业内部各部门和各层次间分配及使用现有的资源;为了实现企业目标,还需要获得哪些外部资源以及如何使用;为了实现既定的战略目标,需要对组织结构做哪些调整;如何处理可能出现的利益再分配与企业文化的适应问题,如何进行企业文化管理,以保证企业战略的成功实施等。

(4)战略评价和调整——检验战略的有效性

战略评价就是通过评价企业的经营业绩,审视战略的科学性和有效性。战略调整就是根据企业情况的发展变化,即参照实际的经营事实、变化的经营环境、新的思维和新的机会,及时对所制订的战略进行调整,以保证战略对企业经营管理进行指导的有效性,包括调整企业的战略展望、企业的长期发展方向、企业的目标体系、企业的战略以及企业战略的执行等内容。

综上所述,战略管理包括四个最主要的步骤:战略分析、战略选择、战略实施和战略评价,但实际上,一个良好的战略仅是战略成功的前提,有效的企业战略实施才是企业战略目标顺利实现的保证。

案例分析

南方报业集团的媒体发展历程

1949年10月13日,《南方日报》创刊,半个多世纪的沧桑岁月过去了,如今的南方报业已经成为一棵参天大树,深深扎根于广东这块充满热情和创造力的热土,成为中国报业大军中的一个响亮品牌。

随着市场经济的迅速发展,中国报业的竞争日趋激烈,新兴媒体日渐崛起,国外传媒巨头的挑战纷至沓来。中国报业的经营发展已经到了一个品牌竞争的时代。广东,作为改革

开放的前沿阵地,作为中国媒体事业的“先行者”,历来不缺创新的先锋和时代的弄潮儿。南方报业传媒集团便是其中的典型代表。从初创一家结构简单的党报媒体,到组建报业集团,再到传媒业集团、文化传媒集团,南方报业集团凭着对品牌的独特认知,打造了既具有时代特色,又具有强大市场竞争力的品牌平台。

品牌的建立已经迈出了坚实的一步,但是在这个“报业航母”的运行中,如何做好多个品牌之间的资源整合,以达到优化资源配置的目的呢?实施多品牌发展战略后,南方报业传媒集团也一直在思考这个问题。2003 年,董事长范以锦首次提出在集团管理框架下的报系结构的理论构想,即“集团—报系—子报”的业务管理结构,并与相继成立的“21 世纪报系”、“南方周末报系”和“南方都市报报系”,开始了中国首家报系运营的探索。

报系经营理念提出的基础是,南方报业传媒集团已经在报业竞争中取得了相当的成绩,在市场经营上已经摆脱了低层次的竞争,赢得了中层次的竞争,并逐步提升到了高层次的竞争上来。其目的既是由于资源整合的需要,也是为了更好地解决品牌管理的问题。通过实施多品牌战略,集团已经培育了在国内传媒市场上具有相当影响力的一组媒体子品牌,但是各个媒体子品牌的理念和形象是有所不同的。如何对这些强势品牌进行有效的管理,把不同的媒体品牌整合到南方报业的主品牌战略下,形成在集团主品牌领导下,各个子品牌交相辉映、相得益彰的效果呢?报系经营理念的提出很好地解决了这一问题。

通过报系的组建,集团各子报之间就形成了一个新的管理层次,使整个集团的管理架构和管理流程更加明晰,有效地解决了集团管理跨度等问题。三人报系迅速成为南方报业开拓媒体市场的三把利器,成为业务管理和业务扩张的三大平台,成为集团战略发展的三台强力发动机,为集团实施多品牌战略作出了积极贡献。

2003 年,各报系利用自身优势,掀起了一个子报、子刊创立的高峰,同时,三大报系的成立,也促使南方报业主品牌下不同的品牌集群的形成,三大强势的品牌集群和子品牌相互配合,成为在国内媒体市场上拱卫和维护南方报业主品牌的强大力量。

报系运营概念的提出,被传媒同行誉为报业运营的一大创举。南方报业传媒集团董事长范以锦认为:“报系的创立,是多品牌战略的一大发展,使南方日报报业集团的未来明确了方向,标志着南方日报报业集团的多品牌战略步入了一个全面提升、全方位提速的报系运营阶段!”

(周国分《创新力量——南方报业传媒集团发展历程回顾》)

11.2.4 战略管理的重要性

为增强媒体竞争实力,各地已先后组建了各类报业集团、广播影视集团、期刊集团和出版集团。各类媒体纷纷由原先单一、小型、分散、个体化发展,转型为综合、大型、联合、集团化发展及传媒集团超大规模、多元化产业经营。在此背景下,传媒集团领导者更需要对整个集团的长远发展目标、媒体定位、发展模式、资源整合与配置等作出科学的规划与设计,因此,引入战略管理对于当今我国传媒集团的发展具有重大意义。

11.2.4.1 战略管理的重要性

(1)具有全局性和权威性

传媒集团的战略管理是集团管理最重要也是最高层次的管理,集团内部的各种媒体、各种经营单位的发展规划、经营行为和资本运作等均应服从集团的发展战略,职能部门应围绕其开展具体管理工作,因此,传媒集团战略管理具有全局性和权威性。

(2)具有前瞻性和长远性

传媒集团的发展战略是对集团在未来较长时期生存和发展的全盘筹划,作为对传媒集团长远目标、发展方向的规定,战略设定的是集团的行动方针和基本步骤,因此具有前瞻性和长远性。

(3)具有纲领性和原则性

传媒集团战略管理是对媒体组织长远目标和发展方向的规定,战略设定的是媒体组织的行动方针和基本步骤,因而具有纲领性和原则性。

11.2.4.2 战略管理的必然性

(1)对媒体决策的支持作用

媒体组织的生产活动始终处于变动中,每天需要从组织最高层至最底层传递很多决策,有效的战略管理使决策范围有所限制,决策过程有所简化,便于决策的执行。

(2)增强媒体对外部环境的适应能力

媒体组织的外部环境是不断变化的,媒体组织的核心产品是关于处在不断变化中的事实报道。战略管理的一个重要环节就是评估外部环境对组织的影响,动态的战略管理可以使媒体成为开放的组织,保持对新闻产品的敏锐反应。

(3)有助于合理配置媒体组织的各种资源

在全媒体快速发展的趋势背景下,媒体组织的生产、沟通等各种资源也随之迅速拓展。战略管理通过对组织内部资源的科学配置,可以保证全媒体战略的顺利实施。

11.3 传媒集团化组建及运营

传媒集团的建立是我国传媒业业务归并和结构重组的重要举措与必经阶段,是适应国际市场日趋激烈的竞争,抓住机遇,迎接挑战的关键步骤,将对我国传媒业今后的发展产生积极的影响。

11.3.1 组建的条件

1994 年 5 月,国家新闻出版署就组建报业集团问题向全国发出通知,规定一不组织股份报业机构,二不吸收与报纸无关的企业、商业参加,三不组织跨省区报业集团。

1994 年 6 月,国家新闻出版总署在杭州召开全国首次报业集团问题研讨会,讨论了组建报业集团应具备五个方面的基本条件:有影响的传媒实力,较雄厚的经济实力,较充足的人才实力,较过硬的技术实力,较畅通的发行实力。

11.3.2 组建的模式

11.3.2.1 系列化模式

所谓系列化就是指在同一传媒层次上实现的平面联合,如报业集团由一张主报统辖若干系列子报构成;广电集团由若干分工明确的系列频道构成。

系列化传媒集团的优势在于有助于形成相对垄断的市场,使集团下的各个传媒用于市场竞争的代价降低,有助于细分市场的开发。由于集团的整合与协调,为了避免"左脚踩右脚"的市场定位的重复以及实现"多点支撑"的市场格局,传媒集团会有计划地将其统辖的传媒资源运用于细分市场的培养与进入。

系列化传媒集团的最大问题在于其资源的规模化利用效率比较低。构成集团的传媒同处在一个传媒类别层次内,因此,在内容资源的使用上,就有一个排他性的问题,不然就会出现简单重复的问题。此外,单一的媒介层次也不利于立体化地建构传媒的市场影响力和社会影响力。

系列化模式是传媒集团构造的较为初级的形式。南方日报是典型的系列化模式,在其旗下,有《南方日报》、《南方周末》、《南方都市报》、《21 世纪经济报道》、《南方体育》。目前南方日报报业集团总资产 12 个亿,每年营业额达 10 个亿,其中广告收入占到 50%,与发行、印刷及房地产等产业的总体收入相当。

11.3.2.2　一体化模式

一体化就是指在不同传媒层次上实现跨媒体的立体联合,如广播、电视、报纸、杂志、出版社以及网络等多种传媒形式所构成的媒体集团。

一体化模式的最大好处在于它充分考虑到了处在传媒"生态"不同层次上各类传媒利用市场资源的"多赢"特性,形成不同层次上分享市场资源的"立体化规模效应",就像现代化的石化企业对石油的综合利用可以产出多种类型的石化产品一样,一体化的传媒集团较之系列化的媒介集团,在资源利用的效率方面、在管理成本的节省方面、在传播影响力的合力倍增方面,有着后者无法比拟的优势。它是使处在传媒生态中的各媒介获得"多赢"的基本运营模式。

一体化模式是现代传媒集团的主流形式,如《科技智囊》的运作方式是创建品牌产品,然后形成杂志、报纸、电视、网站、书籍媒体产业链。这种模式拓展了传统媒体的经营方式,由"单一的媒体运作"发展成为"以媒体产品为品牌,向相关产业纵深发展,形成媒体产业链,从而产生多个赢利点"。其分布在"显性资源"(媒体链)以及"隐性资源"(媒体产业链)中,就好比一座冰山,浮在水面上的仅仅是冰山的一角,这就是媒体品牌,它包括报刊、丛书、网络、电视等表现形式。在它之下,还有一个庞大的支撑体系,不但为媒体品牌提供产业支撑,还为其提供内容上的支撑,这就是我们所说的媒体产业链,它包括咨询、公关、会展、CIS 设计、调查培训……从某种意义上说,这个产业链是可以无限扩张的,是媒体的延伸服务。通过一体化模式,《科技智囊》创造了改版当年盈亏打平的奇迹。

11.3.2.3　多元化模式

多元化就是指传媒集团的资源链接已经超出媒介行业自身,在更大的(跨行业的)范围内来寻找和链接有助于自己"做大"、"做强"的资源,并结合成"命运"共同体。

如广州日报报业集团拥有 14 家子报子刊,《足球报》、《新现代画报》、《南风窗》已是全国知名报刊;报业集团下属 7 家子公司,经营范围涉及房地产、报刊发行、印刷、连锁店、电子商务、图书业、酒店业、广告业;报业集团还拥有广州出版社。广州日报报业集团成立于 1996

年,1999 年固定资产达 36 亿元,2000 年广告总收入 13 亿元。

11.3.2.4　其他模式

除了这几种模式外,传媒集团在进行扩张、增加经营范畴的过程中,还会呈现出三种扩张组建模式。

(1)纵向扩张:渗透上下游产业

传媒纵向扩张指的是处于传媒产业链不同环节之间所发生的扩张,比如电视内容提供商与频道经营商之间的互相扩张,报纸出版商与新闻纸企业之间的扩张,或者是报纸出版商与发行商的扩张等。传媒纵向扩张亦可称为纵向一体化,它包括两种一体化的形式:传媒产业链的下游环节向上游环节扩张的后向一体化,比如报纸出版商向新闻纸行业渗透,电视内容提供商投资有线电视网络等;另一种是传媒产业链中的上游环节向下游环节渗透的前向一体化,这和后向一体化的扩张顺序正好反过来,如报纸出版商向发行行业扩张等。

(2)横向扩张:谋求市场份额

传媒横向扩张指的是在同一市场、同一传媒产业链环节内发生的扩张行为。传媒横向扩张的速度、规模与竞争环境的演变有着极为密切的关系。当代媒介以跨国资本的方式形成全球性的消费意识,其文化霸权话语渐渐进入国家民族的神经之中,导致很多国家受众和广告主的需求相对趋同。有线电视、卫星电视、互联网等媒介新技术也以加速度的形式在全世界迅速扩散。信息产品生产、传播的跨国化使全球媒介市场表现出前所未有的统一和集中的趋势,对媒介经营的规模、资本、灵活、创新等要素提出了更高的要求。在充满不确定性因素的全球化媒介市场里,很多传媒需要持续不断地进行横向扩张增强赢利能力,占据强势地位。

(3)混合扩张:跨行业多元化发展

传媒混合扩张是指发生在不同市场、行业之间的扩张行为。混合扩张又可以分为三种类型:跨传媒扩张型、地域市场扩张型和纯粹混合扩张型。地域市场扩张型扩张涉及在不重叠的地理区域上从事经营的两个或多个传媒,绝大多数的跨国传媒扩张都可以看作地域市场的扩展。《宿迁日报》加盟新华日报报业集团可以看作国内党报地域市场扩张的典型,并受到了有关主管部门的高度重视。纯粹的传媒混合扩张所涉及的是传媒产业与其他产业的扩张,双方从事的是不相关的经营活动。人们通常所说的传媒混合扩张大多指的是纯粹的混合扩张。

从传媒混合扩张的实践来看,跨传媒扩张和地域市场型扩张成功率相对较高,这也是传媒技术和市场发展所必需的。近年来,传媒赖以生存的传播渠道随着科技的发展不断更新,网络被誉为“第四传媒”不过短短数年,通过手机终端提供的移动应用服务、数据广播、网络电视等又在争夺“第五传媒”的称号,传统传播渠道的地位面临着严峻的挑战。当新的传播渠道出现并逐渐普及时,依靠传统传播渠道的传媒的用户使用率随之下降,利润不断收缩,传媒的生存受到了威胁。这时作为传媒可以采用混合并购的方式,将新兴传播渠道纳入旗下,逐渐实现传媒转型。

11.3.3　运营特征

在传媒集团运营过程中,一个最为重要的概念就是“整合”。中文“整”含有整理、调整之意,“合”有综合、结合、合融之意。《新汉语大词典》中“整合”意为“整理、调整并重新建构的组合”。“整合”的英文“Integration”含有补充、使之完整、一体化之意。黄宏伟先生从哲学意义上给“整合”定义为:“所谓整合,是指系统的整体性及系统核心的统摄、凝聚作用而导致的使若干相关部分或因素合成一个新的统一整体的建构、序化过程。也可以顾名思义定义为整体的综合统一。”实质整合就是整体对部分的统摄、凝聚,使整体形成一种自组织性,具有自我生长、发展、协调的能力。

尽管现实中每个传媒集团的实际情形大不一样,整合经营的模式可以呈多元化发展态势,但整合是一种必然的选择,而且实质整合才是整合的核心。实质整合与形式组合本质的区别就在于是否实现了资源的有效重组,是否实现集团本应该达成的规模经济效益。实质整合是传媒集团经营整合的根本趋向,形式的组合必然要走向实质的整合。

11.3.3.1 集团化背景下传媒经营的实质整合

(1)观念整合

观念是一种内在的推动力,一种超越的意识。如果没有实质整合的观念,就无法对经营进行实际的完全意义上的实质整合。针对我国传媒集团内部高层惯有的行政化思维,我们提倡首先要树立市场化的整合意识、效益观念,因为我国传媒集团成立之后,依然存在着各种复杂关系有待理顺,观念上的“补课”是至关重要的。

(2)行为整合

行为整合是对观念整合的一个行动的回应,主要包括组织结构的整合和经营运作方式的整合。组织机构整合主要是解决机构的扁平化、一体化,如传媒集团成立后,相继整合原来各子报、频道分散的经营部门。经营运作方式整合主要包括生产、管理与经营的流程整合与再造,媒介的生产环节很多,由于观念、机构、利益分配等多方面问题,各自为政、缺乏统筹的情况比较普遍,因此,有必要在观念整合、机构整合的基础上,在流程设置上进行周密的筹划部署,并加强监控提高综合管理水平。

(3)资源整合

资源整合主要包括受众资源整合、节目(版面)资源整合、人力资源整合和客户资源整合。受众资源是媒介最基础的资源,它是传媒经营的直接基础。受众资源的整合常和节目(版面)资源的整合结合在一起,因为在不同的节目(版面)后面支撑着的是各具特色的细分受众。传媒集团经营的实质整合要求根据客户具体需求来整合各个子媒体的受众资源和节目(版面)资源,通过资源重组,使资源得到合理的优化配置,形成集团经营的规模优势。如好莱坞影音产品的“窗口”发行策略就是对传媒现有资源的深度加工,充分发挥资源的最大化效益,从而使传媒获得更大的利润空间。

(4)环境整合(又称关系整合)

环境整合是为了给传媒集团广告经营的实质整合提供一个良好的环境和平台,同时为实质整合的广告经营创造一个优化的生态环境。传媒集团广告经营实质整合中的环境整合主要有内部环境(关系)的整合和外部环境(关系)的整合。内部环境(关系)的整合即协调处理好各部门、各子媒体之间的关系,处理好广告与采编、广告与多种经营等各个层面的关系。外部环境的整合是把传媒集团作为整个市场经济的一环来经营,要密切关注竞争对手,了解自己所处的市场环境、社区环境,开展多层面公关,避免自相残杀、恶性竞争,达成互惠互利、和谐共融的良性增长效应。

11.3.3.2 **实质整合——整合成本与整合利益的冲突与协调**

整合,可以使传媒集团获得更好的规模经济效益;整合,可以增强集团的核心竞争力。但是否所有的整合都迈向成功的彼岸?整合固然重要,但整合过程本身也需付出各种成本。整合过程中就是利益的冲突与相互博弈的过程,尤其我国传媒集团的组建通常是行政权力调配的结果,权力的再分配与利益的冲突贯穿整合过程的始终。如果付出的成本大于收益,整合将是得不偿失的,因此整合要协调整合成本与整合利益的冲突。实质整合就是要从理念、资产、组织机构到业务流程、营销网络等各个方面进行分析,衡量已经进行的整合是带来了更多的整合利益,还是导致了更大耗散成本的发生,要使整合利益大于整合成本。

(1)传媒集团的整合成本

1)整合方案成本。整合方案涉及对传媒业务、资产、资本等多方面的调研、分析和决策过程,尤其涉及我国传媒对资产和品牌的评估,需要科学的调研和评价体系,由此产生了整合方案的成本。

2)传媒治理成本。传媒集团组建后,需要重新构建集团的管理体制,进行组织再造;要改革薪酬制度,健全激励与约束机制等。所有这些,除了配备人员、明确职权外,还要支付相当的整合成本。

3)传媒管理成本。集团的组建降低了内部之间的交易成本,同时集团内部的管理层次增加,并且人员认识的差异导致对新制度的耦合成本增加,管理冲突将会使内部潜在交易增多,效率可能降低。

(2)传媒集团的整合利益

整合利益主要体现在传媒集团可能产生以下几方面的协同效应:

1)经营协同效应。如规模经济效益的取得、集团内部专业化分工、销售市场和售后服务的协调使得经营成本得以降低。《深圳特区报》与《深圳商报》合并后,每年因经营的协同而节约的竞争成本将有两亿元。

2)财务协同效应。大规模的集中采购将会降低企业的生产成本,如上海文广集团成立后,当年就节约采购电视剧费用1200万元;通过组建集团财务公司,便于集团内部的资金的结算与管理,提高了资本的利用效益等。

3)发展协同效应。集团可以在技术、市场、专利、产品和管理等方面实现资源共享,取长补短,有效地降低了集团发展的风险,降低了进入新行业的壁垒。

★思考题

1. 我国传媒集团化经历了哪几个大的历史发展阶段?

2. 何为"整合",传媒集团化背景下,经营的实质整合包括哪些方面?

12 传媒资本运营

导言

本章学习目标

1. 了解传媒资本运营的现状，认知资本运营的相关概念。

2. 通过对案例的分析，了解传媒市场中兼并与收购行为的操作方式。

本章重点

1. 传媒资本运营的现状。

2. 传媒市场中的相关行为规则。

本章难点

传媒资本市场的兼并及收购。

12.1 传媒资本运营概述

12.1.1 传媒资本运营的概念

在我国,资本运营是近几年才兴起的一个概念。资本运营、资本经营、资本运作,一般指的是同一个意思。对于这一概念,学者们从不同角度和领域,对其做了各有侧重的诠释。综合多种观点,我们认为,资本运营实质是企业经营者对企业资本(企业拥有的各种生产要素和社会资源)的运筹、谋划和配置的手段,包括中介机构的策划、融资,企业的兼并、收购和重组,以及产权在不同经济主体之间的流动、交易、租赁等一系列活动。其目的是实现资本的最大化增值,提高企业的竞争力。

传媒产业的资本运营就是要通过传媒各种资本的优化配置,来实现传媒资本的增值。具体来讲,传媒资本运营就是将媒体所拥有的可经营性资产,通过价值资本的流动、兼并、重组、参股、控股、交易、转让、租赁等途径进行运作,优化媒介资源配置,扩张媒介资本规模,进行有效经营,以实现最大限度增值目标的一种经营管理方式。

传媒资本运营是市场经济发展到一定阶段的必然产物。西方发达国家的传媒企业经营管理大体上经历了三个阶段:产品经营、商品经营和资本经营。资本经营作为一种现代经营理念,与产品经营和商品经营相比,有以下几个特点:

1)传媒资本运营的对象不是具体的媒介产品,而是证券化了的或者可以按证券化操作的股票或者股权,以及其他可以转化为股权、股票的有形资本和无形资本。传媒资本运营还包括将资本运营原则和方法用于媒体的生产管理之中,进行生产经营。

2)传媒资本运营可以突破原有的产品经营和商品经营的单一性,实现全方位的多元化经营,同时可以实现跨地区、跨行业的经营。

3)传媒资本运营更强调资本的保值、增值,更注重市场需求和资本的回报率。

4)传媒资本运营与商品经营不同,具有裂变、扩张、跳跃、大跨度的发展特点。

5)传媒资本运营的形式和手段多种多样。

12.1.2 传媒资本运营的必要性

传媒进行资本运营的前提是传媒的产业化。传媒市场作为一个相对独立的市场,一方面有传媒业特有的上层建筑和意识形态的特点,另一方面也需要尊重市场经济规律,实现传媒企业化经营管理。

在当前媒体竞争日趋激烈和文化体制改革不断深化的条件下,传媒进行资本运营的迫切性和必要性主要表现在以下几个方面。

(1)资本运营是传媒竞争不断加剧的必然选择

中国的传媒市场基本是地区垄断,一个地区的传媒市场由当地的少数几家传媒垄断,是较为典型的寡头垄断。但近年来传媒市场出现了一些新趋势,跨地区经营在一些地方取得了成功，业外资金进入了传媒业，这使传媒的市场竞争进一步加剧。这种竞争不但体现在不同传媒之间，也体现在同一传媒之间。可以看出，传媒市场正朝着垄断竞争的方向发展。在严峻的竞争形势面前，传媒之间打起价格战，依靠规模优势将竞争对手打垮。要扩大规模就必须有资金来源。目前绝大部分传媒是依靠自身的积累来扩大规模，但这种方式速度较慢。融资最好的方式就是资本运营和上市，它能使媒体在较短时间内聚集起大量资金，实现规模的迅速扩张。

从国际形势看，中国加入 WTO 后，境外的跨国传媒集团正通过各种方式向国内渗透。据统计，获准在境内落地的国外电视频道已有三十多个，经营规模前十位的杂志大部分有外资的进入，多家国际传媒集团在中国设立了办事机构。现在的形势可谓“山雨欲来风满楼”，中外传媒的直接较量是不可避免的。与国外传媒集团相比，国内的传媒集团在技术、实力、人才等方面均处于劣势。面对外来媒体的入侵，国内传媒要有“一万年太久，只争朝夕”的危机感和紧迫感，加快发展，做大做强。在目前情况下，通过资本运营实现规模的迅速扩张，是发展国内传媒的客观要求和必然选择。

(2)资本运营是传媒集团深化改革的必然要求

早在改革开放初期，传媒业就开始了“事业单位企业化管理”的改革之路。经过多年的改革和发展，传媒业取得了快速发展。20 世纪末，传媒业又开始了集团化改革，在短短几年时间里相继组建起几十家传媒集团。在文化领域中，传媒业的改革是最深入的，取得的成绩也是最大的。但也应清醒地看到，当前的传媒集团化改革存在很多问题，存在着形式主义倾向，突出的表现是：多数传媒集团实际上是“翻牌集团”，挂牌之前与挂牌之后，集团体制、经营机制、报纸质量、广告收入和发行量并未发生实质性的变化。大众报业集团进行的“两分开”改革，代表了传媒集团改革的方向。但因为“两分开”改革涉及重大范围的利益调整，其面临的阻力也是很大的。经济学家张维迎把国有企业在原来基础上的改制形容为“破麻袋上绣花”，这形象地说明了在体制内的改革难以获得实质性的进展。同国有企业改革一样，传媒集团的改革若只在体制内做文章，一是难以取得理想的效果，二是带来的阻力也会很大。

传媒集团的改革要想获得成功，必须跳出现有体制的框架，构建起新的体制平台，在新的体制平台上进行治理结构、运行机制和企业文化的创新。国有企业改革的实践经验证明，通过资本运营实现投资主体多元化，是建立新的体制平台的有效手段。传媒集团的改革也应参照国有企业改革的模式，以资本运营为手段，在事业单位之外，构建起适应市场经济发展要求的经营性传媒企业。在这个新的体制平台上，建立现代企业制度，并形成更加有利于传媒发展的运行机制和企业文化，同时以体制外改革带动体制内改革，从而全面深化传媒集团的改革，提升传媒集团的核心竞争力。

(3)资本运营是盘活传媒资产的重要手段

经过多年的建设和发展，传媒集团已积累起一定规模的资产。全国最大的传媒集团（中国广播电视集团）资产总值已有两百多亿元，一般省级的传媒集团资产规模也在十几亿甚至几十亿左右。这些资产一部分是传媒集团核心业务（采编、广告、发行、节目制作与传输等）所必需的资产，另一部分被非核心业务（印刷、物业、写字楼、星级酒店等）占用。核心业务是传媒集团创造利润的主要源泉，非核心业务在传媒集团经营收入和利润中只占有很小的比重。这使传媒集团资产结构表现出以下特点:优质的经营性资产较少,而大部分资产运作效率不高。另外,与其他行业不同的是,传媒靠的是社会影响,其无形资产十分巨大,甚至超过有形资产。按照《公司法》的规定,公司上市无形资产可占总资产的20%。在某一特定行业,尤其高新技术可以占到50%。到目前为止,只有极少数传媒集团进行了无形资产评估,还没有传媒集团对无形资产进行有效运作。

资本运营是盘活传媒集团有形和无形资产的重要手段。首先,通过资本运营(发起设立、重组、兼并、联合等方式)能够将传媒集团创造利润的主营业务同非主营业务的资产有效结合起来,盘活不良资产,从整体上提升集团资产的运作效率。其次,通过资本运营(股票上市和溢价发行)等方式,不但能够募集大量资金,而且还可以使集团的资产迅速增值。第三,通过资本运营(无形资产证券化),可以把传媒集团重要的无形资产变成有形的资源,使传媒集团的这个"金字招牌"发挥出应有的效用。

12.1.3 传媒资本运营的可行性

传媒资本运营不但是十分必要的,也具备了一些必需的基本条件,主要表现在以下几个方面。

(1)文化体制改革的战略部署为传媒资本运营创造了良好的政策环境

党的十六大把文化体制改革作为一项重要的战略任务进行部署,十六届三中全会进一步提出了深化文化体制改革的具体要求。负责文化宣传工作的中央领导李长春同志多次对深化文化体制改革作出重要指导,明确提出:"文化发展必须适应社会主义市场经济的要求,与时俱进,开拓创新,一切妨碍文化发展的思想观念都要坚决冲破,一切束缚文化发展的做法与规定都要改变,一切影响文化发展的体制弊端都要坚决革除。"发展文化事业是全面建设小康社会的一项重要内容,文化体制改革和文化事业发展面临着重要的历史机遇。

传媒业是文化事业的重要组成部分,与文化领域的其他行业相比,传媒业的改革一直走在前面。"事业单位企业化管理"的成功经验,以及集团化改革的热潮,使传媒成为文化事业和文化产业中"耀眼的明星"。这些因素使传媒业的改革成为文化体制改革的"排头兵"和"试验田"。中央会出台一系列的政策措施鼓励传媒业的改革、扶持传媒业的发展。即使中央没有明确的政策,传媒业的改革创新举措也会得到认可和肯定(当然是在不违反国家大政方针的前提下)。

资本运营是国际企业生存和发展的基本手段之一,近年来也为国内企业普遍采用,在市场经济条件下具有充分的合法性。中央对传媒集团的资本运营基本还是持鼓励态度,在现有的相关政策上,传媒资本运营是被允许的。但也有许多限制,随着传媒业改革的进一步深入,中央很可能会挑选几家传媒集团作为资本运营的试点,从而为文化体制改革打开突破口。在这样的背景下,传媒集团进行资本运营具有良好的政策环境。谁率先尝试,谁就可能获得政策的支持并取得成功。

(2)传媒进入资本市场的时机已比较成熟

从资本市场的角度来看,我国的证券市场将要进行结构化调整,上市门槛将进一步降低,准入规则将从审批制转为备案制。未来股票上市最重要的条件就是赢利预期。资本市场最重要的一条原则就是鼓励新兴行业,哪个行业新,哪个行业有前途就对资本市场越有吸引力。传媒业是我国一个重要的新兴产业，多年来增长速度是GDP增长速度的2倍以上，在第三产业中仅次于电信业。我国整个传媒市场的规模已超过1000亿元，从1998年起传媒业连续三年保持了25%的增长速度，利税总额已超过烟草业，成为国家第四大利税产业。这对资本市场有着巨大的诱惑力。

一些国内传媒集团在资本运营和股票上市方面进行了有益尝试。如上海电视台等单位发起设立的东方明珠、中国国际电视总公司等单位发起设立的中视股份、湖南电视台等单位发起设立的电广传媒、成都商报社等单位发起设立的博瑞传媒、人民日报社等单位发起设立的华文集团、北京青年报等发起设立的歌华在线等。这些传媒集团通过股票上市募集了上亿的资金，大大提高了经济实力。2001年中国证监会已将传媒与文化产业定为上市公司13个基本产业门类之一，其下含出版、声像、广播电影电视、艺术、信息传播服务业5个大类。这种分类对我国的传播文化业究竟能不能上市已经给了明确的答复，对推动我国传媒业进入资本市场将具有十分深远的影响。

(3)在严格的政策管制下传媒资本运营仍有文章可作

为了保证党对媒体的绝对控制，国家对传媒在资本运营设置了一些政策性障碍，如民间和国外资金不能进入传媒的核心业务(采编、广告等)、进入传媒的业外资本不能掌握经营决策权等。从发展的角度看，这些政策具有一定的局限性。随着传媒业改革的不断深化，这些政策管制将逐渐放宽。即使是在当前严格的政策管制下，传媒资本运营仍有文章可作的。

首先，传媒集团“两分开”改革为资本运营开辟了空间。以大众报业集团为试点的“两分开”改革，把宣传和经营从体制上分开，宣传和经营各有自己独立的决策机构和决策程序。宣传决策由集团编委会负责，严格按照党的宣传方针和政策，确保正确的舆论导向。经营决策由集团董事会负责，按照市场规律运营集团资产，保证国有资产保值增值。“两分开”改革使传媒集团的宣传业务和经营业务中间有了隔离墙，宣传业务能够不受经营业务的影响。这样，即使业外资本进入了集团经营业务，它也不能对舆论导向产生影响。传媒集团进行“两分开”改革后，经营领域就从事业单位母体中分离出来，成为一个纯粹的经营性企业。由这样的一个企业进行资本运营不存在多大的政策障碍。

其次，政策性障碍可以通过技术性操作进行规避。目前的政策规定：传媒核心业务(采编和广告)不允许业外资本进入。传媒集团的主要利润来源就是核心业务，这是传媒集团进行资本运营的最大政策性障碍，而这个障碍是可以通过一定的技术性手段进行规避的。按照有关法律规定，产权是四种权利的合一，即资产的占有权、处置权、收益分配权和表决权，这四种权利是可以相互分离的。按照国家政策规定，传媒核心业务资产的占有权是不能出让的，它只能是国家所有。在这个前提下，其他三种权利是有灵活性的。传媒资本运营的核心问题是资产处置权，通过对处置权的技术性处理可以绕开政策性障碍。具体讲就是，传媒集团把广告(版面、时段)处置权改成租赁权，租给传媒经营性企业一定年限，在这些年限内传媒企业有权处理和运作，这在法律上完全说得通的。传媒企业对这些资产的处置权进行评估作价，把资源资产化，再通过扩股融资以及溢价发行等方式，把资产证券化。这样处理不但集团核心业务的有形资产可以增值，巨大的无形资产也可以通过资本市场变现。

第三，一些传媒企业上市为传媒集团资本运营提供了经验。现在国内传媒企业上市的方式主要是两种：一是多家单位共同发起设立一家股份公司并直接上市，二是通过买壳上市。它们上市基本都是在管制政策出台之前，而且基本没有涉及传媒核心业务，这与当前传媒集团的资本运营有不同之处。但它们的一些成功的要诀以及失败的教训都是值得借鉴的，它们的尝试为传媒资本运营提供了宝贵的经验。

12.1.4　传媒集团资本运营战略步骤

传媒集团实施资本运营战略，必须采取以下几项战略性步骤：

(1)发起组建一个股份公司

资本运营的关键是股票上市，要上市就必须有一个具有进入资本市场资格的主体，即股份公司。目前传媒集团的经营性公司都是有限责任公司，这些公司都不能作为上市的主体，必须组建一个股份公司作为资本运营的主体。所要组建的股份公司必须具备两个条件：一是资本达到一定规模，这样才能融集较大规模的资金。二是集团核心经营业务要进入，即广告和发行业务要成为股份公司的主营业务，这样才能对资本市场有吸引力。股份公司可由集团的广告公司、发行公司、印务公司等经营性公司共同发起设立，也可吸引战略投资者，实现第一次融资。

(2)聘请一家证券公司对股份公司进行上市辅导

这个证券公司要具有较高的资质水平，并最好有运作传媒上市的经验。另外，还要成立一个专门的上市工作小组，由熟悉集团经营工作的内部专家和高水平的经济师、会计师和律师组成，负责与证券公司一起设计上市方案，并完成上市所需的各项准备工作。

(3)制订集团长期发展规划，确定重点投资方向

上市融资不是最后的目的，融资还是为了事业的发展。要在组建股份公司、准备上市的同时，研究制订传媒集团五年甚至十年发展规划，确定重点投资的方向。筹资后的投资项目是股份公司上市必须确定的，也是影响筹资效果的因素之一，因此，要根据集团的发展规划确定股份公司的发展规划，根据集团的投资方向确定股份公司的投资方向。从全国目前的情况看，传媒集团搞多种经营成功的先例不多，绝大部分投资成了劣质资产。所以，传媒集团仍要集中力量做媒体，信息技术和内容服务也是适合传媒集团投资的领域。

12.2　我国传媒资本运营现状

12.2.1　传媒业的相关政策分析

大众传播媒介具有两重性，即经济属性与政治属性；与其相适应，传播媒介具有两种功能，即产业功能和喉舌功能。媒体的政治(社会)属性一直被放在最突出的地位，由此决定了广播、电视、报刊等大众传媒作为党和国家的重要喉舌。这就使得一直以来，传媒业相对于其他行业而言，计划经济色彩极为浓厚，行业政策性壁垒严密。对于传媒这一独特的行业来说，对国家现有相关政策及其未来走向的理解和把握是至关重要的。

随着体制改革和市场经济的逐步深化，我国传媒业在发挥喉舌功能的同时，从 20 世纪 50 年代中期到 70 年代末期，我国传媒的基本产权制度，实行的是被称作“全民所有制”的公有制。这一制度沿用了前苏联和东欧国家的管理体制。其具体理论则来自列宁的出版自由

理论,也开始注重经济效益,进行产业化、市场化经营的探索。就目前而言,不同媒体领域依照自身性质与影响的不同,其对系统外资金的开放程度也各不相同。

(1)平面媒体政策相对宽松,近期可能面临政策突破

作为平面媒体的报纸与杂志,数量众多,相对于广播电视来讲,单张报纸或单份杂志所具有的传播影响力相对较小,特别是随着报刊业经营体制改革,以及人民物质、文化生活水平的不断提高,20 世纪 80 年代末以来,一个以中心城市为地域特征的新兴媒体群落蓬勃发展。从报道内容上看,这些报刊都属于城市生活服务类、文化休闲类及新型综合性晚报类,较少涉及意识形态领域,敏感度较低;从经营上看,这类报刊贴近读者,市场化程度较高。因而这块媒体政策相对宽松,也是包括上市公司、外资在内的系统外资金集中介入的领域。2010 年 1 月 4 日,新闻出版总署印发《关于进一步推动新闻出版产业发展的指导意见》,该文件再次细化了非公有资本参与新闻出版产业的方式和渠道。很快,同年 7 月 6 日,由财政部等各个部门批复正式成立了额度达到 100 亿元的中国文化产业投资基金。随着以后发展,这个额度还会不断提升,为传媒产业资本市场注入了一针强心剂。

(2)广播电视领域限制依然较紧

一直以来,与报刊相比,电视领域的政策壁垒更严密,其开放进程也明显慢得多,这主要源于电视传媒巨大的影响力和广泛的覆盖面,以及本身相对稀缺的资源。根据《广播电视管理条例》规定,广播电台、电视台由县、不设区的市以上人民政府广播电视行政部门设立,其他任何单位和个人不得设立广播电台、电视台。国家禁止设立外资经营、中外合资经营和中外合作经营的广播电台、电视台。因此,目前而言,系统外资金和电视的合作仅仅停留在制播分离和买断单一节目或时段的广告代理资格两方面,难有进一步的突破。在目前的政策环境下,在电视领域系统外资金机会并不太多,而电视台通过资本运作改制上市仍处在试点阶段,步伐相当慢,因此目前对于系统外资金及证券市场而言机会有限。

此外,关于网络媒体,尽管相关政策限制较少,但由于缺乏赢利模式,以及壁垒太低导致竞争过于激烈,目前缺乏良好的投资机会。而对于跨媒体平台,由于涉及各媒体资源之间的整合,以及与政策面的相关度更高,因而将主要在以广电部门为主的传媒系统内进行操作。一些具有广电系统背景的上市公司在构建跨媒体平台上有着较大的优势,有关这方面将在后文进一步论述。

12.2.2 传媒资本运营现状

新中国成立初期我国媒体是按企业化管理的。当时政府通过公私合营等方式,对少数民办的报纸进行了社会主义改造,建立起了在中国共产党集中领导下,由各级党委机关报、部队报、行业报、民众团体报和民主党派报共同组成的社会主义报业体系。国家确立了计划经济之后,报纸的经营管理也开始按计划经济的模式运作。这种所有制方式确立了新闻媒体的"事业单位"属性。与其他事业单位一样,新闻传媒经费按主管部门核定的预算,逐月或逐季拨付,统由国库开支。基建和增添设备的费用,另行申报,专款专用。1994 年,国家主管部门表示传媒可以组建传媒集团。1996 年,中宣部批准《广州日报》挂牌作为全国第一家报业集团试点,从而拉开了传媒集团化的序幕。截至 2003 年 6 月,经新闻出版总署正式批准成立的 39 家报业集团,共拥有报纸 271 种,占全国报纸种数的 12.7%,但平均期发量占全国

报纸平均期印数的33.6%；总资产共计384.46亿元，超过报业资产总量的三分之一；广告营业总额为133.07亿元，占报业广告总营业额的70.6%。

中国第一家省级的广播电影电视集团于2000年12月底在湖南宣告成立。此后，北京、上海、山东、江苏、浙江、四川、广东等的广电业相继重组，全国广电集团达到十余个。其中，规模最大的是2001年12月6日成立的中国广播电视集团。该集团由中央电视台、中央人民广播电台、中国国际广播电台、中国电影集团公司、中广影视传输网络有限责任公司、中国广播电视互联网站等六大主体单位组成，合并之初，中国广播电影电视集团有员工两万多人，固定资产214亿元，年收入111亿元。集团化已成为20世纪90年代中后期以来我国传媒改革的主旋律，传媒集团成为传媒经济的主力军。

1999年7月28日的《上海证券报》披露，上市公司四川电器的国家股股东成都市国有资产管理局将其持有的公司国家股3014.467万股（占公司股份总数的41.68%）中的2000万股（占公司股份总数的27.65%）转让给成都博瑞投资有限责任公司，转让价格为每股2.68元。转让该部分股权后，公司总股本不变，成都博瑞投资有限责任公司成为公司第一大股东，其股权性质为法人股，而博瑞投资有限责任公司的控股方则是成都商报，这实际上等于成都商报间接上市。经历了一系列的资产重组后，博瑞传播基本剥离了缺乏赢利能力的电器制造类资产，传媒资产比重由过去的40%左右提高到了90%以上。《成都商报》收购四川电器，采用了资本运营中"借壳上市"的策略，实现了报业资本经营的边缘突破。传媒的资本经营给传媒的快速扩张提供了强大的资本后盾，使其规模扩大，有利于降低企业单位成本，实现规模经济，增强报业与国际传媒的竞争力。虽然有政策风险，以《成都商报》为代表的报业资本经营的大胆突破，并未遭遇政府管理机构的批评和禁止。此次边缘突破为报业以及其他传媒的资本经营打下坚实基础，也引起其他传媒积极参与资本运作。

2001年，上海强生（600662）斥资1.6亿发起组建上海强生传媒创业投资有限公司，经营范围为传媒的股权投资和经营、宽带网络的投资和经营、纸制媒体的发行、多媒体的广告经营等。巴士股份（600741）与《上海商报》共同组建上海商报文化发展有限公司，上海商报也实行"借壳上市"，"巴士股份"持有《上海商报》五成权益。

中办发[2001]17号文件明确提出，"严格实行行业准入和许可制度"，"新闻传媒由国家主办经营，不吸收外资和私人资本。根据事业发展需要，报业集团、出版集团、广电集团的新闻宣传部门经批准可在新闻出版广播影视部门融资，其经营部门（报刊的印刷发行和广电的传输网络等）经批准可以有限责任公司或股份有限公司的形式，由集团控股，吸收国有大型企事业单位的资金，但投资方不参与宣传业务和经营管理。"

但这一政策正在松动。2003年12月31日，国务院颁发了《文化体制改革试点中支持文化产业发展的规定》和《文化体制改革试点中经营性文化事业单位转制为企业的规定》两个重要文件，文件指出："党报、党刊、电台、电视台等重要新闻传媒经营部分剥离转制为企业，在确保国家绝对控股的前提下，允许吸收社会资本；国有发行集团、转制为企业的科技类报刊和出版单位，在原国有投资主体控股的前提下，允许吸收国内其他社会资本投资；广播电视传输网络公司在广电系统国有资本控股的前提下，经批准可吸收国有资本和民营资本。鼓励、支持、引导社会资本以股份制、民营等形式，兴办影视制作、放映、演艺、娱乐、发行、会展、中介服务等文化企业，并享受同国有文化企业同等待遇。"

随后的"新闻出版总署关于印发《关于贯彻落实〈关于深化新闻出版广播影视业改革的若干意见〉的实施细则》的通知"则打破了传媒投资的只允许"国有资本"进入的限制,认同"各类资本"都可以参与传媒经营,拓宽了传媒投融资渠道。2003 年 6 月份开始文化体制改革,中央规定了 9 个省、35 个试点单位进行试点,至今试点已经两年多时间,试点单位的范围和区域必将扩大。这一次对于传媒来说是自上而下的改变。

伴随着传媒"事业与企业"两分开的文化体制改革,我国传媒市场上将存在两类性质不同的传媒企业,一类是通过各种途径转制的国有传媒企业,另一类是由各类社会资本以股份制、民营形式投资于影视制作、放映、演艺、娱乐、发行、会展、中介服务等传媒文化产业形成的民营传媒企业、股份制传媒企业、中外合资、合作的传媒企业。其中,转制的国有传媒企业,主要包括国有科技类报刊、出版社和国有报刊发行公司、国有影视节目制作公司,国有书业发行公司、各类国有传媒广告公司等,这些国有传媒企业将与民营传媒企业、股份制传媒企业、中外合资、合作的传媒企业一样,实行"自主经营、自负盈亏。自我约束、自我发展"的经营机制,转变成为我国传媒市场上独立的市场主体,其市场主体地位也随之得以确立。

2005 年 3 月 20 日,在"中国国际广播电视信息网络展览会(CCBN)"上,国家广播电影电视总局副局长张海涛表示:"我们也在想调整产业政策,在国内市场上培养几个大的市场主体,并在网络领域向民营经济开放。"2005 年 8 月国务院发布《关于非公有资本进入文化产业的若干决定》,允许非公有资本进入出版物印刷、可录类光盘生产等文化行业和领域,还可参股出版物印刷、发行,新闻出版单位的广告、发行,广播电台和电视台的音乐、科技、体育、娱乐方面的节目制作,电影制作发行放映,可以建设和经营有线电视接入网,参与有线电视接收端数字化改造,但在这些文化企业中,国有资本必须控股51%以上。非公有资本可控股从事有线电视接入网社区部分业务的企业。但非公有资本不得投资设立和经营通讯社、报刊社、出版社、广播电台(站)、电视台(站)、广播电视发射台(站)、转播台(站)、广播电视卫星、卫星上行站和收转站、微波站、监测台(站)、有线电视传输骨干网等;不得利用信息网络开展视听服务以及新闻网络等业务;不得经营报刊版面、广播电视频率频道和时段栏目;不得从事书报刊、影视片、音像制品成品等文化产品进口业务;不得进入国有文物博物馆。

随着政策的不断松动,传媒业市场出现了令人难以想象的狂热,特别是互联网退潮以后,传统的传媒业已被业界炒作成了"中国最后一块暴利的蛋糕"。传媒投资在资本市场上表现尤为突出:随着中国政府在传媒业政策的松动,一批报业集团先后组建,一批有传媒背景的公司相继上市。近几年,我国资本市场上出现了新的亮点:传媒开始与证券市场结合筹资融资,吸纳社会资金为自身的经营和发展服务。1994 年上海广电总局下属的东方明珠股份有限公司上市,成为第一家由传媒发起设立的股份有限公司,尤其以 1999 年湖南"电广传媒"的上市在全国引起轰动,掀起一轮传媒投资的热潮。在传媒经营领域,在确保国家绝对控股的前提下,开始吸收国内其他社会资本投资,如在报业投资中,北大青鸟投资 5000 万与《人民日报》合办《京华时报》,山东三联集团注资《经济观察报》,上海复星实业牵手《21 世纪经济报道》;2003 年 8 月初,上海青年报社与北京北大文化发展有限公司、江苏盛世网络传媒公司共同投资成立上海青年传媒有限公司。其中,上海青年报社占注册资本的40%;北大文化发展有限公司占 30%;盛世网络传媒公司占 30%。上海青年传媒有限公司全权代理或受托经营《上海青年报》的发行、广告、印刷等业务。

在广电行业,2003 年,南京台以文体、生活、股市信息三个频道三年经营权和部分固定资产作为投入,与业外资本联合进行公司化运营;北大华亿影视文化有限公司所拥有的海南旅游卫视频道股权的 50% 出让给保利文化艺术有限公司,双方合作各占股 50% 组成中国保利华亿文化传媒有限公司,经营海南旅游卫视频道;2004 年,浙江广厦集团出资 6000 万元与浙江广电集团联合成立浙江影视集团,核心资产包括浙江电视台影视文化频道部分广告经营权;同年,杭州电视台少儿频道产业经营部分由业内外资本联合投资组建杭州好朋友传媒有限公司,对频道进行产业经营。

这一系列合作项目,鼓舞着更多的业外资本前仆后继,甚至一些上市公司也纷纷涉足报业,欲通过对传媒的直接或间接控制,从而形成"传媒概念",来达到拉升股价的目的。

12.3 传媒资本市场兼并及收购

为了适应国际传媒产业演变与替代加速的竞争,国际各大传媒企业纷纷采用多层次发展战略,通过收购、兼并等资本运作构筑综合性传媒产业集团,加速资本的积聚与集中,迅速扩大资产规模。媒体并购(亦称"公司购并")指媒体(或企业)间的兼并和收购,英文中称为 Mergers and Acquisitions,简称 M&A。公司并购是一种通过转移公司所有权或控制权的方式实现资本扩张和业务发展的手段,是企业资本运营的重要方式。长期以来,并购一直是西方企业实现扩张与发展的一个主要手段。诺贝尔经济学奖获得者乔治. J. 斯蒂格勒曾说,纵观美国著名大企业,几乎没有哪一家不是以某种方式、在某种程度上应用了兼并、收购而发展起来的。这是因为,比较而言,并购往往是效率比较高的方法。

在我国,由于某种社会政治与历史的传承,传媒业在相当长的一段时期内被视作是纯粹的上层建筑意识形态的设施之一,其宣传教化作用被强调到近乎唯一的程度;而其产业化功能却被有意无意地置于被压抑和被忽略的地步。然而,随着我国市场经济体制的建立和发展,媒介的并购也随之启动。

2003 年 4 月,星美出资 3000 万元取得阳光卫视和阳光文化网络各 70% 的股权,并预付给阳光文化 5000 万元节目制作费用。

2003 年 12 月 1 日,保利出资 4.1 亿元,成功并购华亿,与北大华亿组成新的公司——中国保利华亿文化传媒有限公司(以下简称"保利华亿"),双方各占股 50%。保利文化出的 4.1 亿元并不单是收购华亿的资金,这 4.1 亿将主要通过保利华亿投资于旅游卫视,将主要用于打造一个全新的旅游卫视。就在保利进入华亿前夕,华亿刚刚投入 1 个亿,持有旅游卫视 50% 的股权。另外 50% 的股权由海南电视台持有,按照协议,双方共同运营,华亿负责日常的管理和运作,海南电视台负责审片。目前,海南卫视的节目制作和经营部门都驻扎在北京,并和保利华亿同在曙光大厦办公。伴随这次悄无声息的更名,中国迄今为止最大的一桩文化产业并购案浮出水面。

我国的传媒业目前主要以平面媒体和广电媒体为主。前者主要包括报纸和杂志,后者主要包括广播(无线广播和有线广播)和电视(无线电视、有线电视和卫星电视)。我国加入世贸组织后,国内传媒业面临着来自国外大型传媒集团日益迫近的竞争压力。加快传媒业集团化整合的步伐,重新整合国内媒体资源,特别是媒体集团化建设,成为应对国外竞争、迅速提高自身实力的明智之举。

媒介的并购在国内还是一个新话题，由于我国市场经济知识和资本运营的理论知识宣传还不够，再加上我们的经济体制在许多方面还没有理顺，因此对媒介的并购的理解和实际操作上难免会发生这样或那样的错误。对这一课题进行深入研究，可以总结海内外媒介的并购的经验和教训，可以帮助我国媒体熟悉传媒市场的规律与常识，把自身做大做强，从而从容地应对中国加入 WTO 后的机遇与挑战。

12.3.1 媒介产业并购的类型

并购是一个含义十分广泛的概念，可以说，它既包括兼并、收购，也具有联合、接管等含义。根据不同的标准，媒体并购有不同的分类。按照被并购对象所在行业来分，并购分为横向购并、纵向购并和混合购并。

(1)横向并购

横向并购指商业上的竞争对手间进行的并购，例如生产同类商品的公司或者是在同一市场领域出售相互竞争商品的公司之间进行并购。横向并购是资本在同一生产、销售领域或部门间集中，优势公司并购劣势公司组成横向大企业集团，扩大生产规模，其目的在于消除竞争、扩大市场份额、增加买方公司的垄断实力或形成规模效应。

(2)纵向并购

纵向并购指买方公司并购与其生产经营紧密相关的前后顺序生产、营销过程的公司，以形成纵向生产经营一体化。在美国视听工业里，垂直联合是一个大趋势。哥伦比亚公司收购了许多电影院，而且这些公司还拥有许多别的媒体产品展示形式；广播、有线电视，录像带出租网络。1996 年，迪士尼公司以 190 亿美元兼并首府-美国广播公司，就是节目生产制作和节目传播销售一体化的结合，是上游和下游的连接；新闻集团 1984 年收购福克斯，并且构造了同名的新电视网；维亚康姆拥有派拉蒙和成熟的 UPN 网络，并在 1999 年收购了哥伦比亚广播公司；时代华纳支配了有线网络，并且在 1997 年通过收购特纳电视网拥有了关键的有线频道。

纵向并购的结果是扩大生产经营规模，节约通用的设备、费用等，加强生产经营各环节的配合，加速生产流程，缩短生产周期，节省运输、仓储、资源和能源等，同时，纵向并购还可以避开横向并购中经常遇到的反垄断法的限制。

(3)混合兼并

混合兼并是一种传媒系统内部兼并与外部兼并相互“融合”的一种兼并方式，也就是说，实力强大的媒体为扩大自身的规模，提高市场占有率，可以超出本系统的范围实施兼并。例如实力强大的电视台既可以兼并电视产业部门内的有关实体，也可以兼并广播产业部门的有关实体或者报业部门，同时还可以兼并非传媒产业部门。通过这种兼并方式可以实现多元化经营，既可以降低传媒产业经营的风险，又可以保证传媒产业的稳定效益，同时又拓宽了传媒产业的经营范围，真正突出了传媒产业在信息社会的支柱地位。

总部设在芝加哥的论坛报公司是在《芝加哥论坛报》的基础上发展起来的，素以报纸少而精著称，1996 年以报纸发行量计在美国报业集团中排行第 10。后来该集团有两大举措使之成为美国新闻界的重要新闻。其一是 1999 年，该集团“小鱼吃大鱼”，买下当时排行第 5

的老牌报业大亨钱得勒家族的时代镜报集团公司，使《洛杉矶时报》等一批大报归已所有；其二就是其近年来轰轰烈烈的广电化运动。从1996年开始，论坛公司在原有少量电台、电视台的基础上加速进入广播电视领域，先后在华盛顿特区、费城、波士顿等城市收购了16家电视台，使其拥有电视台的总量达到22家，在全国12个最大电视市场城市的10个城市拥有自己的电视台。2001年，该集团已成为全美仅次于三大广播电视网络公司的第四大广播公司，也是非广播网络公司所有的全国最大广电集团。同时，论坛报公司向电子网络进军的速度也十分惊人，至2001年已建有30个新闻服务和特殊服务网站，每月吸引上网人次逾500万。集团新闻服务中心总裁兼首席执行官大卫·威廉斯告诉记者，多媒体战略的实施已使集团在覆盖全国新闻、吸纳全国和地方广告等方面的能力大大增强，2000年集团的经营收入达到60亿美元，仅次于62亿美元的甘尼特集团，一举跃居全国报业集团第2把交椅（按发行总量计排行第3）。不仅如此，该集团意识到电子报纸取代印刷报纸的最终趋势，还斥巨资发展数字电视和改进型互联网服务，因而被认为是最具后劲的报业集团。

12.3.2 媒介产业并购的意义

传媒业作为一个高投入、高产出的行业，规模效应和强者为王是传媒经营的铁的定律。从目前国际传媒的业务结构来看，越来越多的公司试图将传媒运作的各个环节都纳入到自己的版图中，从而达到资源共享、发挥最大协同效应的目的。就我国目前的情况而言，众多地方性的媒体广泛存在，这些媒体不仅规模小，而且缺乏专业人才，发行量和覆盖面都非常有限，有些媒体甚至还在靠政府的扶持度日。

对此，2002年以来国家广电总局和新闻出版总署加大了治理行业散乱的力度，积极推动市、县广播电视播出机构的职能转变，发展频道频率的专业化，加快广播电视传输网络的有效整合，并着手对报刊种类和布局进行调整，压缩总量，对大量的同质媒体实施兼并和联合。目前国内大部分省份都已经建立了统一的广电集团和报业集团，区域市场内的同类媒体的广告价格恶性竞争得到抑制，媒体的单位经营规模急剧放大，一些广电集团还开始进行频道专业化和有线电视网络公司进入资本市场的改革探索。这场重组正在切切实实地改变媒体的行业布局和固有经营理念，它对中国传媒业的影响将是深远的。

对于任何行业的发展壮大而言，并购是一个永恒的话题。但对于媒介产业来说，并购的意义更为重大。

媒介产业并购的特殊意义与普通产品不同，规模效益对媒介至关重要，因为媒介生产、传播信息的边际成本几乎为零，向1000万用户传送内容的成本与向100万用户传送几乎没有什么差别。近年来，欧洲的一些小型收费电视台经常倒闭，其部分原因就在于体育和电影播放权的成本太高，另一方面也表明了规模太小的劣势。不购买播出这类节目，收视率跟不上，生存就成了问题；购买播出以后，由于规模太小，往往陷入入不敷出的困境。小媒体就这样面临着尴尬的两难选择。

解决这一问题的可选途径之一就是并购。前面所提到的纵向并购能够把内容和传播渠道结合在一起。这样，不仅上述问题迎刃而解，而且能够控制用户接触竞争对手所播出的内容。

相对于经营传播渠道的媒介，内容制作商也在积极地参与并购。因为如果没有附属的有线电视频道等资产，独立内容制作商的内容就很难播放，美国70%的电影剧本开支来自六大媒介巨头。单一的娱乐集团无疑面临着巨大的经营风险，一旦失去了掌握渠道的媒介的支持，内容制作商难以在市场中生存。英国的著名唱片公司百代公司（EMI）在市场份额一直下降的情况下，首先想到的是并购。近两年来多次试图与媒介巨头的唱片公司合并，虽然均未取得成功，但是这种努力的方向无疑是正确的。

并购还可以使媒介获得更多的赢利渠道。如果一家媒介实现了纵向并购并进行了很好的管理，就能把创新业务转化为品牌管理，形成以这个品牌为核心的一连串的利润增长点。迪士尼成为这一领域的先驱，它把《狮子王》、《玩具总动员》等动画片发展为利润诱人的产品系列。华纳兄弟公司发行《Scooby-Doo》时，整个公司都在围着它转：卡通电视网播放老片片段；WB电视网则播放新片片段；华纳唱片公司推出其音乐；而娱乐部门则已经推出了Scooby的现场节目，且每一个部门都有了相当可观的利润。

另外，媒介赖以生存的传播渠道随着科技的发展不断更新，网络被誉为"第四媒介"不过短短数年，通过手机终端提供的移动应用服务、数据广播、网络电视等又堪称"第五媒介"的称号，传统传播渠道的地位面临着严峻的挑战。当新的传播渠道出现并逐渐普及时，依靠传统传播渠道的媒介的用户使用率随之下降，利润不断收缩，媒介的生存受到威胁。这时媒介可以采用混合并购的方式，将新兴传播渠道纳入旗下，逐渐实现媒介转型。这方面的例子，在国外有AOL与时代华纳的合并，从而实现了报刊、电视、网络的三合一，而美国的迪士尼、德国的贝塔斯曼、默克多的新闻集团，也在积极寻找这方面的机会；在国内，有被称为"时代华纳并购案袖珍版"的新浪与阳光的并购。"跨媒介"成为媒介产业的一个曝光率很高的词，尽管所取得的业绩并不是非常出色，但仍然是媒介并购可选择的重要方向。

12.3.3 媒体并购的历史

媒体并购与全球的兼并浪潮基本同步，美国媒体的兼并收购大致经历了五个发展阶段：

第一阶段：19世纪末20世纪初，报业集团开始横向兼并，形成了赫斯特、普利策等报业集团。被称为美国"黄色新闻大王"的赫斯特1895年买下《纽约新闻报》后，又先后在芝加哥、洛杉矶、波士顿等地购买和创办了许多报刊。到1927年，他已在7个城市拥有25家日报、17家星期报、24种杂志，还在1909年创办了后来成为世界性通讯社的"国际新闻社"。此外，他还拥有1家摄制新闻电影片的电影公司。这一时期，作为报业经济繁荣的象征，报业集团迅速从美国向欧洲等地兴起。

第二阶段：20世纪20年代末，以摩根、洛克菲勒等财团为代表的金融资本集团开始插手报业，购买报业集团，并且对所属报业集团进行政治上的支持。1919年到1940年，美国报纸从2430家减少到1848家，1914年以前形成的大报系继续扩张，直到1940年才停止膨胀。1910年，13大报系共集中了63家日报；1930年，50个报系集中了331家日报；1945年，56个报系共控制着300家日报。

第三阶段：第二次世界大战之后，美国资本对新闻事业的支持和控制都开始加强。此时，不但广播业进入了高速发展期，电视也开始逐渐为人们所接受，哥伦比亚广播公司（CBS）、全国广播公司（NBC）和美国广播公司（ABC）三大广播网瓜分了美国主要的广播市场。这一时期，美国联邦通信委员会（FCC）对广播网的兼并有着严格的限制，如：由于联邦通信委员会禁止一家广播公司拥有两个以上的广播网,全国广播公司不得不卖掉了旗下效益较差的蓝色广播网,从而产生了后来成为三大电视网之一的美国广播公司。

第四阶段:20 世纪 80 年代,美国媒介充分利用杠杆收购来扩大规模。1984 年,首府传播公司(有人将其称为大都会广播公司)在沃伦·巴菲特的支持下,以小搏大,兼并了实力雄厚的美国广播公司,成立了首府-美国广播公司。1989 年,时代公司以 140 亿美元的高价收购了华纳公司。

第五阶段:20 世纪 90 年代中期以来,美国、欧洲各国纷纷修改媒体法和电信法,推动电信产业和媒介产业的重组和融合,掀起了又一次的全球范围内的媒体并购浪潮,其涉及金额和规模都到了令人吃惊的程度。

以美国为例,1996 年,美国国会通过了新的电信法。该法与旧的电信法相比,打破了媒体间壁垒,允许各个不同媒体在市场的互相渗透;放宽媒体所有制的限制,促进竞争;以法的形式规范节目内容,限制色情和暴力等低俗内容的传播。

根据美国证券数据公司的统计,电信业和传媒业与银行业一道,是当今美国兼并收购最盛的行业。仅在 1998 年上半年,电信业和传媒产业发生的合并案例就分别达到 136 宗和 133 宗,涉及金额为 1205 亿美元和 789 亿美元。两者占所有合并案例涉及金额的比重分别为 12.9% 和 8.5%。据统计,从 1986 年到 1990 年,美国有 400 个独立电视台和电台集团在产权市场上被出售,等于全美 75% 的电视台被交换了一次所有权,而在 1993、1994 年间,又有两百个以上的电视台进入产权市场,经历了产权并购和重组的过程。在这个过程中,许多设备陈旧、缺乏创意、竞争力不强的电视台被淘汰了,而充满活力的电视台则经过重组,注入了新的资本,成为大众传媒行业的优良资本。美国 1997 年度广播业调查报告也指出:从 1990 年到 1997 年,美国 2/3 以上的广播电台和兼并有关,兼并的结果使先进的调频电台增加了两千多家,每一家的综合实力大为增强,而陈旧的调频电台则减少了一百多家,使广播听众在新的媒体频繁出现的情况下,不但总人数未减,而且平均每人每周收听广播时间超过了 22 小时。到 1999 年,美国著名的三大广播公司已经全部被兼并。

12.3.4 并购的风险

从企业的发展来看,一个媒体集团做大,必须依靠并购,这是毫无疑问的。但是并购的同时又有很多不可预测的问题,可能最终导致整个企业破产。《新闻周刊》2001 年做了一个封面报道,叫“并购的混乱”,是由 KPMG 咨询公司做的调查。调查结果显示,并购之后一半企业都是股价下跌,三分之一没有变化,究其原因,有如下几点。

(1)贪多图大心理的陷阱

在资本运营活动中,企业决策者容易犯的一个错误就是盲目追求扩大规模。企业规模的扩大受到诸多方面因素的限制,有技术方面的限制、市场方面的限制、资金方面的限制等。在产权理论出现以后,经济学家还认为企业的边界受企业内部边际交易费用和企业外部市场边际交易费用的限制,因此总的说来,企业规模的扩大不应是盲目的,不应是随心所欲的。

但一般说来,人都有一种扩展自己的冲动,企业家也不例外。在西方资本运营理论中对此也有论述,即自大假设。在自大心理的推动下,企业家为了更多地掌握资源,必然希望自己的企业能不断发展壮大,而实际上企业的真正目的在于赢利,当规模的扩大已到了减少利润的程度时，企业决策者还愿意通过资本运营扩大企业规模，那将是很危险的事。另一方面，当企业的某一部分已成了企业的累赘时，决策者由于有自大的心理，而不愿放弃掉，这也是贪多心理的反映。

(2)财务风险的陷阱

考察西方大型传媒集团的发家史，几乎都是靠借贷起家，利用财务杠杆在并购中实现快速扩张。越是庞大的传媒集团，越在一定程度上依赖财务杠杆，通过债务来支撑集团的扩张几乎成为西方大型传媒集团互换股权之外的常用手段。如今规模越来越庞大的集团并购，涉及的资金动辄以数十亿、数百亿计，收购公司很难完全依靠自有资金完成，必须通过负债融资，而且不可能以单一的负债融资方式解决。高债务带来高利息费用，从而增大企业的财务风险，一旦并购后的企业预期利润下降，就会使收购者因债务过于沉重而导致公司赢利水平的下降和每股收益的下降，进而影响企业的偿债能力，使得企业的市场价值下跌，企业面临巨大的债务危机。

基尔希集团(KirchGruppe)是贝塔斯曼之外，第二个跻身国际级别的德国媒体企业。靠电影版权起家的莱奥·基尔希(Leo Kirch)，凭借他的勤奋和经营才能建立起了一个庞大的媒体帝国。基尔系集团拥有私人电视台 Sat1 和 Pro7，另外还经营世界范围内的体育赛事电视转播权和体育广告业务。在四十余年的快速扩张中，基尔希集团过分倚重于银行贷款，仅基尔希传媒的银行欠债余额一项就高达 55 亿欧元，虽然公司的业务构成多样，但多数资金套牢在缺乏流动性的体育赛事转播权上，从而导致企业内部资金周转趋紧。加之近年公司业绩不佳，2001 年前 9 个月里基尔希传媒的税前利润只达到 1.78 亿欧元，资金来源日益见绌。

2002 年上半年，在基尔希的收费电视台中拥有股份的国际媒体大亨默多克，根据合约条文规定要求退出股份，使得基尔希必须向默多克支付高达 15 亿万欧元的贷款和利息，同时，德国另一媒体集团施普林格出版社(Springer Verlag)拒绝延长向基尔希的贷款期限，坚持要求基尔希集团按时偿还贷款。更加雪上加霜的是，包括德意志银行在内的金融界这一次拒绝向基尔希继续输血，使得基尔希集团的破产危机在 2002 年夏天全面爆发，最后导致了德国战后最大的企业破产案。

★思考题

1. 简述目前我国传媒市场资本运营的现状。
2. 传媒产业为什么会出现并购现象？并购的意义何在？

13 网络与新媒体经营

导言

本章学习目标

1. 理解网络与新媒体的概念与传播特性。

2. 明确网络媒体的发展历程与现状。

3. 了解新闻媒体网站、商业网站与手机媒体业务的管理和赢利模式。

本章重点

1. "新媒体"概念与发展历程。

2. 网络媒体的总特征。

3. 了解商业网站的赢利与运作模式。

本章难点

手机媒体的"三次售卖"理论。

13.1 网络与新媒体概述

13.1.1 新媒体的概念与发展

13.1.1.1 "新媒体"溯源

被誉为"传播学之父"的美国传播学家施拉姆,对于人类媒介发展的进程曾有"最后七分钟"的绝妙比喻:如果把人类的进程划分为一天,那么在23点之前,人类经历了漫长的沉寂。直到抵达凌晨的最后七分钟,才出现了文字、印刷术、电视、电子计算机、人造卫星等具有里程碑意义的重大突破。可以看出,人类传播的发展轨迹并不是匀速前进,而是伴随着技术的突破性发展而加速前进。

究竟什么是"新媒体"?要想找到这一问题的答案,我们势必需要对人类传播发展进程进行考证。

(1)文字传播时期的新媒体

据学者推断,现代意义上的报纸在1605年已经出现。相对于之前口语传播和贵族特权享有的手抄书籍,价格低廉、便于携带的报纸带来了工业化的信息传播方式:定时、定向、定量传递经过选择和分类的新闻和商业信息。

(2)电子传播时代的新媒体

80年前的新媒体是广播,70年前的新媒体是电视。诞生于1906年的无线电广播技术,是20世纪技术变革带来的重要成果之一。1920年,美国威斯汀豪斯公司在匹兹堡的广播电台播出总统候选人哈丁当选的新闻,被认为是商业广播电台的开端。1928年,在伦敦一个摄影棚,贝尔德研制出的彩色电视机上显现出了图案。后来,许多工程师继续进行电子电视系统的研究与开发。进入50年代后,随着显像管和集成电路技术的完善,彩色电视逐渐开始成为主导,进入了寻常百姓家。

广播和电视的出现,使得受众可以"闻其声,观其形",消除了报纸传播的时间差距与地理阻隔。时至今日,电视的影响力依然不减。

(3)信息时代的新媒体

美国未来学家托夫勒在其《第三次浪潮》中,把人类历史发展过程分成三个主要阶段,即三次浪潮:第一次浪潮为农业时代,人类开始培育农作物脱离游牧的生活状态;第二次浪潮为工业时代,人们以工业革命为契机,离开农场涌向大城市的工厂寻找就业机会;第三次浪潮是以电子技术、生物工程等新兴工业为基础的信息时代。

1946年,美国宾夕法尼亚大学的工程师们研制出世界上第一台电脑,被公认为信息时代的开端。1961年,美国麻省理工学院的克兰罗克教授发表了分组交换技术的论文,该技术后来成为互联网的标准通信方式。1969年,美国国防部开始启动用于核战时期通信的计算机网络开发计划"ARPANET"。1983年,ARPANET宣布将把过去的通信协议"NCP(网络控制协议)”向新协议“TCP/IP(传输控制协议/互联网协议)”过渡。1991 年,欧洲粒子物理研究所科学家提姆·伯纳斯·李开发出了万维网(World Wide Web),还开发出了极其简单的浏览软件。此后互联网开始向社会大众普及。1993 年,伊利诺伊大学美国国家超级计算机应用中心的专家开发出了真正的计算机浏览器“Mosaic”。该软件后来被作为 Netscape Navigator 推向市场。此后,互联网开始以爆炸性的速度向大众普及。正是因为通过采用具有扩展性的通信协议 TCP/IP,才能够将不同网络相互连接。因此,开发 TCP/IP 协议的加州大学洛杉矶分校学生文顿·瑟夫被誉为“互联网之父。”

信息时代的基础是网络,社会的核心资源是信息,创造信息和享受信息成为这个社会的主要特征。在信息时代的社会环境下,信息开始成为经济增长的决定性因素。电信、运输和计算机的不断进步是信息时代的主要特征。

当互联网发展的初期,大部分人仅仅把它看做是一种通信或信息传输的手段,并没有视其为新媒体。但随着互联网技术在信息传播领域的应用越来越多,影响力急增,互联网逐渐成为信息时代的新媒体。

(4)泛媒体时代的来临

进入 21 世纪后,人类传播开始进入泛媒体时代。传统媒体所固守的边界遭到新技术强烈的冲击,基于互联网、无线网络、数字广播电视等技术而形成的新媒体以燎原之势迅速发展。近年来,网络媒体、手机媒体以及融合传统媒体的数字电视、IPTV、宽带网络电视、移动电视等新媒体业务发展突飞猛进。

13.1.1.2　新媒体的概念

通过对人类传播发展历史的简单考察可以看出,正如《新媒体百科全书》主编斯蒂夫·琼斯所说的,“新媒体是一个相对的概念,相对于图书,报纸是新媒体;相对于广播,电视是新媒体。新媒体同时又是一个发展的概念,科学技术的发展不会终结,人们的需求不会终结,新媒体也不会停留在任何一个现存的平台。”因此,“新媒体”是一个变化动态的概念,很难对其给出全面标准的定义。接下来,我们不妨了解一下目前学界和业界对“新媒体”这一概念的几种定性阐述:

中国人民大学匡文波教授认为,新媒体是一个相对而宽泛的概念,是在报刊、广播、电视等传统媒体以后发展起来的新的媒体形态,是利用数字技术、网络技术,通过互联网、宽带局域网、无线通信网、卫星等渠道,以及电脑、手机、数字电视机等终端,向用户提供信息和娱乐服务的传播形态,包括网络媒体、手机媒体、数字电视等。在目前经济技术条件下,互联网是新媒体的主体。

清华大学熊澄宇教授指出,新媒体主要是指在计算机信息处理技术基础上产生和发生影响的媒体形态,包括在线的网络媒体和离线的其他数字媒体形式。他指出对于新媒体的理解要重视两个概念:一是以前没有出现的新媒体;二是受计算机信息技术影响而产生变化的新媒体形态,目前更需要关注的是数字媒体之后的新媒体形态。

美国《连线》杂志则把新媒体阐释为所有人对所有人的传播。这个概念从传播者和受众的角度对于新媒体进行界定,并未对新媒体本身作出明确的阐释。

综合以上概念和解释,我们可以这样理解新媒体:笼统来看,新媒体是新的传播技术手段所带来的新型传播媒体,具体指区别于传统意义上的传统大众传播媒介(报刊、广播、电视)的数字网络媒体。

13.1.2 网络媒体的产生与发展

13.1.2.1 网络媒体的兴起

"网络"的概念本身较为宽泛,但这里指的是因特网、互联网等概念,对应的英文单词为Internet。毫无疑问,网络相对于传统媒介形式,是一种新媒介。因为具有数字化传播的特点,被称为数字媒介。同时,因为在报纸、广播、电视三种大众传媒媒体之后出现,又经常被称作"第四媒介。"

互联网从产生到现在不到半个世纪的时间,但其发展速度却异常迅猛。根据瑞典互联网市场研究公司 Royal Pingdom 最新发布的《全球互联网产业发展状况》报告,截至 2011 年底,全世界的互联网用户数已经增至 21 亿,网站数量大约 5.55 亿,仅仅 2011 年就新增了 3 亿个网站。值得一提的是,中国互联网用户以 4.85 亿雄踞全球第一位,中国互联网普及率已经达到 36.3%。

互联网已经发展成为中国影响最广、增长最快、市场潜力最大的产业之一,而以互联网为传播平台的网络媒体也开始异军突起。

对于网络媒体的定义,学界和业界的许多专家学者进行了不同维度的阐释。闵大洪在《数字传媒概要》里指出,网络媒体是借助国际互联网这个信息传播平台,以电脑、电视机以及移动电话等为终端,以文字、声音、图像等形式来传播新闻信息的一种数字化、多媒体的传播媒介。

中国人民大学的彭兰教授在《中国网络媒体的第一个十年》将网络媒体定义为具有一定资质的、利用网络这样一种媒介从事新闻与信息传播的机构,包括有传统媒体背景的网站和有新闻登载资格的商业网站。

从这些定义可以看出,互联网为网络媒体搭建了技术平台,但网络媒体并不能与互联网化等号。简单来说,我们可以把"网络媒体"理解为"基于互联网平台上以新闻信息传播为目的的网站。"

13.1.2.2 网络媒体的总体特征

(1)信息的广容性与集成性

信息的广容性指网络媒体所储存和发布的信息容量十分巨大。对于传统媒体来说,报纸因为版面有限,广播、电视则时段固定,单位节目时间和版面信息的传播数量是有限的,而互联网采用了比传统信息处理方式更为先进的数字化记录、传输和处理方式,将所有的声音、文字、图像等都转化为数字化的形式,从而使信息传播的深度和广度都大大地延伸。同时,网络传播在拥有海量信息的同时,还体现出高度的集成化优势。一改传统媒体"花开两朵,各表一枝"的线性叙事方式,网络媒体则具备细致的信息分类、强大的信息存储和检索功能,并采用超文本、超链接的方式可以直接关联到相同主题的内容,更方便受众获取更全面的信息,并能根据自己的需要进行信息的选择与保存。

(2)信息传播的时效性更强

时效性是新闻的生命,媒体对新闻时效性的争夺可以用惨烈来形容。网络媒体的出现无疑使媒体之间时效争夺战从过去的"天"、"小时"升级到了"秒"的级别。互联网传输文字、声音、图像不受传统媒体印刷、运输、发行等因素的限制,能够瞬间把信息上传,具有即时发布、即时传播的特点。同时,网络媒体的信息来源更加广泛,制作发布简单,易于操作,突破了报纸,特别是广播和电视在时间、地域和技术上的限制。这一点在对突发性事件的报道时尤为明显,能够做到随时随地发布信息,带来了信息传播的速度革命。

(3)传受双方的交互更强

在大众传播时代,信息的流动是单向的,传播者和受众之间有严格的界限。受众对大众媒体的评价和看法几乎没有反馈的渠道,媒体和受众之间处于严重失衡的状态。(图 13-1)

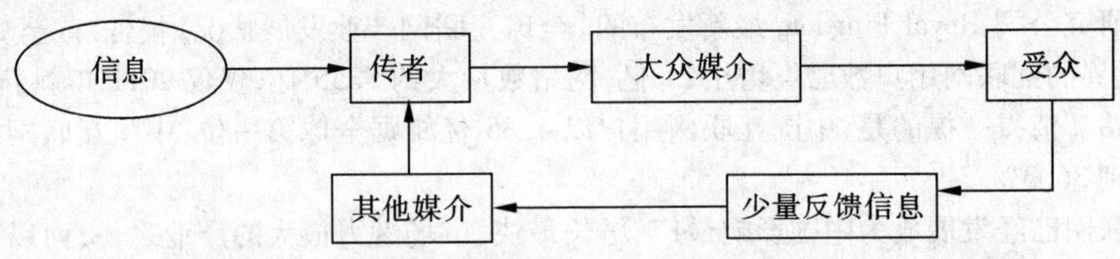

图 13-1　传统大众传播信息流动模式

但网络媒体的信息平台有效地打破了两者之间的界限,通过网络平台形成了非线性的传播模式。受众不仅可以自主选择信息,同时能够通过在线评论、个人博客、微博等网络工具即时发表看法,进行信息的交流与反馈。受众的身份发生了变化,同时兼具了传者和受众的双重身份。传者的主动变为受众的主动,传者的推出(push)变为受众的拉取(pull)。(图 13-2)

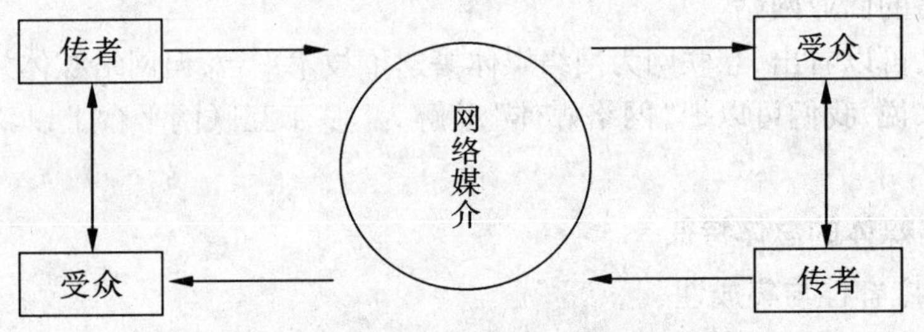

图 13-2　网络传播信息流动模式

(4)多媒体性

报刊主要以抽象的文字传递信息,广播用声音表现内容,而电视则利用声画结合的优势获得受众的热爱。这些媒介的表现形式都是独立的,但网络媒体同时融合了文字、图画、音频和视频等不同的传播方式,突破了传统媒体只有一种或几种符号、手段的传播方式,表现形式更加丰富多样。受众可以根据自己的需要选择阅读文字图片还是观看视频,直观地感受整个新闻事件,进入新闻事件的模拟现场。新闻制作的多媒体性也对记者提出了更高的要求,他们经常带着数码相机、高品质的摄像机以及其他先进的电子设备外出采访,能采能写能拍,成为真正意义上的"全能记者"。

(5)定制化服务成为可能

美国未来学家托夫勒在谈到大众媒体时认为工业时代典型传播工具都是群体化的。大众传播是与福特汽车、麦当劳一样批量生产出来的。而借助互联网这个新兴的传播媒介,现在传播已经发展成为“微型出版、微型受众、微型市场”的多元化信息传播。在网络传播时代,随着受众的选择多样化,媒体市场也出现了小众化、分众化的趋势,媒介真正的个人化时代已经来临。

因此,越来越多媒体针对自己的受众群开始定制化的“一对一”服务。通过在用户的计算机中设置 cookie(一种识别用户的小程序),用户可以自己定义报纸的头条、电视的黄金时段。比如,如果用户主要对财经、体育和政治新闻感兴趣,他或她就可以通过定义“我的报纸”内容来过滤如娱乐等其他不关注的信息。目前国内外许多报纸都积极开始了这方面的尝试,并取得受众的良好反馈。

13.1.3 网络媒体的赢利模式与管理

13.1.3.1 网络媒体的基本赢利模式

任何产业投资经营的成功都首先需要确定正确的赢利模式,网络媒体也不例外,必须寻找到与其经营方向和市场定位相匹配的赢利模式。互联网融合了通信和媒体的功能,同时包含了大众传播、组织传播、人际传播、自我传播等传播形态。随着互联网媒体不断成熟的商业化运营实践,网络媒体对赢利模式的探索从未停止。由于网络媒体形态各异、定位不同,必然存在多样化的赢利模式。见表 13-1。

表 13-1 网络媒体赢利模式示例

赢利模式	企业代表
广告收入	三大门户网站
电子商务	淘宝网、当当网、京东商城等
传统媒体合作	互联星空的电影、电视收费
电信行业合作	WAP 网
网络游戏	盛大、完美时空
在线教育	新东方
招聘类网站	前程无忧、智联招聘
与即时信息结合	腾讯 QQ
社会化媒体	开心网、人人网
视频服务网站	优酷、土豆网、奇艺

(1)媒体赢利模式

媒体赢利模式是指网络媒体通过丰富的内容资源吸引广告主,将媒体的广告位出售给广告主,从而收取广告费用,这是网络媒体最直接的赢利模式。这一模式依然体现着传统媒体“二次贩卖”理论的精神:网络媒体通过优质的内容资源获得受众;同时把受众的注意力资源卖给广告主,获取广告收入。

网络时代受众面对的是海量信息的冲击和覆盖,获取信息的渠道更加广泛,因此,“内容为王”已经成为网络媒体提高核心竞争力的关键手段,高质量、具有针对性的内容在网络媒体的价值链中具有更高的议价能力,成为吸引受众最有效的方式。网络媒体服务的用户流量作为向广告主进行二次售卖的“产品”,与广告收入之间形成正比。网络浏览量越大,代表着其影响力及受众关注度越大,相应就越容易赚取更多的广告收入。从这个意义上看,“内容为王”从根本上决定了网络媒体服务的用户流量,因此深刻影响着网络媒体的赢利模式。

网络媒体内容产品的经营主要包括两种方式:一是通过内容吸引注意力,从而吸引广告的投放;二是直接对内容销售实现收费。这两种方式要求网站的内容产品具有相应的价值。目前,中外媒体实现信息内容赢利的形式主要有三种:新闻和信息内容打包向其他网站或媒体销售;用户付费方能够浏览网站;用户付费进行数据库查询。许多网络媒体都在积极探索内容付费方式的开发。2011 年 3 月,《纽约时报》正式宣布,网络版进行收费——读者可在其网站上每月免费阅读 20 篇文章,如果超过限额,则需要交费。这对于整个互联网新闻领域来说,是一标志性事件,并且国外业界称为“收费之年”。网络媒体是注意力经济,广告可以说是网络媒体目前最主要的收入方式之一。从 1997 年中国出现第一则商业性网络广告,至今已经走过二十多年的光景,网络广告已经成为中国互联网产业的支柱性商业模式。随着网络技术的进步和媒体形态的不断更新,网络广告已经突破最早的品牌图形广告较为单一的形式,发展为包括视频广告、社区营销广告、游戏内置广告、电子邮件广告等多种多样的形式。图 13-3、图 13-4 为互联网数据中心公布的相关统计数据。

(2)服务赢利模式

服务赢利模式是指网络运用自身的媒体优势开发出各种有偿服务吸引用户,从而获得收益的一种方式。目前,网络媒体的赢利模式主要包括搜索引擎、电子商务、数字娱乐、无线增值服务等几个方面。这是网络媒体产生赢利的主要途径,也是最有开发潜力的赢利途径。

1)搜索引擎服务。搜索引擎是对互联网的信息资源进行搜集整理,向用户提供查询结果的系统,包括信息搜集、信息整理和用户查询三部分。目前国内搜索引擎市场的商业模式主要包括提供搜索引擎技术支持服务、地址栏搜索服务、竞价排名服务等。其中,竞价排名服务占有较高的收入比例。

2)电子商务。与传统的商业营销不同,电子商务营销通过鼓励用户尝试,将零散用户汇集成巨大的商业价值。随着我国互联网的深入发展和各行业信息化建设的推进,我国的电子商务虽然起步较晚,但近些年保持着高速增长。据中国电子商务研究中心数据显示,中国电子商务市场交易额 2011 上半年已达 2. 95 万亿元,同比增长 31%,年底有望超过 6 万亿元。

3)数字娱乐。数字娱乐由于自身不可替代的优势,已经成为网络媒体服务中不可缺少的娱乐性产业,包括网络游戏、手机游戏、网络音乐、网络电影等形式。根据国家版权局公布的数据,2011 年网络游戏市场销售收入达到 428. 5 亿元,同比增长 32. 4%;手机游戏市场销售收入达到 17 亿元,同比增长 86. 8%。

4)无线增值服务。无线增值服务包括移动增值服务、WAP 服务、手机游戏等。随着

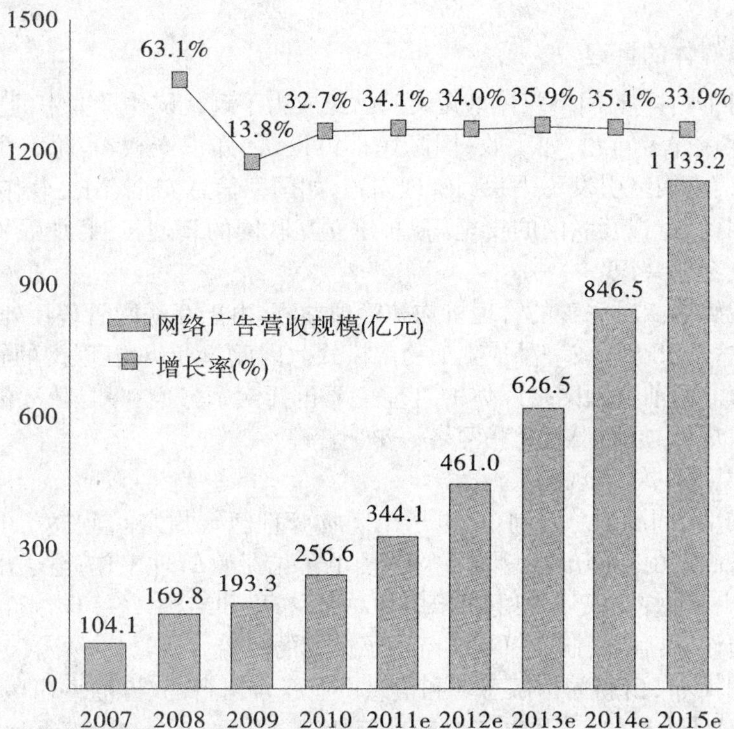

图 13-3　中国网络广告营销市场增长率及预测数据来源：DCCI 互联网数据中心

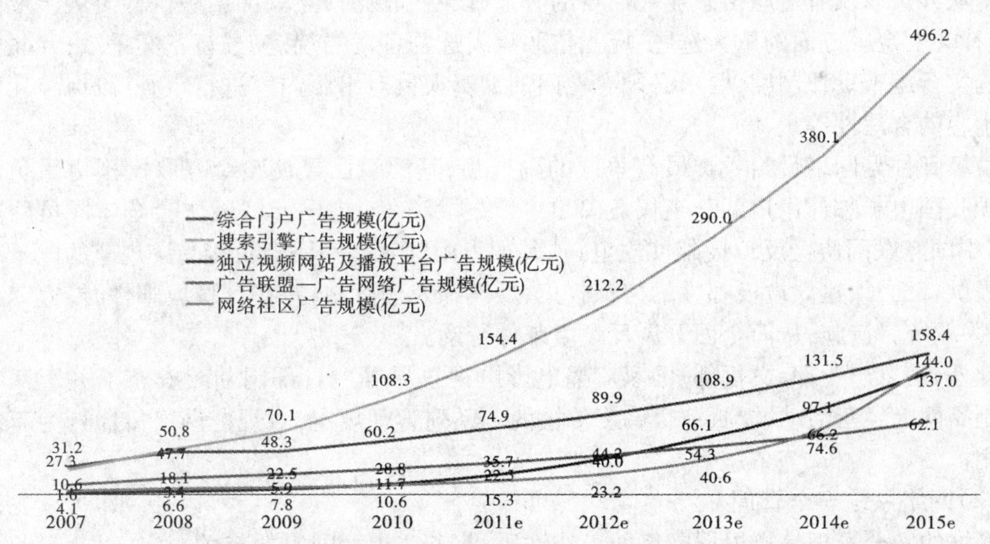

图 13-4　中国互联网主流细分领域广告规模统计及预测数据来源：DCCI 互联网数据中心

WAP、3G 等技术的成熟，用户不仅可以使用手机界面去浏览网页上的新闻和消息，而且能够下载铃声、玩手机游戏、了解财经行情、交友聊天等。可以说，增值服务已经成为了网络媒体重要的赢利方式。

13.1.3.2 网络媒体的管理

被称为"第四媒体"的网络媒体毫无疑问已经成为了现代媒体产业中的支柱之一。但互联网在发展中存在许多问题,如税收、国际民事诉讼法、知识产权、言论自由与隐私的冲突等,同时围绕着信息网络引发了一系列管理问题,如国家信息安全、网上著作权、防止网络不健康内容等。因此,重视互联网的安全问题,建立互联网的管理机制,加强管理和依法管理已经成为国际社会的共识。

相对于传统媒体相对完善的管理机构和管理办法,由于互联网管理还处在逐步规范、逐步成型的过程中,并没有形成一种成熟的稳定模式。因此,政府对互联网的管理还有待于进一步加强和完善。目前我国网络媒体的管理主要包括两个方面:一是建立健全各类网络媒体管理的法律法规;二是加强对互联网络的安全管理。

(1)对网络媒体的管理规定

1996 年 3 月,新闻出版总署制定《电子出版物管理暂行规定》,阐述了电子出版物的概念、内容和要求;确定由新闻出版总署主管全国电子出版物管理工作;电子出版物管理实行许可制度,新闻出版总署决定全国电子出版物总量、布局和结构,统一印制许可证;并分别对电子出版物的制作、出版、复制、进口、发行做了详细的规定。

2002 年 8 月 1 日,由新闻出版总署和信息产业联合出台的《互联网出版管理暂行规定》正式开始实施,具体内容包括:从事互联网出版活动,必须经过批准,未经批准,任何单位或个人不得开展互联网出版活动;从事互联网出版业务,除符合《互联网信息服务管理办法》规定的条件以外,还应有确定的出版范围,有符合法律、法规规定的章程,有必要的编辑出版机构和专业人员以及有适应出版业务需要的资金、设备和场所;互联网出版机构出版涉及国家安全、社会安定等方面的重大选题,应当依照重大选题备案的规定,履行备案手续;互联网出版机构实行编辑责任制度,要求必须有专门的编辑人员对出版内容进行审查,以保障互联网出版内容的合法性等。

垃圾邮件是网络带给人类最有争议的副产品,其泛滥已经使整个互联网不堪重负。为了保护我国电子邮件用户的正当权益,2003 年 2 月 26 日,中国互联网协会全体成员共同制订了《中国互联网协会反垃圾邮件规范》。凡加入中国互联网协会及接受该规范的电子邮件服务提供者,必须建立垃圾邮件的信息收集、反馈和处理机制,并在反垃圾邮件时,遵守共同原则、采取统一措施,从而全面开展反垃圾邮件行动。

此外,信息产业部、文化部、国家广播电影电视总局等主管部门陆续发布了关于互联网音像制品网上经营活动、视听节目网络传播的一系列管理规定,对规范网络传播行为起到重要作用。

(2)网络系统安全管理

网络的安全管理是指根据网络的工作性质、业务需求和国家的有关规定,以一定的行政制度为基础,由相应机构的人员组织、协调保障网络安全的活动。

早在 1994 年 2 月,我国就出台了《中华人民共和国计算机信息系统安全保护条例》,主要侧重于保护国家事务、国防经济建设、尖端技术等重要领域的计算机信息系统的安全。1998 年,国家保密局颁发了《计算机信息系统保密管理暂行规定》,规定由国家保密局主管全国计算机信息系统的保密工作,对涉密系统、涉密信息、涉密媒体的系统管理提出相应的管理要求。2000 年 1 月,国家保密局又颁布了《计算机信息系统国际联网保密管理规定》,规定指出:国家保密工作部门主管全国计算机信息系统国际联网的保密工作;计算机信息系统国际联网的保密管理实行控制源头、分级负责、突出重点、有利发展的原则。

2000 年 12 月 28 日,第九届全国人大代表常委会通过了《全国人大常委会关于维护互联网安全的决定》,对于危害网络运行安全、危害市场经济秩序和社会管理秩序以及危害个人或组织的合法权利等并构成犯罪的行为,将追究刑事责任。

13.2 新闻媒体网站和商业网站

传统媒体(包括广播、电视、报纸)在舆论宣传中长期占据着主导地位。在我国逐渐迈入信息社会之后,随着互联网的迅速发展和在人民群众中的普及,网络媒体得到了快速的发展,并且已经在传媒中占据了一个主要的位置。不仅如此,网络媒体对传统媒体的存在模式和赢利模式都产生了巨大的冲击。目前,中国的网络媒体已经初具规模,运作模式逐渐规范。网络媒体经历了从无到有、从小到大、从另类媒体到主流媒体的历程。

中国人民大学彭兰教授在其著作《中国网络媒体的第一个十年》将中国网络媒体的发展历史分为四个阶段。第一阶段以 1997 年 1 月 1 日人民网的诞生为标志,互联网开始在中国加速传播、发展。第二阶段以 1998 年下半年搜狐、新浪出现为标志,网络媒体从“介入为王”向“内容为王”转变,千龙网、东方网等政府网站,新闻网站的成立,都是以“内容为王”的主线发展。中国的互联网发展进入阶段性高潮,网络媒体的作用逐步增强。第三阶段以美国千禧年初的股市大跌为标志。这一事件预示着互联网第一个十年的繁荣和泡沫均已宣告结束。中国互联网产业狂飙式增长也随着美国互联网产业的萧条而暂时告一段落。全行业进入了调整阶段。第四阶段从 2003 年开始,新浪、搜狐等门户网站宣布开始赢利,网络广告营业额比 2002 年增长了近一倍。网络媒体进入了第二个发展的高峰期。

本节依据相关研究及我国的法律规定,将网络媒体区分为以新闻和信息传播为主的新闻媒体网站和以赢利为主的商业网站。其中,新闻媒体网站主要是指以传播信息和新闻为网站内容的网站,而商业网站是以赢利为目的,为网络用户提供经过专业人员筛选的信息和其他相关网络服务的网站。但是无论是新闻媒体网站还是商业网站,都是在互联网世界中,提供信息的网络传媒,他们是这个时代的主角。

13.2.1 新闻媒体网站

新闻媒体网站是传统的新闻媒体在进入互联网时代之后的一种变形。此类网站的来源主要分为两类:传统媒体创办的新闻网站和专业性的新闻网站。

13.2.1.1 新闻媒体创办的新闻网站

随着互联网的发展,传统的新闻媒体受到了互联网媒体的冲击。对传统媒体来说,这既是挑战,也是重大的机遇。由于互联网具有即时性、传播速度快、交互性强等特点,天然地具有成为媒体的优势,因此很多传统媒体网站在面对互联网的发展时,纷纷选择了媒体上网。

在20世纪末,传统媒体掀起了一阵创办新闻网站的热潮。1994年,《今日美国》、加州圣何塞市的《圣何塞信使报》、伊利诺斯州的《芝加哥论坛报》等一些美国报纸在互联网上创建网络版。1996年,美国全国广播公司和微软公司联手在互联网建立有线频道的网站。

我国在1994年4月成为世界上第71个正式接入互联网的国家。我国第一份上网的中文电子刊物是1995年1月国家教委主办的《神州学人》月刊。这份杂志每周五以纯文本和电子邮件的形式上传至互联网。1995年10月,《中国贸易报》成为一家正式建立自己网站的国内报纸。1996年10月,广东人民广播电台建立了网站,成为第一家建立自己网站的广电传媒。同年12月,中央电视台建立了网站。发展到目前,由新闻媒体创办的新闻网站已经遍地开花。很多传统媒体已经形成了传统媒体与网络媒体相搭配的运作模式。但是我国由传统新闻媒体创办的新闻网站还存在着明显的不足,主要表现在以下几个方面:

1)发展水平不平衡。不同级别、不同层次的媒体网站间存在着较大的差异,中央级的大报、大台明显优于地方媒体。地方区域发展也不平衡,东部沿海发达地区明显优于西部内陆地区。重视程度也有所不同,有的仅仅将网络媒体当做传统媒体的附属品,没有独立发挥作用。

2)缺乏准确的网站定位。虽然很多新闻媒体都希望能够在网络媒体中分得一杯羹,但是绝大多数的媒体网站都是简单地将传统媒体上的信息剪贴复制,并没有针对网络媒体的特点和优势开发相应的内容。缺少精准的网络定位,没有将传统媒体与网络媒体的客户群进行区分。这样就大大影响了对目标人群的影响力和广告的投放。

3)功能和服务过于单一。大部分由新闻媒体创办的网站仅仅停留在将传统媒体上的信息照搬到网络上,而且是以文字消息为主的信息形式。但是网络传播具有很强的交互性、即时性和多媒体性。这些优势目前在传统媒体手中并未能完全发挥出来,这虽然有技术手段层面上的限制,但是传统媒体也的确需要转变思路,开阔视野,将网络媒体真正打造为一个信息平台。

13.2.1.2 专业新闻网站

专业新闻网站与传统媒体创办的新闻网站最大的不同是专业新闻网站并不具有传统媒体的信息来源。它们并非依托某传统媒体进行消息的复制和传播,而是直接立足于网络,将新闻直接制作为可以在网络上进行传播的信息。这类网站是由新闻媒体和商业公司合作成立,是媒体整合的产物,比如中青网、东方网、南方网等。

2000年5月8日北京千龙新闻网开通,由北京市的9家市属新闻媒体——《北京日报》、《北京晚报》、北京人民广播电台、北京电视台、北京有线广播电视台、《北京青年报》、《北京晨报》、《北京经济报》、《北京广播电视报》与北京四海华仁国际文化传播中心及北京实华开信息技术有限公司合作组成。该网站与北京9家市属新闻媒体实现新闻共享,内容以新闻信息为主,以“权威、实时、全面、独家”为目标。内容来源有商业网站链接和整合新闻,同时具备自己的新闻记者队伍,是一家独立的媒体。诸如此类的专业新闻网站目前都已经取得了很大的发展。

13.2.1.3 新闻媒体网站经营思路

目前,新闻媒体面临着重大的战略机遇期,但是如果想要使新闻媒体进行可持续性发展，还有一些经营层面的问题有待解决。

(1)网站定位与业务拓展

新闻媒体的网站目前存在着定位模糊的问题。从新闻内容上讲，新闻媒体网站一直遭受着来自传统媒体竞争的压力。从提供的信息内容上，与传统媒体相比，没有更多的优势，而且在新闻媒体业界，拥有独立记者队伍和信息生产能力的网站并不多。很多新闻网站面临着信息来源不足、原创性不足的硬伤，同时，新闻媒体网站在与商业门户网站的竞争中也处于下风，无论资金、技术还是人才的储备，商业门户网站由于受到国际资本的支持而拥有较强的竞争力，因此，新闻媒体网站处在两面夹击的尴尬局面。从网络传播的效果上，它不如商业网站。从新闻的发布上看，它不如传统媒体。因此，解决好新闻媒体网站的定位问题，考虑如何吸引目标客户群，是新闻媒体网站需要解决的重大课题之一。

同时，由于新闻媒体网站仅仅依靠新闻的发布作为自己的主要内容，从赢利模式上来看并不具备潜力。网络经济从本质上讲是一种注意力经济，但是如何将注意力转化为具体的经济实力和收入来源，还需要新闻媒体网站努力地发掘。新闻媒体网站需要不断拓展新的业务，处理好信息导向和群众喜爱之间的关系。

(2)形成特色内容

大部分的国内新闻媒体网站都仅仅是将传统媒体的信息复制到网络媒体上，这种做法很难在互联网时代吸引受众的注意力。根据互联网实验室统计，2008 年第一季度传媒网站排在前五名的依次为 TVB、凤凰网、CCTV、联合早报网和北京广播网。传媒网站的市场份额高度集中，前三强 TVB、凤凰网和 CCTV 占据了市场份额的 62.67%，而上述这些网站成功的重要秘诀就是从网站的内容着手，形成了区别于传统媒体的网络信息。以“专”求突破，以“特”求发展。立足于原创新闻的编辑、整合，集中优势从事某一专业领域的新闻资讯信息，逐渐形成网站的特色和品牌。

(3)加强技术创新

互联网技术日新月异，网站的竞争是全方位的，内容和技术是决定竞争优势的两大法宝，不可偏废。内容与技术的紧密结合才可以使网站做大做强。近年来，新闻聚合 RSS、社区新闻的互动，都在以惊人的速度发展，这会对网站的新闻传播形成深远的影响。新闻网站应当积极地提高自己的技术水平，时刻站在互联网时代经济变迁的前沿，才可以保证自己的市场地位。

(4)提高危机应对能力

互联网的迅速快捷，可以使得信息的传播者迅速实现扩散信息的目的。这一作用对于信息的生产者来说是一柄双刃剑。当信息生产者需要将信息迅速地传达给受众的时候，新闻网站可以起到非常好的作用。但是一旦新闻网站出现危机，比如知识产权侵权、肖像权侵权等导致自身的危机，互联网也会迅速地将这一负面信息传播开去，对网站本身造成重大的影响。新闻网站也应当能够提出相应的预案、防患于未然，而且，当危机出现时，能够对危机进行相应的公关。

13.2.2 商业网站

本节以商业网站的经营目的与所提供的服务特点为分类方法，将商业网站分为门户网站、电子商务网站和虚拟社区网站。

13.2.2.1 门户网站

门户网站是指通向某类综合性互联网信息资源并提供有关信息服务的应用系统。门户网站最初提供的仅仅是网络接入服务，后来随着市场竞争的激烈，门户网站便不停地扩张自己的经营范围，最终吸纳了各种网络媒体信息和连接方式，成为网络世界中的巨无霸。按照美国高盛集团的说法，成功的门户网站应该具有如下的六种功能：连接性——发挥互联网超级链接的基本功能；归类与搜索——方便查询的分类信息及容易使用的搜索引擎；内容——专题文章或新闻等信息；电子商务——提供消费者购物及网站经营者赚钱的渠道；沟通——电子邮件或即时通信软件等沟通方式；社区——建立网站用户间的虚拟人际关系，加强网站的向心力。目前我国比较重要的门户网站包括新浪、网易、搜狐及百度。门户网站在网络媒体中占据有非常重要的地位，它们一般规模大，知名度高，内容丰富。2004 年，根据《中国 500 最有价值的品牌》报告显示，在进入排行榜的中国网络媒体公司中，新浪品牌价值为 38 亿元，搜狐品牌价值为 35 亿元，网易品牌价值为 27.5 亿元。

门户网站汇集了大量的网络使用者，巨大的用户流量吸引网络广告主投放广告。广告成为目前门户网站的主要收入来源。

衡量门户网站的经营状况主要依靠四个指标：媒体内容、电子商务、社区及传播媒体内容。对于门户网站这种“网络百货市场”，最能够吸引用户的是媒体内容的建设。媒体内容相当于门户网站的产品。只有产品精良，质量卓越，才能吸引到足够的受众登陆门户网站。“内容为王”是门户网站取得优势竞争地位的不二法宝，通过网站提供的内容产品、内容服务和内容体验吸引流量，提升品牌的知名度和成员忠诚度。

(1)电子商务

电子商务是实现企业与消费者间的互动及信息沟通的重要手段。这一新兴商业运作模式具有便利性、无地域性、透明性、自由度高等优势。门户网站开展电子商务具有优势：一是门户网站能够提供丰富的信息，这是电子商务一个最好的展示平台。二是门户网站拥有强大的实时信息与互动，能够降低存货成本、沟通成本，提高客户的满意度。三是价格优势。虚拟的网络交易可以降低交易成本，强大的互联网能够对消费者和商家进行精确的配对。信息的公开透明使得交易双方的地位更加公平，网络沟通与交易降低了现实中仓储、房屋租赁等成本，有效降低了商品的价格，促进了商业的流通。

(2)社区

网络社区也称为虚拟社区，相对于实体社区而存在。随着 web2.0 的推广，网络社区的黏合度、社区成员的素质成为衡量门户网站经营质量的重要指标。一个活跃，有效的虚拟社区的存在，可以有效整合门户网站的信息，提高用户对门户网站的忠诚度。

13.2.2.2 电子商务网站

电子商务是指利用计算机技术、网络技术和远程通信技术，实现整个商务过程中的电子化、数字化和网络化。

(1)电子商务网站类别

按照交易对象，电子商务网站分为四种：

1)B2B:即企业与企业之间电子商务,由企业之间进行交易,比较典型的有阿里巴巴、福特汽车等。

2)B2C:即企业与消费者之间的电子商务,典型代表有亚马逊、卓越网、当当网。

3)C2C:即消费者与消费者之间的电子商务,典型代表有淘宝网、拍拍网。

4)C2B:即消费者与企业之间的电子商务,典型代表有 priceline。

(2)电子商务的特点

1)打破了地域限制,开拓了巨大的网上商业市场。

2)方便快捷。相对于传统的商业模式,网络交易能够节约交易双方的时间和精力,能够有效降低传统商业模式中的一些固定成本,比如房租、仓储、人力资源等。

3)高效率。网络交易能够使商业活动的效率提高几十倍甚至上百倍。

13.2.2.3 虚拟社区网站

社区最初是指在特定地方或者地区的人们,根据彼此之间的兴趣爱好所形成的一个比较稳定的共同体,而随着互联网发展,人际交往已经突破了地域上的限制,社区这一概念也就理所当然地被直接使用在了网络世界中。虚拟社区的概念是由瑞格尔德于 1993 年提出,他将其定义为"一个社会的集合体,它的发生来自于虚拟空间上有足够的人,足够的人们情感以及人际关系在网络上长期发展。"

虚拟社区又称为网络社区,包括开放式的专题 BBS、聊天室、新闻组和博客网站等形式。其中聊天室里的人与人之间关系比较松散,不容易形成稳定的社区,而 BBS、新闻组、博客网站等,则可以使得一个稳定的网络社区得以成型。与门户网站相比,虚拟社区存在明显的差异:

1)门户网站提供的信息主要是新闻类型,而虚拟社区的信息主要是社区成员的共同爱好和兴趣。

2)门户网站的信息准确性和可信度高,而虚拟社区的信息可信度较低。

3)门户网站具有鲜明的大众传播的特点,而虚拟社区的传播更接近人际传播。

13.3 手机媒体业务及应用

自从 1973 年 4 月摩托罗拉公司员工马丁库帕发明了第一台便携式蜂窝电话,也就是手机,这一现代技术产品便因其便携,功能强大而日新月异地发展起来。从直板到折叠,从滑盖到旋转,从黑白屏幕到彩屏,手机自身的硬件在发展。而针对其硬件的进步,手机软件也在不停地进行技术上的更新换代,从短信到彩信,从简单的接打电话到无线上网。对于今天的人们来说,手机已经不仅仅是一种通讯工具,而成为现代人生活工作不可或缺的超级移动终端。伴随着手机的这一次次发展,手机媒体也逐渐作为一种新媒体登上了历史舞台,并且持续地发挥着自己的作用,拥有光明的发展前景。

13.3.1 作为第五媒体的手机媒体

加拿大学者凯尔奇提出"信息媒介"的概念,手机作为信息化时代通信和网络融合形成

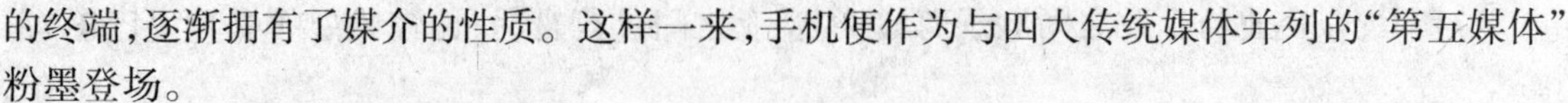

的终端,逐渐拥有了媒介的性质。这样一来,手机便作为与四大传统媒体并列的“第五媒体”粉墨登场。

13.3.1.1 手机媒体的形成条件

任何媒体的形成都需要一定的条件作为前提,比如电视媒体的实现是以电视机制造成本的下降和大面积的普及为前提,互联网媒体的实现是以高速网络的存在和个人计算机的普及为前提条件,同样,手机作为一种新媒体的形成也是需要一定条件的。这些条件主要包括:

(1)载体功能

媒体的本质内涵是传播信息的载体,能够传播声音、文字、图像、视频等不同形式的信息。手机作为一种信息传播载体,具备传播上述形式信息的功能,比如它的语言电话功能、上网漫游功能等,手机可以向用户传播语音、数据和多媒体娱乐业务,满足用户的个性化需求。

(2)受众规模

手机的出现是在1973年,但是手机媒体的提出是在2003年以后。之所以存在这样的时间滞后,主要原因是在2003年以前,使用手机进行信息传播的群体大众的数量还不是一个巨大的数字,因此在信息传播方面存在着基数不足的局限性。但是这一情形在进入21世纪之后,就被迅速地改变。2007年底的时候,全球手机用户已经超过了33亿,手机普及率为49%,手机用户数量平均年增长率为22%。根据我国信息产业部的数据显示,截至2007年底,我国手机用户新增848.3万户,手机用户总量已经达到5.55769亿户。受众数量已经不是制约手机成为大众传媒的因素。巨大的受众为手机成为快速发展的新媒体奠定了坚实的基础。

(3)信息产生和消费

随着信息技术的发展,手机的移动特点和互联网的交互性特点进行了结合,使得手机在拥有便携方便这一特点的同时,还具有数据运算和共享功能。这样,那些以数字形式在互联网上传播的信息,便可以以手机为载体和终端进行传播和复制,这大大方便了人们使用数字技术编写可以在手机上使用的程序和信息,增强了传播的互动性和参与性。用户充当了媒体内容的生产者又充当媒体内容的消费者,真正体现了新媒体传播者和接受者之间的角色转换。

(4)传播特点

手机相对于其他媒体的最大优势在于手机媒体可以与互联网紧密结合,打破了地域、时间和笨重的计算机设备的局限。用户可以随时随地接受和传播信息,实现了用户与信息的同步。

以上的特点使手机逐渐突破了人际传播模式,而成为大众传播。随着3G技术的广泛应用,4G技术紧锣密鼓地开发。随着网络的提高,带宽的拓展、流媒体等视频业务成为手机增值服务的主要发展方向。从这一点来看,广电,电信双方其实是互为补充的,在三网融合的趋势下,双方的合作和活动将是共同发展的必然结果。

13.3.1.2 手机媒体的特点

与其他传统媒体相比,手机媒体的特点主要有以下几个方面:

(1)真正实现用户与信息的同步

无线移动手机媒体突破了地域、时间和计算机终端设备的限制,能够随时随地接受文字、图片、声音等各类信息,真正实现了用户与信息的同步。移动性是手机固有的特性和优势,手机的移动特征与以 GPRS、3G 等为代表的数字通信技术和互联网技术的有效结合,使手机成为无线移动媒体。手机新闻、手机门户网站更是使手机的使用者可以随时连接到广阔的网络世界,获取海量的最新信息。

(2)媒体生产与消费的二重性

信息通过传统媒体进行传播时,往往是单向的,即信息的生产者和制造者通过媒介将信息由发出者传播至接受者。但是手机媒体的传播却是具有二重性的,所谓的媒体生产与媒体消费的二重性是指在手机媒体的内容生产和消费过程中,充分体现了手机作为媒体互动参与的特性。手机媒体信息的生产者和消费者之间的界限不再有严格区别。手机用户既是信息的生产者又是信息的消费者。比如在手机媒体上的新浪微博可以使人们随时随地将自己的感想、照片和视频发送到个人账户的页面上,而这些信息将会瞬间被用户的朋友、亲人和同事共享。在这个时候,发布微博的手机用户是信息的生产者,但是当该用户收到自己的亲友对自己发布信息的评价和回馈的时候,该用户又成为信息的接受者。在这种信息的生产与消费中,手机用户真正实现了与媒体中信息的互动。

手机媒体的这一特点是其他任何媒体都无法匹敌的优势。所以,手机用户不会仅仅满足于自己的消费者身份,而是会积极地参与到生产信息的过程中。尼葛洛庞帝把网络区分为环状网络和星状网络。从媒体作业方式上来说,就是"广播"与"点播"。广电网是非常典型的环状网络,是以一对多的广播方式进行节目播出。电视节目开始的时候,信息的接受者坐在电视机的面前,单向度地接受着信息。电话网是典型的星状网络,人们之间以"一对一"或者"多对多"的方式进行联系和沟通。手机网络就是这种"一对一"的点播式网络,传播者和接受者之间的界限并不明显,双方均是信息的生产者和消费者,具有非常强的参与性和互动性。这种个性化的参与方式使手机媒体在受众注意力稀缺的时代成为一种强有力的市场营销手段。现在商业巨头和有创新意识的企业都会选择手机媒体作为自己营销的重要渠道。

(3)平台集合

手机媒体在自己的发展中,出现了语音服务、数据服务、多媒体服务和娱乐服务等多种业务,而这些业务的进一步发展和整合,使得手机逐渐成为了一种多平台集合的媒体。具体来说,手机媒体不仅仅能够以一种方式进行信息的传播,而是可以将各种单向媒体进行整合,使得用户的手机可以成为业务平台、信息平台和广告平台。这些平台能够有针对性地对不同终端的第五媒体用户提供个性化的服务,满足差异化需求。

(4)个性化与互动性

在传统媒体上进行传播的信息面对的是不特定的人群,这些信息不具有专门化的特点。这些信息没有针对性,不同的受众面对的是相同的信息。在这种情况下,不同的信息生产者必将生产出不同的信息,并且以同样的方式传播给受众,而从受众的角度而言,将面临大量未经整合的信息。在信息中搜索自己所需要的信息必将花费受众大量的时间和精力。但是手机用户可以依照自己的兴趣定制自己所需要的信息,而手机内容的提供者也可以根据不同用户的个性化需求,进行有针对性的信息传播,比如利用手机网络炒股,在线与朋友进行聊天,参加电视会议。这种特性将大大提高信息传播的效率,以“点对点”的方式为手机用户提供较好的个性化和互动性服务。

13.3.1.3 手机媒体的“三次售卖理论”

该理论的提出借鉴了20世纪60年代加拿大传播学者麦克卢汉的“二次售卖理论”。“二次售卖理论”针对的是报纸媒体的传播,即认为,传媒所获得的最大经济回报来自于“第二次售卖”——将凝聚在自己版面或者时段上的受众注意力“出售”给广告商或者一切对这些受众感兴趣的政治宣传者、宗教宣传者等。第一次售卖是指将自己的媒体所拥有的版面提供给广大的受众,从而吸引受众将自己的时间和注意力集中在该媒体上,从而取得传媒对大众的影响力。第二次售卖是指传媒将自己已经取得的大众影响力出售给广告商以获得经济上的回报。从本质上说,传媒经济的本质是广告经济,广告是传媒经济的生存命脉。

“第二次售卖理论”完全可以适用于手机媒体,并且由于在手机媒体产业链条上出现了新的利益群体——信息生产商,又称为内容提供者,因此,将二次售卖理论进行延展是一个完全合乎逻辑的结果,这就产生了手机媒体领域的“三次售卖理论”。其中第一次售卖是指手机信号运营商将短信、彩铃、网络信息流量等信息提供给手机用户,并以此收取用户的信息使用费。在这一过程中,手机信号运营商将取得大量手机用户的信息数据库,将用户数据库出售给广告商,由此,广告商可以依据这些数据库有针对性地对用户进行信息的传播和促销信息的精准投放。在这一过程中,手机信号运营商可以收取企业的广告费用和用户的信息流量费用。在第三次售卖中,手机信号运营商将向信息提供者分成费用,实现这一赢利过程。直观上,三次售卖理论可以用下图(图13-5)表示:

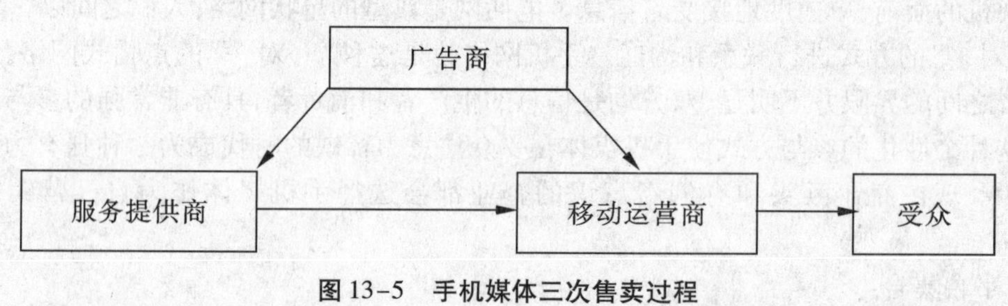

图13-5 手机媒体三次售卖过程

13.3.2 手机媒体业务

根据公开数据,我国2007年移动增值服务市场规模达到1050亿元,同比增长20.5%。短信仍是移动增值收入的主题。其中,非官方流量的贡献使WAP成为2007年度增长最快的业务,彩铃市场规模为109.3亿元,同比增长58.3%。此外,2007年彩信和彩铃业务市场规模增长率均超过50%,但是由于彩信规模较小,其对移动增值服务整体市场规模影响较小。

目前智能手机的应用使得手机媒体业务的开展出现了突飞猛进的增长,移动流量成为移动增值服务中增长最快的部分。大量的手机媒体业务是通过对智能手机应用程序的下载和使用来实现的,比如炒股软件、社交软件、娱乐软件和游戏软件。这些软件的应用将手机媒体的功效发挥到前所未有的境地。实际上,一部手机无论是从功能上还是从价格上,都已经抵得上一部个人手提电脑,只是更小、更方便。

移动增值业务的特点包括如下几个方面:一是移动业务是依托于通信技术的产品。不同的通信技术将促进不同的移动业务的开展。在3G时代,由于网络速度的加快,在线欣赏电影和音乐已经是轻而易举的事情,这就导致对于音乐视频的消费速度明显加快。二是移动业务作为一种服务产品,其提供服务是随时随地没有任何障碍的。三是移动业务作为服务型产品,用户对某一品牌或者某一应用会有忠诚度,也即消费的黏性。四是移动业务具有明显的网络效应,人际传播和口碑传播的效果在增强。五是移动业务能够影响手机用户的消费模式。六是移动业务提供的信息将具有针对性和来源性分析。我国主要的移动增值业务主要有手机电视、手机社交、手机游戏等。

13.3.2.1 手机电视

早在2G时代,中国移动和中国联通就已经涉足手机电视。2005年1月1日,上海文广新闻传媒集团和上海移动合作的手机电视"梦视界"试播,该服务提供六套直播电视节目及VOD点播。2005年9月,中国移动开通拳王手机电视业务,截至2005年11月,用户仅仅有15万。2005年11月,山东移动与山东广电推出"广视无限"。手机电视能够满足人们对于移动收看电视节目的需求,同时也可以自由点播电视节目,而不需要像收看普通电视那样,只能单向接收电视台的播送。这一市场具有很大的潜力,而且一旦手机电视市场得到有效的发展,随之而起的广告业务及精良的电视节目制作都会纷纷登上舞台。

但是截至目前,手机电视依然不是手机最需要的增值服务。这一现象的产生是有客观原因的。主要包括以下几点:

1)价格昂贵。由于移动网络的费用往往是以手机终端接收到的流量计算,而手机电视由于涉及视频数据的传播,会导致手机流量费用高昂。而且价格昂贵的不仅仅是信息费用,更重要的是,能够用来收看手机电视的手机在硬件上需要更高的配置,其中包括较大的屏幕、较为清晰的屏幕分辨率、速度和性能良好的手机CPU、图像处理器等。这样的一款手机售价往往是普通手机的3到5倍,而时尚流行的智能手机苹果售价更是五千元左右。

2)待机时间短。目前一般手机的待机时间为两天到三天,但是由于手机电视需要消耗较大的电量,导致一旦使用这项服务,手机电量仅仅能够维持若干小时,这就会让手机用户不会轻易地用手机收看电视以避免正常通讯功能的使用。这一瓶颈的突破还需要对电池电量和硬件耗电量降低进行研究和开发。

3)赢利模式还未成形。目前手机电视的内容提供者主要是广电部门,但是对于移动信号的收费部门却是手机通信商。赢利手段的欠缺导致内容提供的丰富性不足,进而导致手机用户对这一增值服务的黏度不高。我国的手机电视业务需要在内容制作、赢利渠道方面进行更多的探索和发掘。

13.3.2.2 手机社交

在智能手机下载的应用程序中,社交应用往往是独占鳌头。美国的马克扎伯所创办的社交网络——facebook(又被翻译为"脸书"或者"脸谱")使得这位年轻人成功登上世界富豪榜。

2011年度,我国手机软件公司飞流公司发布了《2011上半年度手机应用软件白皮书》(以下简称"白皮书"),将2011上半年的应用软件下载用户情况进行了数据分析,并对半年来的数据变化进行对比,从而为手机应用软件产业未来发展提供有力的数据支撑。据白皮书统计显示,浏览搜索、社交交友、个性美化、系统工具、影音媒体是最受Symbian用户欢迎的五类应用软件。其中社交交友占比提升8.32个百分点到19.96%,增长最快,而在Android软件中,社交交友下载量仍居首,浏览搜索类占比增长最快。另外,购物电子商务增幅明显,跻身最受Android用户欢迎的五类应用行列,Android手机更体现其移动互联网生活属性。此状况与SNS和电子商务发展热度相一致,同时也受相关厂家今年加强了入口争夺影响。无疑,这一趋势将会在可预期的未来继续得到加强。在这一应用领域,将会产生更加激烈的竞争,同时也产生更多的传播模式。人际传播也将在手机社交软件的影响下呈现新的特点。

13.3.2.3 手机游戏

所谓手机游戏就是可以在手机上进行的游戏。随着科技的发展,现在手机的核心运算速度、图形处理速度都得到了显著的提高,甚至可以比得上一台小型的电子计算机。硬件的进步总是会带来软件的发展。手机硬件的进步,意味着手机游戏从最初的"俄罗斯方块"、"贪吃蛇"等简单的游戏,发展为更加具有刺激性、复杂性和交互性的大型游戏。这些游戏往往由专业的游戏软件开发公司进行开发,并由游戏者支付软件费用来获取经济回报,并且也有游戏开发者以嵌入广告的方式获得经济利益。

手机游戏在近些年的发展中,也出现了网络游戏的趋势,借助手机媒体的信息传递功能,手机游戏可以与在线的其他游戏者进行联网、交流。网络手机游戏将给用户带来更强烈的游戏代入体验,同时也可以形成虚拟世界的传播环境,带来手机媒体的全新局面,而手机、社交和游戏的融合,也必将成为手机媒体迅速发展的趋势。

案例分析

央视首发国内第一份视频手机报

作为中央电视台与中国移动战略合作的首个视频手机报产品,由中国网络电视台负责开发的视频手机报客户端产品近日登陆全球各大主流移动互联网应用商店试运行。

新产品免费的全视频化新闻播报更加生动、直观、完整,内容涵盖了时政、社会、经济、军事、体育、娱乐等,整合CTV&CNTV遍布全球的记者通过手机和微博发回的现场第一手资讯,前置于电视发布,同时依托《新闻联播》、《新闻30分》、《焦点访谈》等知名新闻栏目,实现全天24小时不间断更新。随后客户端还将开放用户上传视频功能。客户端具备实时推送功能,可以将国内外重大事件消息第一时间以更新提示方式推送至用户手机,及时准确传递党和国家的声音,快速公布新闻事件真相。这一功能将成为中央电视台2012年伦敦奥运会新媒体传播战略的一大亮点。

该客户端采用了国际领先的手机视频编解码技术,不限制网络接入方式,使用普通的GSM手机联网观看视频,连接速度快,视频画质清晰,且流量消耗较小。客户端还设计了目前流行的分享功能,观看的精彩内容可以一键转发至绑定的微博账号,借助微博进行更广泛围的传播。

(《央视首发国内第一份手机报》《青年记者》2011 年 10 月下半期)

◎实训题

1. 结合手机媒体的特点,谈谈你对中央电视台视频手机报的认识。

2. 随着智能手机的普及和手机媒体应用的丰富化,受众对手机媒体的认可度也越来越高。请谈谈你对手机媒体应用前景的展望。

★思考题

面对网络媒体带来的巨大冲击和挑战,传统媒体应该如何积极应对?

参考文献

[1]支庭荣.媒介管理[M].广州:暨南大学出版社,2009.
[2]詹成大.媒介经营管理[M].杭州:浙江大学出版社,2004.
[3]匡文波.手机媒体概论[M].北京:中国人民大学出版社,2006.
[4]陆小华.新媒体观:信息化生存时代的思维方式.[M].北京:清华大学出版社,2008.
[5]杜骏飞.网络传播概论[M].福州:福建人民出版社,2010.
[6]张辉锋.传媒管理学[M].北京:中国传媒大学出版社,2009.
[7]蔡念中,张宏源,庄克仁.传播媒介经营与管理[M].台北:亚太图书出版社,1996.
[8]常永新.传媒集团公司治理[M].北京:中国传媒大学出版社,2006.
[9]巢乃鹏.网络媒体经营与管理[M].福州:福建人民出版社,2007.
[10]陈彤,曾祥雪.新浪之道:门户网站新闻频道的运营[M].福州:福建人民出版社,2005.
[11]陈万达.媒介管理[M].台北:扬智文化事业股份有限公司,2005.
[12]高福安,孙江华.媒体管理概论[M].北京:中国传媒大学出版社,2006.
[13]黄升民,丁俊杰.媒介经营与产业化研究[M].北京:北京广播学院出版社,1997.
[14]胡正荣.21世纪初我国大众传媒发展战略研究[M].北京:中国广播电视出版社,2007.
[15]刘觉民.报业管理概论[M].上海:商务印书馆,1936.
[16]刘立刚,卢颖,郑保章.广播电视经营管理[M].北京:中国广播电视出版社,2006.
[17]刘年辉.报业核心竞争力:理论与案例[M].北京:中国广播电视出版社,2006.
[18]刘社瑞,张丹.媒介人力资源管理[M].长沙:湖南大学出版社,2006.
[19]陆桂生,邹迎九.媒介管理通论[M].上海:复旦大学出版社,2008.
[20]钱晓文.当代传媒经营管理[M].广州:中山大学出版社,2008.
[21]宋培义,卜彦其,杨强,卢佳.媒体战略管理[M].北京:中国传媒大学出版社,2006.
[22]谭云明.传媒经营管理新论[M].北京:北京大学出版社,2007.
[23]唐绪军.报业经济与报业经营[M].北京:新华出版社,2003.
[24]屠忠俊.现代传媒业经营管理[M].武汉:华中科技大学出版社,2007.
[25]谢耘耕.传媒资本运营[M].上海:复旦大学出版社,2006.
[26]严三九,黄飞珏.媒介管理学概论[M].重庆:西南师范大学出版社,2007.
[27]喻国明.传媒的"语法革命":解读Web2.0时代传媒运营新规则[M].广州:南方日报出版社,2007.
[28]喻国明.传媒影响力:传媒产业本质与竞争优势[M].广州:南方日报出版社,2003.
[29]喻国明.变革传媒:解析中国传媒转型问题[M].北京:华夏出版社,2005.
[30]禹建强.媒介战略管理案例分析[M].北京:华夏出版社,2004.
[31]张宏.媒介营销管理[M].北京:北京大学出版社,2006.

[32]张建星. 传媒的运营时代——从媒体经营到经营媒体 30 讲[M].
社,2005.
[33]郑蔚. 中国电视媒体的管理和经营[M]. 北京:中国广播电视出版社,2006.
[34]支庭荣,章于炎,肖斌. 电视与新媒体品牌经营[M]. 北京:中国人民大学出版
[35]朱春阳. 传媒营销管理[M]. 广州:南方日报出版社,2004.
[36]叶陈毅. 无形资产管理[M]. 上海:复旦大学出版社,2006.
[37]王维平. 企业无形资产管理[M]. 北京:北京大学出版社,2003.
[38]曹轲. 南方传媒研究[M]. 广州:南方日报出版社,2008.
[39]邵培仁,陈兵. 媒介管理学概论[M]. 北京:高等教育出版社,2010.
[40]范以锦. 南方报业战略:解密中国一流报业传媒集团[M]. 广州:南方日报出版社,2005.
[41]陈璐明. 中国的媒介市场与媒介竞争[J]. 新闻爱好者. 2008(7):19.
[42]喻国明. 直面数字化:媒介市场新趋势研究[J]. 国际新闻界. 2006(06):25-29.
[43]葛丰. 网络时代的媒介市场细分化[J]. 当代传播. 2001(06):80-81.
[44]秦志希,葛丰. 论媒介市场细分化过程中若干关系的处理[J]. 当代传播. 2002(02):27-29.
[45]曹鹏. 国内媒介市场的创新浪潮与探索尝试[J]. 新闻记者. 1999(11):13-15.
[46]曹鹏. 媒介市场在整合、改组中发展创新[J]. 新闻记者. 2001(03):13-15.
[47]靳智伟. 2007:中国媒介市场大趋势[J]. 广告大观(媒介版). 2007(01):21-22.
[48]邹平辉,周毅. 媒介品牌构建的问题及其对策[J]. 湘潭师范学院学报(社会科学版). 2006(5):106-108.
[49]张国良. 网络时代的媒介与受众[J]. 新闻大学. 2001(01):19-22.
[50]陈兵. 论媒介品牌定位的五个步骤[J]. 北方经济. 2011(8):75-76.
[51]曹津莉. 媒介品牌化与电视影响力[J]. 新闻前哨. 2011(02):67-68.
[52]王丽婷. 浅谈我国媒介品牌化建设中存在的问题[J]. 新闻传播. 2011(01):70-71.
[53]李惠宇. 品牌个性对品牌竞争力影响分析[J]. 现代营销(学苑版). 2011(10):10.
[54]喻国明. 媒介品牌形象及影响力指数的设计与分析[J]. 新闻前哨. 2011(6):8-11.
[55]甘琼. 电视媒介品牌的形象塑造策略[J]. 网络财富. 2008(7):237-238.
[56]郑坚. 南方都市报的报纸品牌形象的建构与营销[J]. 中国广告. 2008(7):139-141.
[57]刘小锐. 媒介品牌传播策略[J]. 新闻前哨. 2010(2):93.
[58]陆颖. 电视栏目与频道品牌形象打造与维护[J]. 记者摇篮. 2006(1):57-58.
[59]段新洒. 报纸广告在报纸品牌形象塑造中的作用[J]. 广告大观(综合版). 2008(01):109-110.
[60]聂晶磊. 简论媒介的品牌形象传播[J]. 新闻界. 2009(01):85-86,110.
[61]马移萍. 论同质化竞争中大众传媒的品牌构建——以电视节目产品品牌为例[J]. 南方论刊. 2006(11):72-73.
[62]黄志贵. 传媒的品牌化经营路径[J]. 当代传播. 2007(02):44-46.
[63]宣宝剑. 媒介形象系统论[D]. 北京:中国传媒大学,2008.

经过整整一年的艰辛努力，终于完成了《传媒经营与管理》这本教材的编写，尽管还有不足之处，但却倾注了我们编写团队成员的心血和汗水。我们本着对读者负责的态度，力求章节逻辑严密，结构完整，内容新颖。

本书编写分工如下：周鹍鹏负责编写第一、五章，并负责全书设计和统稿工作；李婷婷负责编写第二、九章；秦伟负责编写第六、八、十章；窦小忱负责编写第十一、十二章；潘亚楠负责编写第七、十三章；张来负责编写第三、四章，最后全书由周鹍鹏总纂定稿。

在编写过程中，我们参考、借鉴了国内外许多专家学者的作品，在此向他们表示诚挚的感谢，同时，也殷切期望国内同行专家提出批评意见，以便我们进一步改正和完善。

最后，我们还要向郑州大学出版社领导和责任编辑表示衷心感谢，正是在他们的指导和帮助下，本书才顺利出版。

编者

2012 年 6 月